Ein
österreichisches
Jahrhundert

Geschichte ist das kollektive Gedächtnis.
Wie das menschliche verblasst es mit der Zeit und sollte doch
lebendig gehalten werden für die nächsten Generationen.

Für Mariana, Clemens, Emma und Zita

Hubert Nowak

Ein österreichisches Jahrhundert

1918 – 2018

MOLDEN

Eine neue Zeit beginnt: die Ausrufung der Republik am 12. November 1918.

Inhalt

Vorwort

Die Gegenwart versteht man nur aus der Geschichte. Jede Entwicklung versteht man nur aus ihren Wurzeln. So trivial dies erscheint, so schwierig kann es sein. Alles hängt mit allem zusammen. Die Gegenwart, in der wir unsere Zukunft planen, fußt in der Geschichte. Jede Analyse der Säulen unserer politischen Identität erfordert den historischen Kontext. Unser heutiges Verständnis von Föderalismus, unsere Wertordnung, unser Verständnis von Gleichberechtigung, unsere Haltung zu den Religionen bzw. die Position der Religionsgemeinschaften zur Politik, unser kulturelles Leben und unser Zukunftsglaube – all das wurzelt in der Gedankenwelt früherer Generationen.

Deshalb will dieses Buch versuchen, die tragenden Elemente unseres heutigen Staatsgefüges nicht allein im Ist-Zustand oder der jüngeren Zeitgeschichte zu beschreiben, sondern in Bezug zu setzen zu ihrer historischen Entwicklung.

Veritas temporis filia. Die Wahrheit ist eine Tochter der Zeit, wussten schon die alten Römer.[1] Sie ist auch eine Tochter der Perspektive. Oder, um es mit Franz Kafka zu sagen, „Es gibt zwar nur eine [Wahrheit], aber sie hat [...] ein lebendig wechselndes Gesicht"[2]. Wer diesen wechselnden Gesichtern auf die Spur zu kommen will, muss in der Geschichte bisweilen weit zurückgehen. Um es an einem völlig fremden Thema zu illustrieren: Um den Atombombenabwurf der USA auf Hiroshima und Nagasaki 1945 zu verstehen, muss man den Überraschungsangriff Japans auf Pearl Harbor 1941 bedenken. Dieser war aber eine Reaktion auf das US-Handelsembargo gegen Japan, dieses wiederum hatte seinen Grund in der japanischen Expansion im Südpazifik und im 1937 begonnenen Krieg gegen China. Immer fußt eines auf dem anderen, immer ergibt eines das andere. Natürlich kann man nicht immer nur noch weiter zurückliegende Ursachen ausgraben, noch weniger ist es zulässig, weder im Alltagsleben noch in der Politik, mit altem Fehlverhalten neues zu rechtfertigen. Aber Zusammenhänge zu kennen ist immer hilfreich für eine Standortbestimmung.

Historiker haben vor allem die vergangenen Handlungsstränge im Blickfeld, Politiker oft nur ihre Zielvorstellungen (und die nächste Wahl), Journalisten versuchen, die Gegenwart zu sezieren. Und schon zeigen sich wechselnde Gesichter. Alle drei Perspektiven zu vereinen, gelingt selten. Aber es ist wert, einen solchen Brückenschlag zu versuchen zwischen historischen Fakten und deren Wurzeln zu dem, was daraus geworden ist – und die Erkenntnisse daraus einer aktuellen journalistischen Analyse zu unterziehen.

Ein solcher Bogen kann nur unvollständig sein. Man verzeihe dem Autor daher schon jetzt die Lücken, die dabei nur teilweise dem sprichwörtlichen Mut, viel mehr aber schlicht der Überschaubarkeit geschuldet sind. An der Geschichte ist ohnedies nicht so sehr die Perlenkette der Ereignisse von Interesse, sondern die Entwicklung der hinter diesen Marksteinen liegenden Gedanken, Ideologien und Werthaltungen. Exemplarisch werden daher diese Veränderungen in einigen ganz speziellen und zugleich höchst typischen und wichtigen Teilgebieten des jüngeren Wesens Österreichs zu analysieren sein, wie etwa beim Föderalismus, beim politischen Katholizismus, der Gleichberechtigung, unserem Wertesystem und der Haltung gegenüber den Habsburgern und der eigenen Geschichte im Allgemeinen.

Da die Wurzeln der Ereignisse rund um die Gründung dieser Republik zum Teil weit zurückreichen, erhält auch diese Vorgeschichte entsprechend Raum. Die Betrachtung des Jahres 1918 kann nicht erst bei 1918 ansetzen. Zugleich kann die Entwicklung nur anhand einiger Eckpunkte skizziert werden. Das Beleuchten einzelner herausragender Persönlichkeiten aus der Frühphase dieser Republik und das Reflektieren der wesentlichen Säulen des großen Bogens mit aktuellen Interviews mag den Blick auf das Ganze erleichtern. Auch an Details lässt sich der Horizont markieren und der Blick für unsere gesamte Situation von heute schärfen. Das ist die Idee, die diesem Buch zugrunde liegt.

Die wechselhaften politischen Entwicklungen der letzten Jahre lassen keine gesicherte Vision mehr zu, in welche Zukunft wir gehen. Das gilt prinzipiell immer, aber noch vor ein, zwei Jahrzehnten waren die Erwartungen der Menschen hinsichtlich der wirtschaftlichen und sozialen Entwicklung vergleichsweise stabil und unaufgeregt. Strömungen in ganz Europa, Russland, der Türkei und den USA lassen jetzt Wolken aufziehen über dem, was bisher als sicher und von einem breiten gesellschaftlichen Konsens getragen galt. Selbst unsere Republik wurde im Gewirr der Bundespräsidentschaftswahlgänge 2016 als „ablösereif" bezeichnet, die Idee einer Dritten Republik, eines radikalen Neustarts, tauchte, wenngleich auch nicht mehr ganz neu, aus der Verunsicherung auf. Vieles liegt im Nebel. Damals, als die Republik gegründet war, war das noch viel mehr der Fall.

Der Zeitraum von 100 Jahren kann nur ein äußerer Anlass für die Analyse sein. Zumal die Tatsache, dass in Österreich vor 100 Jahren die Republik ausgerufen wurde, ja nicht bedeutet, dass wir genau 100 Jahre Republik hinter uns hätten. Das dramatische Intermezzo mit dem Zweiten Weltkrieg hat gezeigt, dass vieles eines zweiten Anlaufs bedurfte, um zu einer Erfolgsgeschichte in diesem österreichischen Jahrhundert zu werden. Aber nichts davon ist abgeschlossen. Geschichte ist immer in Bewegung.

---

1 Aulus Gellius, ca. 130–180 n. Chr., zitierte damit ca. 170 n. Chr. bereits einen anderen, unbekannten Dichter (Noctes Atticae 12,11,7). Der Wahlspruch der englischen Königin Maria I. wurde in Österreich durch den ehemaligen ÖVP-Klubobmann Andreas Khol populär.

2 zit. n. https://www.aphorismen.de/zitat/183671

Am Anfang war das Ende

Jene verwichene Zeit, die golden wir pflegen zu nennen, …
befleckte noch nicht mit Blute die Lippen.

Ovid, Metamorphosen[1]

Am Anfang war das Ende. Das Ende einer jahrhundertelangen Geschichte, einer, die weitgehend eine Erfolgsgeschichte war, bis zum unrühmlichen Ende. Diese Monarchie hatte mehr geprägt als nur dieses Land. Sie hat Europa mitgeprägt, war einer der Big Player des Weltgeschehens, des damaligen Weltgeschehens. Damit war auf einen Schlag Schluss.

Es war das Ende jeglicher Form von vermeintlicher Sicherheit, in der man sich bis zum Kriegsausbruch noch wähnen konnte. Da war eine lange Friedensperiode zu Ende gegangen, gestützt auf den Wiener Kongress von 1815. Es war das Ende jeglicher Anerkennung in Europa. „Der Rest ist Österreich",[2] war so demütigend wie nur irgendwie vorstellbar. Rest, Überbleibsel. Ob es überleben könne? Wen interessierte das. Der Respekt vor einem großen Mitglied der Staatengemeinschaft war weg. Verspielt, gelöscht.

Es war das Ende einer selbständigen Lebensfähigkeit, einer wirtschaftlichen Autonomie. Es war der Schlussstrich unter einen Vielvölkerstaat und damit das Ende der gewohnten Ordnung, aller gültigen politischen und staatsrechtlichen Strukturen. Aus diesem Ende eines geschlagenen, gedemütigten, ausgebluteten und fast gänzlich vernichteten Landes sollte ein neuer Staat entstehen. Eine Republik.

„Jedem Anfang wohnt ein Zauber inne." Nie war dieser Satz, für sich allein genommen, so falsch wie 1918. Was für jeden Sonnenaufgang, für junge Verliebtheit oder das Beziehen einer neuen Wohnung gelten mag, für die neue Republik galt es so simpel nicht. Wiewohl das ganze Zitat schon eher zutrifft:

Und jedem Anfang wohnt ein Zauber inne,
Der uns beschützt und der uns hilft, zu leben.

Ja, am Anfang war vor allem wichtig zu leben. Weiterzuleben, wieder zu leben. Das vermittelte irgendwie fast einen Schutz, nach dem Großen Krieg mit Millionen Toten, zerstörten Städten, verwüsteten Landstrichen.

Hermann Hesse hat das Gedicht *Stufen* 1941 geschrieben, nach langer Krankheit, während des Zweiten Weltkriegs, des noch grausameren Krieges. In der Erkenntnis, dass das Leben eben aus Veränderung besteht und bisweilen in Stufen verläuft. Nach jedem Lebensabschnitt kommt ein neuer. Die Stufe von 1918 war der wohl heftigste Bruch in der bisherigen Geschichte Österreichs.

Es muß das Herz bei jedem Lebensrufe
Bereit zum Abschied sein und Neubeginne

heißt es in dem Gedicht auch. Der Abschied von der Monarchie war den geschlagenen Österreichern gar nicht so schwergefallen. Dieses feudale System hatte sich überlebt, nicht nur deshalb, weil es den Krieg angezettelt und dann nicht gewonnen hatte. Der Neubeginn war das viel Schwierigere. Hatte man doch schon viel bessere Zeiten erlebt. An deren Qualität wollte man wieder anschließen, nur eben in einer neuen Ordnung.

Denn dieses Jahrhundert hatte als Goldenes Zeitalter begonnen. Kaum eine Zeitspanne in der Menschheitsgeschichte war derart von Aufschwung, Innovationen, Kreativität und Lebensfreude geprägt wie die Zeit der Jahrhundertwende. Die industrielle Revolution ermöglichte einen Höhenflug nach dem anderen. Gewiss, es gab auch Modernisierungsverlierer, wie man das heute nennt. Nicht wenige sogar. Die vielen ungelernten Taglöhner, Hilfsarbeiter, die Migranten. Die „Ziegelböhm" und viele andere, die in Baracken hausten, in Lagern, wie Flüchtlinge heute, abseits jeglicher Bildungschance, abgeschnitten von jenen, die den Aufstieg lebten und erlebten. Aber, mein Gott, das galt als Randerscheinung, als Kollateralschaden des neuen Lebens, des Aufschwungs, des Glaubens an eine positive Zukunft.

Das Proletariat in den Städten und die beträchtlich große arme Landarbeiterschicht bemühten sich um eine Verbesserung ihrer Lage, viel ertrugen sie aus der Hoffnung heraus, dass es auch für sie bald besser werden würde, dass auch sie bald ein Stück des neuen, schönen Lebens ergattern würden. Die Hoffnung machte sie leidensfähig, die Euphorie war der Treiber des Alltags in dieser „atemlosen Zeit".[3]

Der Mensch hatte zu fliegen begonnen. Noch nie zuvor war so klar, dass man es schaffen würde, den Luftraum in großem Stil zu erobern. Noch hatte man wohl keine Vorstellung von einem Airbus A 380 und der Selbstverständlichkeit, in einem Flugzeug gleich Hunderte Menschen auf einmal von einem Kontinent auf den anderen zu schubsen. Aber sehr wohl träumte man schon von der Eroberung des Weltalls, jedenfalls von einem Flug zum Mond, man hatte die Vision einer weltumspannenden Kommunikation in Echtzeit.

Die Telegraphie war längst erfunden, das Telefon war drauf und dran, den Alltag der Menschen zu erobern und zu beschleunigen. Vorerst einmal den des wohlhabenden Bürgertums. Schon 1863 hatte der deutsche Physiker und Erfinder Philipp Reis dem österreichischen Kaiser Franz Joseph I. in Frankfurt am Main einen Apparat vorgestellt, mit dem man Töne übertragen konnte. Der Sprechtelegraph folgte alsbald. Der Schotte Alexander Graham Bell hatte sich das Patent gesichert, kurz nach der Weltausstellung von Philadelphia 1876 begann der Aufbau von Telefonnetzen. Überschaubar noch, aber immerhin. Bemerkenswert ist in diesem Zusammenhang, dass diese ersten Telefonnetze natürlich von privaten Investoren und Gesellschaften errichtet und betrieben wurden. 1895 waren alle Privatnetze an den Staat übergeben, um von der österreichischen Post- und Telegraphenverwaltung (ÖPTV) vereinheitlicht und weiter ausgebaut zu werden. Erst knapp hundert Jahre später ging die Telefonie in Österreich wieder den Weg vom Staatsbetrieb zurück in die Privatisierung. In Wien waren 1901 bereits 34.651 Abonnenten bei der Telefonzentrale registriert, überwiegend Unternehmer, die damit ihr Geschäftsleben rasant in Fahrt brachten.

Apropos Fahrt: Die Mobilität war ein weiterer Ausdruck des neuen Lebensgefühls. Die Eisenbahnen florierten, auch sie waren zunächst private Einrichtungen, in der zweiten Hälfte des 19. Jahrhunderts investierte die Monarchie große Summen in den Ausbau des k. k. Staatsbahnnetzes. Natürlich auch aus strategischen Gründen. Der neue Hauptkriegshafen in Pola wurde damit an das Kernland angeschlossen, die Dalmatinische Küstenbahn errichtet. Auch der Arlbergtunnel wurde 1880 beschlossen. Das 1896 gegründete k. k. Eisenbahnministerium hatte nicht zuletzt die Aufgabe, die technischen Systeme und Investitionen in der gesamten Doppelmonarchie zu koordinieren.

Zwar gab es noch immer diejenigen, die davor warnten, den menschlichen Organismus einer höheren Geschwindigkeit als 16 km/h auszusetzen. Der Mensch sei nicht dazu geeignet, sich schneller zu bewegen als ein Pferd. Aber die Euphorie des neuen Tempos ließ sie bald als Außenseiter erscheinen. Gab es doch schon etwas, das selbst die gewaltigen Investitionen in die Eisenbahnen als veraltet erscheinen ließ. Das Automobil sollte alles ablösen. Carl Benz konstruierte 1886 ein Gefährt mit einem Verbrennungsmotor, der Zweite Wagen von Siegfried Marcus war ein paar Jahre später fahrbereit und steht heute im Technischen Museum in Wien (sein erster ist nicht mehr erhalten). Wer auch immer das Verdienst des größeren Erfinders haben mag, Innovationen haben oft

Die „Welt von gestern": Wien um 1900, pulsierendes Zentrum einer europäischen Großmacht. Blick auf den Graben mit der Pestsäule.

viele Väter, sie lösten jedenfalls eine Lawine der Mobilität für die ganze Welt aus. Das Auto hat das Leben im 20. Jahrhundert geprägt wie keine andere Erfindung. Es hat auch den Verlauf der Kriege und damit die Geschichte maßgeblich mitgeschrieben. Aber damals, als dieser Kontinent von einer Euphorie in die nächste taumelte, begann man, Geschwindigkeitsrekorde für Autos zu messen und purzeln zu lassen. Österreich, die Monarchie, das große Reich, war in all diesen Entwicklungen ganz vorne mit dabei.

1901 entstand in Österreich die erste Fahrschule. In Wien gab es handfeste Überlegungen zum Bau einer U-Bahn. Für Anfang 1914 war schon konkret geplant, das Zentrum der wachsenden Millionenstadt mit drei Linien in Form eines Ypsilons zu untertunneln. Tatsächlich in Betrieb genommen wurde die erste Wiener U-Bahn-Linie erst 64 Jahre später.[4]

Auch abseits all dessen, was sich technischer Fortschritt nannte, war das Leben zur Jahrhundertwende, jedenfalls in den Metropolen, von einer Opulenz, die man bis dahin nicht gekannt hatte. Nach dem Wiener Kongress genossen große

Anbruch des Informationszeitalters: die Telefonzentrale in der Wiener Friedrichstraße, um 1885.

Teile Europas eine ungewohnt lange Friedensperiode. Und der Untergang der Titanic 1912 versetzte der Begeisterung nur einen kurzen Dämpfer.

In Wien traf sich die Welt. In einer kuriosen Mischung. Ein gewisser Josef Wissarionowitsch Dschugaschwili war im Jänner 1913, getarnt als Stavros Papadopoulos, in der Schönbrunner Schlossstraße 30 eingezogen und arbeitete hier an seiner Schrift *Der Marxismus und die nationale Frage* – als Josef Stalin sollte er zu einem der Mächtigen dieser Erde aufsteigen. Zugleich befanden sich ein erfolgloser Aquarellmaler namens Adolf Hitler und ein verliebter junger Kroate namens Josip Broz in der Stadt. Später nannte er sich Josip Broz Tito. Ob sich die zwei größten Tyrannen des 20. Jahrhunderts und einer der übelsten Diktatoren auch persönlich über den Weg gelaufen sind, ist nicht überliefert.[5]

Wie Übermut mag es erscheinen, was man sich heute an Ausgelassenheit über die Zeit der Jahrhundertwende erzählt. Was man als *Fin de Siècle* bezeichnet, hatte den Keim von Endzeitstimmung in sich. Der in Frankreich geprägte Begriff wurde von Hermann Bahr aufgegriffen, um in seinen Novellen den Konflikt zwischen Ordnung und Chaos zu beschreiben. Dekadentismus war schon mehrfach in der Menschheitsgeschichte ein Anzeichen für den bevorstehenden Untergang. Die Römer, die Griechen, ägyptische Pharaonen und chinesische Kaiser haben solche Erfahrungen gemacht. Im Mitteleuropa des noch jungen 20. Jahrhunderts wollte man davon nichts spüren. Obwohl der Begriff Fin de Siècle ja das Ende schon in sich trägt. Man lebte, als wäre es nur das Abschiednehmen von Veraltetem, von Überkommenem. Der Duft des Fortschritts übertönte alles.

Philosophie und Naturwissenschaften hatten sich in der Gedankenwelt des Positivismus dem Machbaren verschrieben. Und (fast) alles galt als machbar oder demnächst machbar. Eine ungeheure Technikgläubigkeit wandte sich gegen alles Transzendente. Auch der Blick auf die Religion musste sich dem unterordnen, die „positivistische Weltreligion" suchte eine Alternative zu den zu Riten und Strukturen der traditionellen Glaubensgemeinschaften, jedenfalls aber einen Humanismus, der sich unabhängig von den großen Religionslehren verstand. Wahrscheinlich war der starke Katholizismus mit seiner Verschränkung zwischen geistlicher und weltlicher Macht in der österreichischen Zwischenkriegszeit eine Reaktion auf diesen Positivismus. Dass sich die Macht auf eine göttliche Legitimation stützte, war ja nicht neu. Kaiser (wie Karl der Große) hatten sich vom Papst krönen oder zumindest legitimieren lassen, die römisch-deutschen Kaiser des Mittelalters waren jeweils nach Rom gepilgert, in Salzburg waren die Fürsterzbischöfe das diktatorische geistliche und weltliche Maß aller Dinge, bis hin zum Despotismus. Bis 1806 waren die Habsburger die Herrscher des Heiligen Römischen Reiches. Aber auch Napoleon war die Symbolik des Gottgewollten wichtig, indem er sich 1804 in Notre-Dame vom Papst salben ließ. Die Krone setzte er sich danach freilich selbst aufs Haupt. Natürlich galten die Habsburger auch in der politischen Realität des noch jungen 20. Jahrhunderts als im weitesten Sinne von Gott legitimiert, auch wenn schon Joseph II. wesentliche Schritte zur wechselseitigen Emanzipierung gesetzt hatte. Zwar hatte die Aufklärung eine vorher nie dagewesene religiösen Toleranz implementiert, aber das Primat der katholischen Kirche wurde in der Welt der Habsburger nie in Frage gestellt. Vor 70 Bischöfen und Prälaten heiratete der junge Kaiser Franz Joseph 1854 seine erst 16-jährige Sisi.

Im Fin de Siècle war die offen zur Schau getragene Gottgläubigkeit in den Hintergrund getreten. Die katholische Kirche hatte an Einfluss verloren, Kunst, Kultur und Wissenschaft wollten sich darüber erheben. Die Literatur führte den Adel als überholt und überkommen vor, Arthur Schnitzler zeichnete in seinen Werken wiederholt das Bild eines dekadenten, weltfremden Standes. Auch das Militär musste sich zunehmend in Frage stellen lassen. Nicht hinsichtlich seiner Bedeutung als Träger der staatlichen Macht. Diese Funktion war angesichts des aufkeimenden Nationalismus absolut unbestritten. Aber die Rolle als moralische Elite geriet ins Wanken. Der aus dem Formalismus des Soldatischen entstandene Ehrbegriff, der seinen Gipfel nicht selten in Duellen im Prater erlebte, wurde zunehmend hinterfragt. Als Arthur Schnitzler, selbst Leutnant der Reserve, 1901 in seiner Novelle vom *Leutnant Gustl*[6] den Ehrenkodex des Militärs scharf kritisierte, wurde ihm von einem Ehrengericht prompt der Offiziersrang als Oberarzt der Reserve aberkannt. Das öffentliche Nachdenken über Standesdünkel, Ansehen und Offizierssehre erzeugte ein Erdbeben. Mit einem Rechtsanwalt durfte sich ein Leutnant duellieren, aber nicht mit einem Bäckermeister. Da blieb nur der Selbstmord, der Gustl zum Glück durch den Schlaganfall des Bäckers erspart bleibt.

Der Arzt Arthur Schnitzler war überhaupt der Inbegriff der kritischen Literatur im Fin de Siècle. Messerscharf legte er die Abgründe der menschlichen Seele frei, nicht selten wird er als schreibendes Pendant von Sigmund Freud bezeichnet. Da war einerseits die militärische Elite, deren oberflächlichen Glanz er in Frage stellte und als oft vordergründigen Aufputz des Bürgertums decouvrierte, und andererseits die Moral der Zeit schlechthin. Fragwürdige

Ehrenkodizes, sexuelle Tabus, vor allem aber die vordergründigen Lebensregeln, das gesellschaftliche Konstrukt aus ungeschriebenen Vorschriften, aus Verboten und angeblich Unabänderlichem legte er schonungslos frei, nicht selten anhand der Rolle der Frauen und des Antisemitismus.

Schnitzler war zu Anfang des 20. Jahrhunderts einer der meistgespielten Dramatiker im deutschen Sprachraum. Heute ist er es wieder. Aber mit Beginn des Ersten Weltkrieges hatte man sich von seinen Werken abgewandt. Manche vermuten, weil er nicht, wie viele andere österreichische Intellektuelle, in die allgemeine Kriegseuphorie miteinstimmte.

Die allgemeine Lebensfreude, der Fortschritt, die wirtschaftliche Entwicklung, all das ließ in jenen Jahren das Gefühl der Unbesiegbarkeit entstehen. Übermut könnte man es auch nennen. Die Kunst blühte. Die Romantik deckte manches zu. Gustav Mahler und Richard Strauss feierten Erfolg um Erfolg. Ihre Kompositionen strotzen vor Buntheit und Farbenreichtum. Weitschweifig und monumental sind sie ein Spiegel des Zeitgeists, auch Groteskes und Dekadentes kommen nicht zu kurz, wie man am *Rosenkavalier* nachvollziehen kann. Die Wiener Schule wurde zum Stilbegriff.

In der Malerei hat man sich von der romantischen Opulenz eines Hans Makart befreit. Dieser hatte einen starken Hang zum Theatralischen, zur Farbigkeit und Opulenz eines Rubens oder Tizian. Er war stilbildend für das Bürgertum der Gründerzeit gewesen. Der „Makartstil" hatte ideal in die Ringstraßenzeit gepasst. Selten war ein Maler in der Gesellschaft so anerkannt wie Hans Makart, dem zu Ehren man in seiner Heimatstadt Salzburg noch zu Lebzeiten den früheren Hannibalplatz in Makartplatz umbenannte. Als sich die Bürger aber von dieser Gründerzeit emanzipierten und deren Errungenschaften als selbstverständlich betrachteten, kehrte man auch Makarts überladenem Pomp und Plüsch den Rücken. Kunsthistoriker sehen dennoch einen großen Einfluss Makarts auf die jungen Maler der Jahrhundertwende wie Gustav Klimt, der Makarts Arbeiten im Stiegenhaus des Kunsthistorischen Museums in Wien weiterführte. Bedeutsamer ist aber wohl sein Einfluss durch die Allegorien, die in den Arbeiten der Jugendstilkünstler eine besondere Bedeutung bekommen sollten. Wenngleich das Ornamentale, das Symbolhafte, das Geordnete in Dominanz treten sollte.

Die politische Dimension des neuen Stils wird klarer durch den damals auch gelegentlich verwendeten Begriff des „Reformstils". Bezeichnungen wie *Art nouveau* oder *Modern Style* verdeutlich noch heute die dahinterliegenden Absichten – sich abzusetzen vom Bisherigen, sich Neuem zuzuwenden. Für diese neue Zeit eine neue, eigene Formensprache zu entwickeln. Das erfolgte bisweilen mit einem ziemlichen Bruch. So erregte das schnörkellose Looshaus am Wiener Michaelerplatz, noch dazu so unmittelbar vor oder neben der Hofburg, das allerhöchste Missfallen des Kaisers. Was den Siegeszug des Jugendstils in ganz

Rendezvousplatz der bürgerlichen Gesellschaft: die „Sirkecke" Ecke Kärntner Straße/Kärntner Ring. Gemälde von Maximilian Lenz, um 1900.

Europa nicht im mindesten bremsen konnte. Der in Wien so stark ausgeprägte Historismus wurde über Bord geworfen und der Jugendstil verstand sich als übergreifende Kunstrichtung. Architektur, Innenausstattung, Dekoration, Malerei, alles wurde von seiner Formensprache erfasst und stilistisch neu definiert. Auch Alltagsgegenstände konnten sich dieser neuen Ästhetik nicht mehr entziehen, vom Teeservice bis zum Schuhlöffel. Selbst schwere Maschinen und Industriehallen wurden mit den dekorativ geschwungenen Linien oder floralen Ornamenten verziert. Die heutige Nüchternheit im Maschinenbau hätte man sich damals nicht vorstellen können. Zu sehr war alles von der Freude am Neuen, am Besseren, am Moderneren getragen.

In der Bildenden Kunst zeigt sich, wie sehr diese Zeit von schnellem Wandel und Umbrüchen gekennzeichnet war. Der Jugendstil war eigentlich nur eine kurze Periode, er galt schon vor dem Ersten Weltkrieg als überwunden. Gustav Klimts von Goldtönen durchwirkte Bilder, voll mit Ornamenten, sind heute der Inbegriff dieser Kunstrichtung. Der Sohn eines böhmischen Goldgraveurs widmete sich dem Symbolischen und Erhabenen. Aber er versuchte auch schon hinter den Vorhang der Oberflächlichkeit zu schauen, wie in seinem monumentalen Beethovenfries, der keineswegs nur einer plakativen Ästhetik zuzuordnen ist. Da thematisierte er das Feindliche, das Abgründige und bildet damit eine nahtlose Brücke zum Expressionismus mit seinen weiteren berühmten Vertretern Egon Schiele oder Oskar Kokoschka. Rasch begann sich dieser Expressionismus durchzusetzen. Und wieder sprach man von der „Wiener Moderne".

15

Gustav Klimt, Beethovenfries: Chor der Paradiesengel (Ausschnitt).

Wieder war es das Neue, das Über-Bord-Werfen des Bisherigen, das einigte, das zählte.

Die Damenmode war noch auf lange Kleider eingestellt, aber von Bequemlichkeit war keine Rede. Der sogenannte Humpelrock verurteilte die Frauen durch innenliegende Passen zu Trippelschritten. Im Gegensatz zu diesen Fußfesseln hatte der französische Modemacher Paul Poiret begonnen, den weiblichen Oberkörper aus dem Korsett zu holen. Aber das Wahlrecht sollten die Frauen in Österreich erst 1918 bekommen (damit aber immerhin noch vor den USA, Großbritannien, Frankreich oder der Schweiz).

Egon Schiele durchbrach mit seiner offenherzigen Malerei die sexuellen Tabus und kratzte, wie die Literatur, am traditionellen Frauenbild. Offen wurde ihm Pornografie vorgeworfen. Wenn man seine Blätter heute betrachtet, spürt man, wie fragil seine von ihm gezeichneten Wesen waren. So fragil, wie die Zeit wohl gewesen sein mag?

Damals spürte man das offenbar nicht.

Europa war im jungen neuen Jahrhundert in Ekstase. Atemlos hetzte man in den Jahren vor dem Großen Krieg von einem Neuen zum nächsten, von einem Rekord zum nächsten, von einer Erfindung zur nächsten. Wie in Ekstase stolperte man auch in die militärische Eskalation. Viele wollten den Krieg. Deutschland, Österreich-Ungarn, man erwartete ihn als einen kleinen Sidestep, als einen Befreiungsschlag gegenüber den Aufmüpfigen am Balkan. Verlieren? Undenkbar. Ein Weltenbrand? Unvorstellbar!

Wer nicht in der Welle der Kriegseuphorie mitschwang, war schon verdächtig. Mit dem damals modernen Dixieland-Jazz und seinem expressiven Vibrato fieberte man dem Waffengang entgegen, im Glauben, danach werde alles so weitergehen wie bisher, nur noch schneller, noch bunter, noch erfolgreicher.

Aber bis dorthin sollte es noch sehr, sehr lange dauern und war zuerst die Überwindung einer weiteren Weltkatastrophe erforderlich.

---

1 Ovid, Metamorphosen, Fünfzehntes Buch, vermutlich 8 n. Chr.

2 Frankreichs Premier Georges Clemenceau bei der Pariser Friedenskonferenz. Am 10. September 1919 unterzeichneten Österreich und die Alliierten den Vertrag von Saint-Germain.

3 Philipp Blom, Der taumelnde Kontinent, Europa 1900–1914. München 2009

4 Gerhard Jelinek, Schöne Tage 1914. Wien 2013, S. 34 f.

5 Florian Illies, 1913, Der Sommer des Jahrhunderts. Frankfurt am Main 2012, S. 11 ff.

6 Arthur Schnitzler, Lieutenant Gustl (später: Leutnant Gustl), Erstausgabe Berlin 1901

2

Mit Anlauf in die Katastrophe

Die Monarchie ist tot, sie ist tot!
Joseph Roth, Radetzkymarsch

Es war schon bezeichnend, dass der 84-jährige österreichisch-ungarische Herrscher Kaiser Franz Joseph I. den Feldzug gegen die Serben von seinem Urlaubsdomizil aus anordnete. Dafür musste er doch nicht im Juli in die heiße Hauptstadt fahren! In seinem Arbeitszimmer in der kaiserlichen Villa in Bad Ischl unterschrieb er die Kriegserklärung an Serbien. Mit einem Federkiel.

Auf dem Schreibtisch vor ihm standen eine Büste seiner 1898 ermordeten Frau Elisabeth aus weißem Marmor und ein elektrischer Zigarrenanzünder. Die unhandliche Apparatur aus Bronze war ein Geschenk des russischen Zaren und entsprach dem allerneuesten Stand der damaligen Technik: Sie war mit einem geflochtenen Kabel an das Stromnetz angeschlossen. Ob er gerade genüsslich gepafft hat, ist nicht überliefert. Aber viele Zigarren hat der greise Monarch nicht entflammt, bis eine Woche später schon die halbe Welt in Vollbrand stand.

Rund zehn Millionen Soldaten verloren auf zahlreichen Schlachtfeldern ihr Leben. So genau weiß man das nicht. Noch weniger genau kennt man die zivilen Opfer. Insgesamt etwa 15 bis 21 Millionen.

Immer entwickeln Kriege eine unvorhergesehene Dynamik der Gewalt. Aber das Tempo, in dem sich diesmal die ethischen, technischen und wirtschaftlichen Normen der Vorkriegswelt auflösten, überraschte alle. Selbst die für gewöhnlich feinsinnigen und friedliebenden Künstler und Literaten hatten nicht davor gewarnt. Nicht Hermann Bahr, nicht Carl Zuckmayer, nicht Robert Musil. Am Tag der Ermordung des Thronfolgers in Sarajevo hatte Arthur Schnitzler nach einer Landpartie auf die Sophienalpe lapidar in sein Tagebuch geschrieben, es sei „ein schöner Sommertag"[1] gewesen. In dem Waffengang hatte man eine Befreiung aus bürgerlicher Enge erwartet, einen feierlichen Volkskrieg, heroisch und kurz.

Von einer „notwendigen, reinigenden Katastrophe" sprach immerhin Thomas Mann. „Es muss einen für immer stolz und glücklich machen, diesem Volk anzugehören. Ein solches Volk kann auch nicht besiegt werden", meinte etwa Hugo von Hofmannsthal. Welch ein Irrtum.

In Joseph Roths Roman *Radetzkymarsch* schreit der junge Leutnant Carl Joseph Trotta schon bei der Nachricht vom Attentat auf Thronfolger Franz Ferdinand: „Die Monarchie ist tot, sie ist tot!"[2] Er sollte Recht behalten. Mehr noch. Nicht nur die Staatsform war tot, mit ihr ein ganzes Reich. Mehrere Reiche. Und ganz Europa lag am Boden. Einige Länder, die Sieger, erholten sich etwas schneller, Österreich sollte Jahrzehnte brauchen. Letztlich verschlang der Große Krieg vier große Reiche – Österreich-Ungarn, das Deutsche Reich, das russische Zarenreich und das Osmanische Vielvölkerreich. Er schuf damit eine neue Wirklichkeit.

Die Unmoral der Vernichtung hat dabei ungeahnte neue Dimensionen erreicht. Schon oft davor hatte man sich mit religiöser Verklärung in einen Krieg gestürzt. Ebenso hatte man sich schon oft davor in Größenwahn und Männlichkeitskult für unbesiegbar gehalten und hat ein Krieg ein Zeitalter verändert. Aber erstmals hat ein Krieg so tief das Moralgefühl der Menschheit erschüttert. Mit dem erstmaligen Einsatz von Massenvernichtungswaffen.

Auch da ist man hineingeschlittert. Der aus Breslau stammende deutsche Chemiker Fritz Haber hat den Kunstdünger entwickelt und dafür 1918 den Nobelpreis erhalten. Aber seine Forschungen haben auch den Einsatz von Giftgas ermöglicht. Im Siegeswillen und in höchster Bedrängnis hat es auch die österreichisch-ungarische Armee eingesetzt. Kriegsethik hin oder her, und zudem vergeblich, wie man weiß. Aber die Unschuld gegenüber Massenvernichtungswaffen war für die Menschheit ein für alle Mal verloren. Wie sehr das auch zu inneren Konflikten geführt hat, zeigte sich am Selbstmord von Habers Ehefrau Klara Immerwahr, die sich zerrissen fühlte zwischen ihrem humanitären Gewissen und der Solidarität zu ihrem Mann, mit dessen Dienstwaffe sie sich schließlich im Sommer 1915 erschoss.

Noch ahnte man nicht, dass dieser Tabubruch in der Kriegsführung 30 Jahre später noch übertroffen werden sollte. Mit zwei Atombomben.

Angesichts der Katastrophen des Zweiten Weltkriegs war man häufig geneigt, und ist es bis heute, jene des Ersten Krieges entweder zu verdrängen oder zu vergessen. Die unvorhergesehene Gewaltspirale war keine Strategie der Nazis gewesen. Schon im Ersten Weltkrieg wurden zivile Wohngebiete bombardiert, Linienschiffe versenkt, Hungerblockaden verhängt und Zivilisten ermordet. Zu Tausenden, in Galizien, in Ostpreußen, in Serbien oder Belgien.

Extra-Ausgabe
der
Wiener ✦ Zeitung.

Nr. 174.   Dienstag, den 28. Juli   **1914.**

Amtlicher Teil.

Kriegserklärung.

Auf Grund Allerhöchster Entschließung Seiner k. u. k. Apostolischen Majestät vom 28. Juli 1914 wurde heute an die königl. serbische Regierung eine in französischer Sprache abgefaßte Kriegs= erklärung gerichtet, welche im Urtext und in deutscher Übersetzung folgendermaßen lautet:

„Le Gouvernement Royal de Serbie n'ayant pas répondu d'une manière satisfaisante à la Note qui lui avait été remise par le Ministre d'Autriche-Hongrie à Belgrade à la date du 23 juillet 1914, le Gouvernement I. et R. se trouve dans la nécessité de pourvoir lui-même à la sauvegarde de ses droits et intérêts et de recourir à cet effet à la force des armes. L'Autriche-Hongrie se considère donc de ce moment en état de guerre avec la Serbie.

Le Ministre des Affaires Etrangères d'Autriche-Hongrie Comte Berchtold.“

„Da die königl. serbische Regierung die Note, welche ihr vom österreichisch-ungarischen Gesandten in Belgrad am 23. Juli 1914 übergeben worden war, nicht in befriedigender Weise beantwortet hat, so sieht sich die k. u. k. Regierung in die Notwendigkeit versetzt, selbst für die Wahrung ihrer Rechte und Interessen Sorge zu tragen und zu diesem Ende an die Gewalt der Waffen zu appellieren. Oesterreich-Ungarn betrachtet sich daher von diesem Augen= blicke an als im Kriegszustande mit Serbien befindlich.

Der österreichisch-ungarische Minister des Äußern Graf Berchtold.“

Der Auftakt zum Großen Krieg, der „Urkatastrophe" des 20. Jahrhunderts: die Kriegserklärung Öster- reich-Ungarns an Serbien.

Die Gedenkfeiern im Jahr 2014 zum 100. Jahrestag des Kriegsausbruchs zeigten, dass man sich an diesen Ersten Weltkrieg in Europa durchaus unterschiedlich erinnert. Dass Geschichte eine jeweils unterschiedliche Wahrnehmung aufweist, ist ja nicht neu. Aber dass die Intensität des Erinnerns in keinem Verhältnis steht zur Radikalität der Veränderungen, die dieser Krieg nach sich gezogen hat, das war schon erstaunlich. In Österreich passierte zu diesem Anlass eher wenig, im Vergleich jedenfalls zu Deutschland, Frankreich oder Großbritannien. Dort ist der Einschnitt offenbar bis heute als besonders gravierend im kollektiven Gedächtnis verhaftet geblieben, wiewohl er in Österreich, einem Verliererland, ja wohl de facto wesentlich schwerwiegender war als in den Siegerländern. Fast könnte man glauben, Österreich hätte sich leichtfüßig von der Geschichte der großen Monarchie getrennt. Vielleicht aber sitzt der Schock doch nur tiefer, als man vermuten würde.

Schützengraben im Karst: österreichische Stellung am Isonzo. Foto: k. u. k. Kriegspressequartier.

Nach Kriegsende ließ das durch die Erlebnisse der Gewalt und der Niederlage in den Grundfesten erschütterte Moralgefühl die Menschen allerorten zweifeln, ob es überhaupt noch möglich sei, eine neue Ordnung aufzubauen, ohne Traumata der Vergangenheit. Das machte es zusätzlich – nicht nur in Österreich – so schwer, eine neue Normalität des europäischen Zusammenlebens zu organisieren.

Es ist, wie man weiß, auch nicht gleich gelungen. Da die Konstruktion einer europäischen Nachkriegsordnung vom Gedanken einer Bestrafung und Demütigung der Verlierer geprägt war, trug das schon den Keim in sich, abermals mit Gewalt einzugreifen, zu rächen und zurückzuholen, was dieser Erste Weltkrieg an Gebietsverlusten gebracht hatte.

Bertha von Suttner, die wenige Tage vor dem Attentat in Sarajevo starb, soll einmal den Vergleich angestellt haben, dass es keinem Menschen einfallen würde, Tintenflecken mit Tinte und Ölflecken mit Öl wegzuwaschen. Nur das Blut, das sollte immer wieder unsinnigerweise mit Blut ausgewaschen werden.

Aber erst musste man dafür wieder Kräfte sammeln.

Wenn man sich heute in Europa und der gesamten westlichen Welt sicher fühlt, dass die enge wirtschaftliche Verflechtung der Staaten, mit wechselseitigen finanziellen Abhängigkeiten ein Garant gegen einen Krieg sei, dann muss man an den Sommer 1914 erinnern. Auch damals hielt man es wegen der schon engen Handelsbeziehungen für absurd, dass man sich postwendend die Schädel einschlagen könnte. Wirtschaftliche Verflechtungen sind aber kein Schutz vor Krisen. Das musste die EU in diesem Jahrhundert angesichts einer Finanz- und Eurokrise und einer Flüchtlingskrise schon dramatisch erleben. Sehr schnell ist es mit einer Gemeinsamkeit und einer Solidarität dahin, wenn es um Eigeninteressen geht, wie bereits Marx und Engels wussten: „Die ‚Idee‘ blamierte sich immer, soweit sie von dem ‚Interesse‘ unterschieden war."[3] Und jede Krise, die überstanden ist, erzeugt das Gefühl, auch die nächste meistern zu können.

So war es auch 1914. Deutschland hatte sich seit 1870 zu einem selbstbewussten Nationalstaat entwickelt. Auch mit Albanien war ein neuer Nationalstaat

Feldbahn mit Verpflegung für die Isonzofront. Foto: k. u. k. Kriegspressequartier.

entstanden. Am Balkan hatten zwei Kriege die regionalen Machtverhältnisse verschoben, Russland hat sich am Schwarzen Meer mit der Türkei in ein Wettrüsten eingelassen, Deutschland und Großbritannien standen einander zunehmend misstrauisch gegenüber.[4] Vieles war im Umbruch, aber man war sich sicher, diese Umbrüche stemmen zu können. Die wesentlichen Mächte waren hochgerüstet bis zur Halskrause und hatten auch jeweils eigene Motive für einen Waffengang. Einen großen Krieg erwartete niemand. Auch nicht nach dem Attentat von Sarajevo am 28. Juni 2014. Und

Zwei Kaiser „in Treue fest" verbunden: Wilhelm II. und Franz Joseph I. Deutsche Postkarte, vor 1914.

auch nicht mit der Kriegserklärung von Kaiser Franz Joseph in Bad Ischl, genau einen Monat später. Der Krieg sollte bloß ein reinigendes Gewitter sein. Umso dramatischer war das, was dann daraus erwuchs. Die Staaten in Europa waren allesamt, jeweils mit eigenen Motiven und einem Rucksack unterschiedlicher historischer Erfahrungen, wie „Schlafwandler" in diese Katastrophe getaumelt, schreibt Christopher Clark in seinem mittlerweile als Standardwerk gepriesenen gleichnamigen Buch.[5]

Man kann allerdings die Vorgänge und das Denken von 1914 nicht verstehen, wenn man sich nicht mit der Entwicklung davor auseinandersetzt. Schon mit der Französischen Revolution hatte sich gezeigt, dass Untertanen nicht alles schlucken und Widerspruch anmelden. Dieses Aufbegehren gegen den monarchistischen Absolutismus und die Privilegien des Adels in Frankreich hatte Folgen für ganz Europa. Viele Rechtsnormen, etwa der uneingeschränkte Anspruch auf Gleichbehandlung vor dem Gesetz, gehen auf diese Revolution zurück (wenngleich die Fundamente der europäischen Rechtstheorie für freie Bürger schon von den Römern gelegt worden sind).

Natürlich war zwischen dem Anspruch der Revolutionäre von Paris und dessen wirklich demokratischer Implementierung ein weiter Weg, mit abstrusen Auswüchsen. Das ursprüngliche Ziel einer Mitbestimmung des Bürgertums durch Errichtung einer konstitutionellen Monarchie wurde bald eingeholt von radikalen, terroristischen Zügen, mit der Guillotine als einprägsamstem Werkzeug. Die Angst vor einer Gegenrevolution hatte sehr radikaldemokratische Ansichten erzeugt. Und dass fundamentale Änderungen der politischen Strukturen, wie der Wandel von der Monarchie zur Republik, selbst nicht in zehn

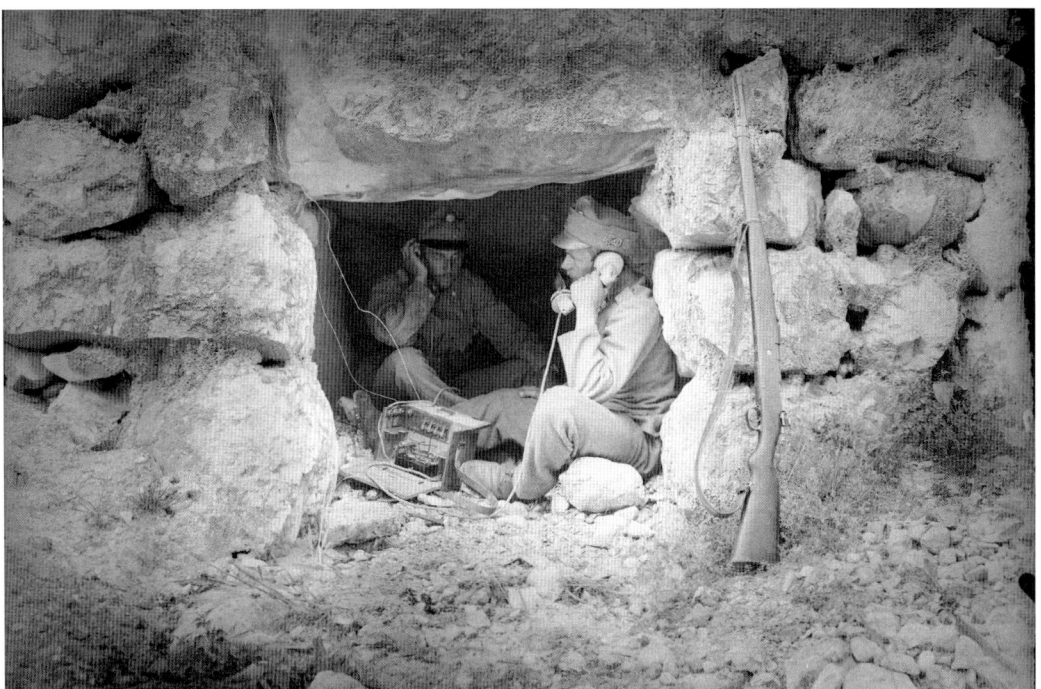

Das „reinigende Gewitter" verwandelte sich in einen langen Stellungskrieg: Feldtelefon-Station am Rombon. Foto: k. u. k. Kriegspressequartier.

blutigen Revolutionsjahren alle Köpfe und Gedanken durchdringen konnten, zeigt die Tatsache, dass Napoleon Bonaparte, ein Emporkömmling durch die Französische Revolution in der Armee, sich später paradoxerweise selbst zum Kaiser krönen ließ, mit durchaus diktatorischen Zügen. Jedenfalls ist der Wandel von einer absolutistischen Monarchie zu einer Republik heutigen Zuschnitts beileibe nicht in einem Zug gelungen. Auch in Österreich, ein Jahrhundert später, war der erste Anlauf ja kein durchschlagender Erfolg.

Frankreich war während der Revolution von missionarischem Eifer getragen, den Gedanken der Freiheit der Bürger auch zu den anderen Völkern Europas zu tragen. Die Kriegserklärung an Österreich von 1792 führte zum Ersten Koalitionskrieg von Österreich und Preußen gegen Frankreich. Viele Schlachten sollten noch kommen. Eine Folge davon war, dass die Achse zwischen Österreich und Preußen immer enger wurde. Schon in dieser Zeit liegen die Wurzeln dafür, dass sich das nach dem Ende seiner Monarchie so kleine Österreich stark an Deutschland anlehnen wollte (siehe auch Kap. 7, „Zur Kleinheit gezwungen", S. 82).

Nach den blutigen Turbulenzen der Napoleonischen Kriege wurde auf dem Wiener Kongress eine Neuordnung Europas besiegelt, die dem Kontinent ein sogenanntes Friedensjahrhundert bescherte. Napoleon war verbannt auf Elba und in Europa herrschte Frieden, wenn auch ein sehr fragiler. Doch selbst das ist nur die halbe Wahrheit. Denn außerhalb Europas, in Afrika, Asien oder Lateinamerika, war von diesem Frieden nichts zu spüren. In China tobte im 19. Jahrhundert ein fürchterlicher Bürgerkrieg mit mindestens zwei Millionen Toten, der Amerikanische Bürgerkrieg hinterließ mehr als 200.000 Tote und wirkt in der amerikanischen Gesellschaft bis heute nach. Aber für Europa gilt der Wiener Kongress als Auftakt für ein Friedensjahrhundert – dessen Ruhe sich freilich als trügerisch herausstellen sollte.

Aber immerhin war das Jahr 1815 die Geburtsstunde eines politischen, zentral geordneten Europa, wenngleich das Abschlussdokument des Wiener Kongresses nur von wenigen Ländern offen gestützt wurde. Repräsentanten von 30 Staaten waren in Wien dabei gewesen, aber nur acht davon haben das Dokument unterzeichnet, nämlich jene Mächte, die die neue Ordnung garantierten. Das heißt also, dass nur eine kleine Elite Europa neu geregelt hat. Was prompt zu einer Reihe von Revolutionen führte.

Diese durchzogen 1848/49 alle Länder des Deutschen Bundes. Dieser bis 1866 bestehende Staatenbund war als Dach für zahlreiche Länder Europas konstruiert worden und umfasste allen voran die großen Rivalen Österreich und Preußen sowie viele kleinere Länder wie die Königreiche Dänemark und die Niederlande, aber auch die Großherzogtümer Baden und Hessen sowie die Königreiche Württemberg, Sachsen und nicht zuletzt Bayern. Österreich und Preußen brachten dann auch gemeinsam mit heftigem, ja sogar militärisch geführtem Vorgehen die Anliegen der Revolutionswelle Mitte des 19. Jahrhunderts, von einer Aufhebung der Zensur bis zur Schaffung eines demokratischen, alle deutschen Gebiete umfassenden Nationalstaates, zu Fall.

Im Kaiserreich Österreich brachte das Revolutionsjahr 1848 zahlreiche zentrifugale Kräfte zutage. Die Slowaken lehnten sich in offenen Feldzügen gegen die Magyaren auf, es brodelte in Oberitalien, in Prag wurde der Pfingstaufstand gegen die österreichische Herrschaft gewaltsam niedergeschlagen, nachdem Autonomieforderungen aus Prag von der Wiener Zentralregierung abgeschmettert worden waren. Und Ungarn hat sich 1849 gar von den Habsburgern für unabhängig erklärt und die Republik ausgerufen. Diese Unabhängigkeitserklärung wurde aber von den anderen Staaten Europas nicht anerkannt, zu sehr fürchteten die Herrschenden die Vorbildwirkung für einen Zerfall auch in ihren Reichen. Letztlich wurde die ungarische Revolution von der kaiserlichen Armee mit Unterstützung russischer Truppen niedergeschlagen.

Aber der Widerstand der Ungarn gegen einen Einheitsstaat unter Wiener Führung war damit nicht gebrochen. 1867, knapp 20 Jahre später, lenkte das Kaiserhaus ein und Ungarn erhielt eine weitgehende innenpolitische Autonomie mit eigenem Reichstag. Das Kaiserreich Österreich wurde zur österreich-ungarischen Doppelmonarchie, Kaiser Franz Joseph wurde auch zum König von Ungarn gekrönt. „Es entstand ein einzigartiges Staatswesen, wie ein Ei mit zwei Dottern [...] innerhalb der dünnen Hülle der Habsburgischen Doppel-monarchie."[6] Der Vielvölkerstaat unter Habsburgischer Führung war noch einmal gerettet. Bis 1918.

Der Wiener Kongress hat letztlich nur in Zentraleuropa mit einem Interessen-ausgleich die Kriegsgefahren gedämpft. Der große Blick war im Verhandlungs-saal am Wiener Ballhausplatz nicht zugegen, die außereuropäische Dimension hat weitestgehend gefehlt (abgesehen von Beschlüssen wie der Abschaffung der Sklaverei), die Ränder Europas waren ausgeblendet. In den Kolonien gab es zahl-reiche Kolonialkriege, die Briten hatten alles andere als ein Ruhekissen, und der belgische König konnte im Kongo später ein unglaublich blutiges Terrorregime führen. Beileibe kein Ruhmesblatt des 19. Jahrhunderts. Und das Osmanische Reich blieb unbeachtet, was sich durch die spätere Entwicklung am Balkan oder in Griechenland rächte.

Trotz der Fragilität und Unvollkommenheit der Beschlüsse von 1815 wird der Wiener Kongress 2015 bisweilen sogar als Vorläufer der Ideen für eine Eu-ropäische Union bezeichnet. Das mag kühn sein, sollte aber auch die Instabilität solch großer Gefüge aufzeigen – und die Tatsache, dass das, was einmal ord-nungspolitisch angestrebt wird, ein andermal auch wieder verworfen wird. So hat Napoleon zunächst auch außerhalb Frankreichs den Nationalstaatsgedanken verbreitet, dann aber wieder verworfen, weil das die Durchsetzung einer napo-leonischen Ordnung für ganz Europa behinderte. Aber insbesondere Spanien, Deutschland und Russland konnten seinen Vorstellungen von einer Gestaltung Mitteleuropas nichts abgewinnen. Die Konflikte waren also nicht beigelegt, nur ruhiggestellt.

Der Wiener Kongress setzte auf ein Miteinander der Staaten, allerdings un-ter Einräumung von Dominanzen durch die großen Player der damaligen Zeit. Die sollten ihre Einflusssphären behalten können. Die EU hat dagegen zumin-dest formal mit einem Modell der Gleichberechtigung aller Mitglieder, unab-hängig von ihrer Größe, einen ganz anderen Weg eingeschlagen. Die Idee war, alle in den politischen, sozialen und ökonomischen Interessenausgleich einzu-binden. Der Erfolg war nachhaltiger. Dennoch haben die Erweiterungen der EU zu ihrer jetzigen Größe letztlich mehr Schwerfälligkeit erzeugt und ihre Hand-lungsfähigkeit minimiert, wie sich später in ihrer Ohnmacht gegenüber großen Wirtschaftskrisen (2008) oder Migrationsströmen (2015) zeigte.

Der Wiener Kongress hatte speziell auf Österreich noch eine besondere Auswirkung. Er hatte das Selbstbewusstsein der Monarchie gestärkt und die Stadt Wien durch die lange Anwesenheit internationaler Delegationen urbanisiert. Diese Internationalisierung gab der Stadt einen Schub, der später zur schon beschriebenen Blüte von Kunst, Kultur, Wirtschaft und Wissenschaft führte. Und zu einem blinden Selbstvertrauen, mit dem die Fragilität, die sich zwischenzeitlich in der gescheiterten bürgerlichen Revolution von 1848 gezeigt hatte, schnell wieder vergessen und verdrängt wurde.

Die Gesteinbohranlage E8 104 im Probebetrieb, Isonzofront, 1916. Foto: k. u. k. Kriegspressequartier.

Danach war der Vielvölkerstaat Österreich-Ungarn nicht mehr in der Lage, die rasant wechselnden Strömungen in sich abzufangen. Es ist zu einfach, den Zerfall des Habsburgerreiches nur einer vergleichsweise leichtfertig unterzeichneten Kriegserklärung an Serbien anzulasten oder der blinden Kriegseuphorie von 1914 oder den Interessen der Wirtschaft, mit einem kontrollierten Waffengang Freiraum für neue Entwicklungen zu schaffen.

Die Nachkriegsordnung durch den Friedensvertrag von Saint-Germain war noch ganz im Geiste des 19. Jahrhunderts entstanden. Mit der Festschreibung, dass der Sieger der Stärkere und der Besiegte der Schwächere bleiben müsse. Es war die niedergeschriebene Bankrotterklärung gegenüber einer wirklichen Friedensvision. Sie war daher auch nur eine Zwischenkriegsordnung.

---

1 Gerhard Jelinek, Schöne Tage 1914. A. a. O., S. 221
2 Joseph Roth, Radetzkymarsch. Berlin 1932 (München 1981, S. 165)
3 Karl Marx/Friedrich Engels, Die heilige Familie oder Kritik der kritischen Kritik. In: Marx-Engels-Werke, Bd. 2, S. 85, Berlin 1956 ff.
4 Vgl. Christopher Clark, Festrede Eröffnung der Salzburger Festspiele 2014. Salzburg 2014
5 Christopher Clark, Die Schlafwandler. Wie Europa in den Ersten Weltkrieg zog. München 2013
6 Christopher Clark, Die Schlafwandler. A. a. O., S. 100

3

Der Abschied von der Monarchie

*Seit Menschengedenken ging so dilettantisch keine Schlacht,
keine Macht, keine Ehre verloren.*

Karl Kraus[1]

Kaiser Franz Joseph hatte das Ende schon früh geahnt. Zu Beginn des Großen Krieges äußerte er den Gedanken: „Wenn die Monarchie schon zugrunde gehen muss, soll sie wenigstens anständig zugrunde gehen."[2] Er selbst musste diesen Anstand nicht mehr aufbringen. Das war Kaiser Karl vorbehalten. Dieser versuchte, das Heft noch in der Hand zu halten, als der Krieg schon verloren war.

Am 16. Oktober 1918 erließ er das kaiserliche Manifest, mit dem er die Donaumonarchie noch retten wollte. „Österreich als Bundesstaat", titelte am Tag darauf die Sonderausgabe der *Wiener Zeitung.*[3] *An Meine getreuen österreichischen Völker!*, richtete Karl I. seinen Wunsch … *Österreich soll … zu einem Bundesstaat werden, in dem jeder Volksstamm auf seinem Siedlungsgebiet sein eigenes staatliches Gemeinwesen bildet. An die Völker, auf deren Selbstbestimmung das neue Reich sich gründen wird, ergeht Mein Ruf, an dem großen Werke durch Nationalräte mitzuwirken, die, gebildet aus den Reichstagsabgeordneten jeder Nation, die Interessen der Völker zueinander sowie im Verkehr mit Meiner Regierung zur Geltung bringen sollen …*

Es sollte nicht mehr seine Regierung sein, und von Völkern sollte schon gar keine Rede mehr sein. Jedenfalls nicht mehr lange:

– Am 21. Oktober traten die deutschen Abgeordneten zu einer eigenen Provisorischen Nationalversammlung zusammen.

– Sechs Tage später berief Kaiser Karl den Völkerrechtler und Pazifisten
  Heinrich Lammasch zum Ministerpräsidenten seines letzten Kabinetts.

– Am Tag darauf, am 28. Oktober, lehnte die Entente einen vom neuen Außenminister Graf Andrássy (d. J.) erbetenen Sonderfrieden ab.

– Am 3. November musste die österreichisch-ungarische Delegation in der
  Villa Giusti in Padua den Waffenstillstand mit Italien unterzeichnen, nachdem die Alliierten in der „Schlacht von Vittorio-Veneto" die Frontlinie an
  der Piave überrannt hatten. Die Waffenruhe trat am 4. November 1918,
  15 Uhr, in Kraft. Bereits vor der Unterzeichnung des Waffenstillstands hatte
  die österreichisch-ungarische Armeeführung die Feuereinstellung veranlasst,
  ein Umstand, der zur Folge hatte, dass noch zahlreiche Soldaten von den
  alliierten Truppen gefangen genommen wurden.

– Am 11. November verzichtete Kaiser Karl für Österreich auf die Ausübung
  der Regierungsgeschäfte, zugleich trat sein machtloses Kabinett Lammasch
  zurück. Noch am Abend des 11. November übersiedelte die kaiserliche Familie von Schönbrunn nach Schloss Eckartsau im Marchfeld.

– 12. November: Ausrufung der „Republik Deutschösterreich"

– Am 13. November erfolgte auch der Regierungsverzicht für Ungarn, in Belgrad schlossen die Magyaren einen Waffenstillstand mit der Entente. Damit
  war die Großmacht Österreich-Ungarn zu Ende.

– Am 24. März 1919 verließ Kaiser Karl mit seiner Familie Österreich und
  reiste in die Schweiz.

– Am 3. April 1919 wurde das Habsburgergesetz[*] beschlossen, das den Landesverweis des „ehemaligen Trägers der Krone" und die Beschlagnahmung
  des habsburgischen Vermögens festschrieb.

– Nach zwei gescheiterten Restaurationsversuchen in Ungarn 1921 wurden
  Karl und seine Frau Zita nach kurzer Internierung in der Abtei Tihany am
  Balaton von der Entente auf die portugiesische Insel Madeira verbannt.

Und schon war das Habsburgerreich Geschichte. Schluss, aus, vorbei. Karl verstarb am 1. April 1922 an einer Lungenentzündung, die er sich in seiner feuch-
ten Villa in Monte bei Funchal zugezogen hatte, im Alter von nur 34 Jahren.

2004 wurde er für seine Friedensbemühungen von Papst Johannes Paul II. seliggesprochen. Sein Herz, das bei der Einbalsamierung des Leichnams 1922 entnommen wurde, wird in der Loretokapelle im Schweizer Kloster Muri aufbewahrt.

Noch bevor der Kaiser gänzlich resigniert und das Land verlassen hatte, wurde also die Republik ausgerufen. „Wenn der alte Kaiser noch gelebt hätte, hätten wir uns das nicht getraut"[5], soll Karl Renner später einmal rückblickend erzählt haben. Der „Alte" war halt doch eine absolute Respektsperson gewesen. Den jungen Kaiser Karl konnte man jetzt verjagen.

Den Österreichern war der Abschied von der Monarchie nicht so schwer gefallen wie dem Kaiser selbst – Karl betonte immer wieder, dass er so wie der deutsche Kaiser Wilhelm II. nie wirklich abgedankt hätte.[6] Auch Wilhelm wollte zunächst nur als Kaiser gehen und nicht auch als preußischer König.[7] Beide hatten also ihre Pläne ohne die erstarkten republikanischen Bestrebungen gemacht. In Deutschland hat die kaisertreue Schicht das kampflose Aufgeben Wilhelms lange nicht verkraftet, als „Fahnenflucht" und „Kaiserflucht" wurde seine Übersiedlung ins niederländische Schloss Amerongen bezeichnet, aber der Legitimismus hatte, anders als etwa in Frankreich, auch in Deutschland keinen langen Atem. Sehr bald hat man sich dort einer neuen Führerfigur zugewandt.[8]

Das Osmanische Reich hatte sich vor dem Krieg Deutschland als Vorbild und als Bündnispartner genommen. Es galt als so schwach, dass Briten und Franzosen schon 1916 das Land in einem Geheimpakt unter sich aufgeteilt hatten, mit Grenzen, die bis heute den Nahen Osten und seine Konflikte bestimmen. Dass die heutige Türkei im aktuellen Syrienkonflikt als Regionalmacht stark mitmischt, geht auf die Zeit vor dem Ersten Weltkrieg zurück. Sultan Mehmed V. starb noch vor Kriegsende, in der Konferenz von Sanremo 1920 wurde das Riesenreich endgültig filetiert. Die kurze Freundschaft der Osmanen mit Deutschland und auch mit Österreich war wieder vorbei.

Und der russische Zar Nikolaus II. war mit seiner Familie schon am 17. Juli 1918 in Jekaterinburg von den Bolschewiki ermordet worden. Der Hass der Kommunisten unter Lenin und die Angst vor einer Restauration waren so groß, dass in den Monaten darauf viele weitere Angehörige und Vertraute der Romanows umgebracht wurden.

Ein solches Schicksal sollte der österreichischen Herrscherfamilie erspart bleiben, weshalb der britische König Georg V. höchstselbst seine schützende (und militärische) Hand über Karl und Zita hielt. Aber so radikal antimonarchistisch war das Klima hierzulande ohnedies bei weitem nicht, weder in Deutschland noch in Österreich.

Das Volk war längst auf Republikkurs. Die großen Herrscherhäuser waren gescheitert, es musste etwas anderes her.

Von Hass auf das Kaiserhaus oder auf den Adel generell, so wie bei den Bolschewiki in Russland, kann man in Österreich nicht sprechen, aber von Unerbittlichkeit. So war die Ausweisung durch die Nationalversammlung von Deutschösterreich schon sehr klar und hart formuliert. Nachdem der abgetretene Kaiser Karl vor seiner Ausreise in die Schweiz noch einmal gegen seine Absetzung protestiert und seine Amtsverzichtserklärung widerrufen hatte, wurde das Parlament unmissverständlich: „Im Interesse der Sicherheit der Republik werden der ehemalige Träger der Krone und die sonstigen Mitglieder

Letzter Glanz des Hauses Habsburg: die Hochzeit von Erzherzog Karl mit Prinzessin Zita von Bourbon-Parma am 21. Oktober 1911 in Schloss Schwarzau am Steinfeld.

des Hauses Habsburg-Lothringen, diese, soweit sie nicht auf ihre Mitgliedschaft zu diesem Hause und auf alle aus ihr gefolgerten Herrschaftsansprüche ausdrücklich verzichtet und sich als getreue Staatsbürger der Republik bekannt haben, des Landes verwiesen." Mit radikaler Konsequenz wurde zugleich auch der Adel im Lande aufgehoben.[9] Alle Adelszeichen, alle adeligen Würdentitel sowie Standesbezeichnungen wie Fürst, Graf oder Freiherr waren ab sofort ebenso verboten wie das Führen entsprechender Familienwappen oder selbst Anreden wie „Durchlaucht" oder „Hoheit". Verboten wurden auch alle weltlichen Ritter- und Damenorden. Diese Strenge bis ins kleinste Detail hielt man im titelverliebten Österreich offenbar für notwendig, um Schlupflöcher zu stopfen. Leicht kurios mutet an, dass etwa die damals auch verbotene Anrede „Exzellenz" im nichtadeligen Umfeld bis heute weiterbesteht, z. B. im kirchlichen Bereich (für einen Bischof) oder, schon weniger gebräuchlich, im diplomatischen Verkehr (für einen Botschafter). Auch in Deutschland wurden 1919 die Privilegien des Adels abgeschafft, nicht aber die Adelsprädikate. Im Gegensatz zu Österreich gelten in Deutschland die alten Titel und Anreden als Bestandteil des Namens.

Dass man in Österreich auch in den folgenden Jahrzehnten im Adel keine potentielle Gefahr für eine Restauration sah, zeigt die Tatsache, dass der Strafsatz für entsprechende Vergehen seit damals unverändert ist. „Übertretungen werden von den politischen Behörden mit Geld bis zu 20.000 K oder Arrest bis zu sechs Monaten bestraft,"[10] hieß es im Gesetz. Die 20.000 Kronen wurden aber bis heute nicht wertangepasst, was somit heute einer Höhe von rund 14 Cent entspricht. 2015 veranlasste das die Grünen im Parlament, die Regierung zu

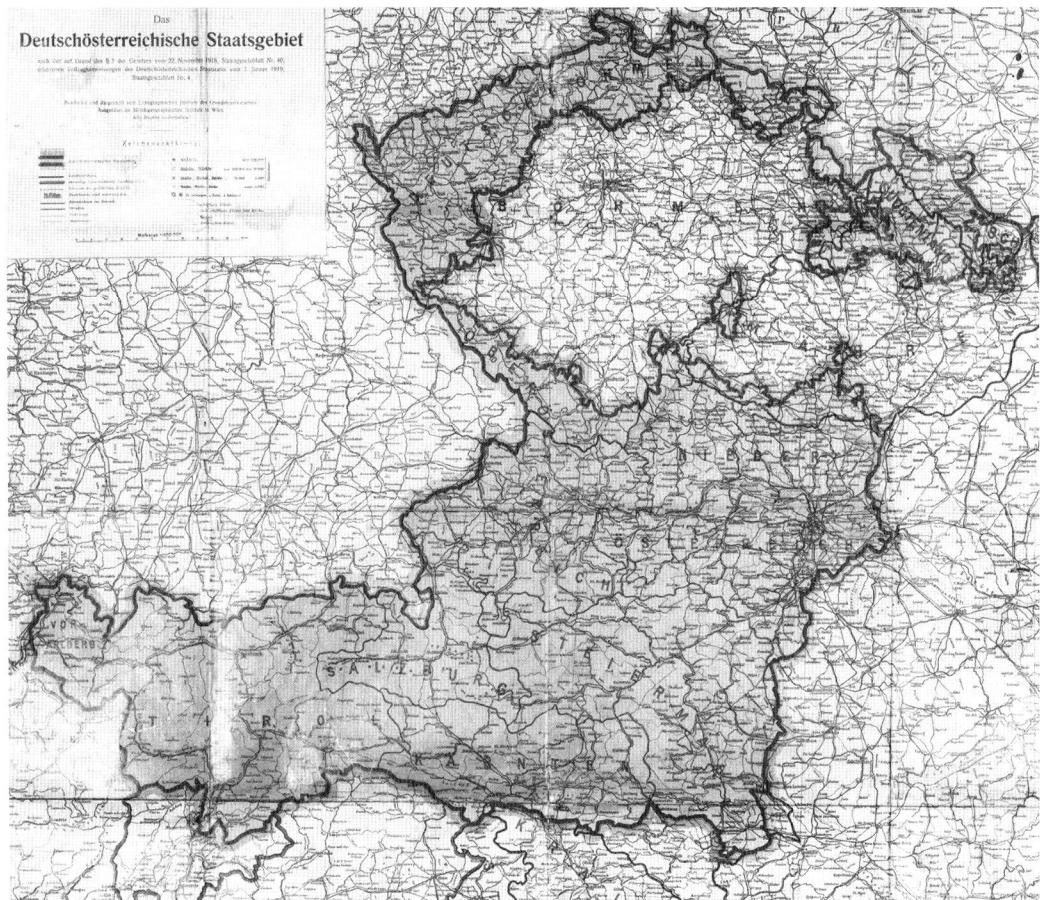

Noch mit den sudetendeutschen Bezirken: das Staatsgebiet Deutschösterreichs nach den „Vollzugsanweisungen" des deutschösterreichischen Staatsrates vom 3. Januar 1919.

einer Novellierung aufzufordern.[11] Ein paar Wortmeldungen aus anderen Parteien gab es kurz dazu, dann auch aus Adelskreisen. „Die Republik Österreich sollte doch mehr Selbstvertrauen haben", beschied der in der Schweiz lebende Erbprinz Johannes Schwarzenberg, und Ulrich Habsburg, ehemaliger Grün-Politiker in Kärnten, er wäre heute Erzherzog, sagte: „Europa hat eine gemeinsame Geschichte, und uns hat man die Titel genommen. Jetzt sollen die Strafen noch erhöht werden. Hat die Politik nichts Wichtigeres zu tun?"[12]

Sie hat. Die kleine Aufregung hat sich bald wieder gelegt.

Konsequenter war die Republik schon, wenn es darum ging, die materiellen Güter der Hocharistokratie zu beschlagnahmen – und gegenüber Rückgabeforderungen zu verteidigen. Das private Vermögen des Kaiserhauses blieb zunächst weitgehend unangetastet in den Händen der Familie Habsburg. Ausgenommen davon waren aber schon damals zum Beispiel die Hofbibliothek (die heutige Nationalbibliothek) und die Albertina.

Der junge Staat erklärte sich auch sofort zum Eigentümer des „gebundenen Vermögens" und der ganz großen Brocken im sogenannten „hofärarischen Vermögen", darunter waren die Hofburg in Wien, ebenso jene in Innsbruck, das Schloss Schönbrunn, das Belvedere, die Salzburger Residenz und ein Großteil der Kronjuwelen. Aber auch die Prager Burg oder Schloss Miramare bei Triest. Diese nicht in Österreich befindlichen Güter gingen freilich an die jeweiligen Nachfolgestaaten.

Zum gebundenen Vermögen zählten der Familienversorgungsfonds und alle Güter, die der Familie als Herrscherhaus zur Verfügung standen. Dazu gehörten neben diversen Ländereien die Kaiservilla in Bad Ischl, Jagdschlösser wie jenes am Offensee oder die Hermesvilla im Lainzer Tiergarten. Aus diesem Vermögensteil, der auf den geschäftstüchtigen Kaiser Franz I. Stephan (1708–1765) zurückgeht, wurden die Apanagen und Unterstützungsgelder für bedürftige Familienangehörige bezahlt. Durch dessen Konfiszierung und die Tatsache, dass etwa die verwitwete Exkaiserin Zita von Österreich auch keine Rente bekam, wuchsen deren acht Kinder in Madeira vergleichsweise verarmt auf. „Wir Kinder sind sehr oft barfuß gelaufen, weil wir zu wenig Schuhe besaßen", erzählt Zitas ältester Sohn Otto über seine beschwerlichen Jugendjahre im deutschen Magazin *Der Spiegel* 1986, das die Enteignung der Habsburger überhaupt als „Raub des Jahrhunderts" bezeichnete.[13]

Im „Ständestaat" wurden die Aufhebung aller Herrscherrechte und die Landesverweisung der Familie Habsburg außer Kraft gesetzt, der älteste Sohn von Kaiser Karl, Otto Habsburg, forderte von Kurt Schuschnigg, ihm die Kanzlerschaft zu übertragen. „Lieber Herr von Schuschnigg!", schrieb er in seinem Brief vom 17. Februar 1938, „Sollten Sie einem Druck von deutscher und betont nationaler Seite nicht mehr widerstehen zu können glauben, bitte ich Sie, mir, wie immer die Lage auch sei, das Amt des Kanzlers zu übergeben."[14] Das war zwar naiv, aber insofern bemerkenswert, als der 26-Jährige damals noch nicht auf den Thron verzichtet hatte, aber ein demokratisches Amt anstrebte. Er wolle „für diesen Anlass nicht die Restauration der Monarchie verlangen", schrieb er zwar, im Grunde wollte er das wohl doch. Die Stimmung dafür dürfte ihm auch als ziemlich günstig erschienen sein. Verpönt war die Monarchie zu dieser Zeit keineswegs, im Gegenteil. Vor allem die ans christlichsoziale Lager angelehnten Heimwehren schwärmten von der Geschichte, von der alten Größe und Stärke Österreichs. Auftritte in alten Uniformen unterstrichen das. Nicht zuletzt Bundeskanzler Engelbert Dollfuß, im Ersten Weltkrieg Kommandant einer

Maschinengewehrabteilung der Tiroler Kaiserschützen, trat häufig in seiner schmucken Offiziersuniform auf. Als am 1. Mai 1934 der autoritäre Ständestaat und seine neue Verfassung gefeiert wurden, marschierten im Wiener Stadion nicht nur Gruppen in mittelalterlichen Ritterkostümen ein, sondern ganze Formationen in Uniformen des ehemaligen kaiserlichen Heeres. Ein Jahr darauf wurde von der Regierung Schuschnigg das Einreiseverbot für die Habsburger aufgehoben und diesen ein beachtlicher Teil ihres seinerzeit eingezogenen Vermögens zurückgeben (nicht freilich die Hofburg oder das Schloss Schönbrunn).[15] Später wurde auch noch ein Familien-Versorgungsfonds für die wirtschaftliche Absicherung der Habsburger eingerichtet, aber die Nazis stoppten das, das Vermögen wurde 1939 neuerlich konfisziert.

Nach dem Zweiten Weltkrieg reklamierte die UdSSR das alte Habsburgergesetz in den Staatsvertrag. Eine relevante Strömung von Legitimisten zur Wiederrichtung der Monarchie gab es aber damals ohnehin nicht. Dennoch schlitterte das Land in den 1960er Jahren in eine veritable, ideologisch dominierte Habsburgkrise.[16] Nachdem das damalige Familienoberhaupt Dr. Otto Habsburg sowie einige weitere Familienmitglieder 1961 die Verzichtserklärung unterschrieben hatten, wollte Otto Habsburg einreisen. In der von Alfons Gorbach geführten ÖVP-SPÖ-Koalition legte sich die SPÖ gegen eine erforderliche Zustimmung im Hauptausschuss des Nationalrates quer. Sie vertraute der Verzichtserklärung nicht. Otto Habsburg befasste die Gerichte, der Verwaltungsgerichtshof entschied, seine Verzichtserklärung sei ausreichend, der SPÖ-Justizminister Christian Broda schäumte und es gab Demonstrationen gegen Habsburg. Erst 1966, als sich die Wogen gelegt hatten und die ÖVP eine Alleinregierung führte, reiste Otto Habsburg ein, unter großem Medienrummel.

Der glühende Paneuropäer wurde später Abgeordneter der bayrischen CSU im Europaparlament, ganz konnte er sich mit dem Schicksal, nicht mehr Kaiser geworden zu sein, aber nie abfinden. Vier Jahre vor seinem Tod sagte der 95-Jährige in einem Interview mit der *Presse* über seine Verzichtserklärung von 1961: „Ich habe das für eine solche Infamie gehalten! Ich hätte es am liebsten überhaupt nie unterschrieben. Außerdem verlangte man von mir, nicht mehr Politik zu machen. Das wäre mir nicht im Traum eingefallen."[17] Öffentlichen Konfliktstoff gab das keinen mehr ab. Otto wurde nach altem Brauch samt Anklopfritual am 16. Juli 2011 in der Kapuzinergruft in Wien beigesetzt, mit allem Pomp aus längst vergangenen Zeiten und der Kaiserhymne. Sein Herz ruht in der ungarischen Benediktinerabtei Pannonhalma.

Irgendwie hat die Monarchie den Österreichern ja doch immer gefallen. Politisch schon längst nicht mehr, aber in ihrem repräsentativen, bombastischen Auftreten sehr wohl. Zigtausende hatten die Straßen Wiens gesäumt, als Ottos Mutter Zita von Bourbon-Parma im März 1989 in einem Trauerkondukt vom

Stephansdom zur Kapuzinergruft gebracht wurde. Auf einer von acht Pferden gezogenen schwarzen Kutsche, mit Pummerin, österreichischer Kaiserhymne und ungarischer Nationalhymne. Damals, so schien es, hat Österreich endgültig von der Monarchie Abschied genommen.

Und sich mit ihr wieder versöhnt.

Was gerade bei Zita gar nicht so selbstverständlich war. Zwar hatte sich die letzte Kaiserin nie selbst politisch in Szene gesetzt, aber auf den Thron verzichtet hat sie persönlich nie. Sie berief sich darauf, Kaiserin „von Gottes Gnaden" zu sein, was einen Verzicht ihrerseits unmöglich mache. Sie war auch dezidiert gegen die Verzichtserklärung ihres Mannes Karl gewesen sowie gegen die ihres ältesten Sohnes Otto. Dennoch hat die Regierung unter Bruno Kreisky 1982 der letzten Kaiserin die Einreise erlaubt, mit dem Argument, sie sei ja nur eine angeheiratete Habsburgerin, die niemals Herrscherrechte hätte beanspruchen können. Vor ihr hatte also auch die SPÖ keine Angst.

Ihr ältester Enkel, Karl Habsburg, nach dem Tod Ottos das Familienoberhaupt der rund 500 Mitglieder umfassenden Familie Habsburg-Lothringen, sagte in einem Interview 2012, er sei froh, nicht Kaiser zu sein. Dass er je einen Thronanspruch erheben würde, bezeichnete er nur als „höchst unwahrscheinlich", kategorisch ausschließen wollte er diese „rein hypothetische Frage" jedoch nicht. Und überhaupt seien „ja alle Anti-Habsburgergesetze in der österreichischen Verfassung absurd, … historischer Müll."[18] (siehe dazu auch das Interview mit Karl Habsburg, S. 64 ff.)

Auch andere Mitglieder der Familie hadern immer noch mit der Geschichte. Auf der Website der sich als „Schwarz-Gelbe Allianz" bezeichnenden Monarchisten steht unverhohlen, Kaiser Karl I. sei nur „der (vorerst) letzte Kaiser von Österreich"[19]. Sein Kärntner Großcousin Ulrich Habsburg-Lothringen hat nicht nur vorgeschlagen, die Adelstitel wieder einzuführen. Erfolgreicher war er mit seiner Beschwerde beim Verfassungsgericht, nach welcher der Nationalrat 2011 beschloss, dass sich Habsburger auch um das Amt des Bundespräsidenten bewerben dürfen. 2015 hat sich Ulrich Habsburg-Lothringen dann konsequenterweise als Kandidat zur Bundespräsidentenwahl 2016 ins Spiel gebracht. Mangels breiter Unterstützung blieb es allerdings bei der medialen Ankündigung. Schon bei der Wahl 2010 war Habsburg unabhängig vom damals noch geltenden Verbot für Habsburger bereits an den 6000 Unterstützungserklärungen gescheitert, die man als Wahlwerber für die Hofburg aufbieten muss. Im Oktober 2016 verlangte dann der Nicht-Kandidat Ulrich Habsburg zugleich mit der Bundespräsidentenwahl eine Volksabstimmung darüber, ob Österreich überhaupt eine Republik oder doch lieber noch eine Monarchie sein soll. „Ein solcher Volksentscheid sei mit Kaiser Karl I. vereinbart, aber nie durchgeführt worden – und sollte deshalb „endlich bis zur Hundertjahrfeier der

Republik" nachgeholt werden.", argumentierte er in einer Aussendung der monarchistischen Schwarz-Gelben Allianz.[20] „Ohne einen solchen Volksentscheid halte er das Amt des Bundespräsidenten nicht für legitim", so Habsburg weiter. Wirklich ernst genommen hat das im politischen Österreich niemand. Einige Zeitungen haben das kurz gebracht, öffentliche Reaktion gab es keine einzige darauf.

Wenig erfolgreich war auch Karls Cousin Carl Christian Habsburg. Er hat 2003 als Bevollmächtigter der Familie den Antrag auf Restitution von Immobilien und Grundbesitz in Österreich, darunter Schloss Laxenburg und andere Liegenschaften, im Wert von 200 Millionen Euro gestellt, und zwar durch den NS-Entschädigungsfonds, weil ja die Nazis die Konfiszierung wiederholt hatten. 2005 hat das ein Schiedsgericht aber abgewiesen.

Die Österreicher finden also weder juristisch noch in der öffentlichen Meinung etwas daran, dass das Habsburgergesetz nach wie vor im Kern gilt, wie 1919 beschlossen.[21] Nur hinsichtlich der Landesverweisung kann das Gesetz heute als totes Recht, als nicht mehr bindend betrachtet werden, da durch die Mitgliedschaft Österreichs in der Europäischen Union dieser Passus im Widerspruch zum Grundsatz der Reisefreiheit im Europäischen Recht steht. Ansonsten beharrte Österreich bei allen Aufweichversuchen auf dem Standpunkt Karl Renners, die Enteignung sei der Herrscherfamilie als „Werk der Sühne für einen mutwillig vom Zaun gebrochenen Krieg" auferlegt worden und könne daher unmöglich rückgängig gemacht werden.[22]

Die Schuld am Niedergang des großen Reiches lastet also auf Kaiser Franz Joseph und seiner Kriegserklärung. Dass der Abschied von der Monarchie 1918 so stringent und schnell erfolgte, hat wohl auch damit zu tun, dass der eigentliche Inbegriff des Hauses Habsburg, der greise Kaiser Franz Joseph, schon während des Krieges verstorben war. Von einem schnellen Waffengang war da keine Rede mehr gewesen, längst stand die Welt in Brand. 68 Jahre hatte er regiert, ganze Generationen hatten nur ihn als Regenten gekannt. Er war das Symbol der Monarchie schlechthin. Mit dem Bau der Ringstraße hatte er Wien ein völlig neues Gesicht gegeben. Unzählige Gründungsurkunden für Schulen und Theater in den Kronländern tragen seine Unterschrift. Dieser alte Mann mit Glatze und charakteristischem Backenbart war nicht nur das Symbol der Monarchie, er war die Monarchie.

Er war der Inbegriff für stabile Verhältnisse gewesen (jedenfalls vor dem Krieg). Ein Bürokrat, der brav und penibel jeden Tag am Schreibtisch bei seinen Akten verbrachte. Adel und Großbürgertum konnten sich im Schutz dieser Stabilität gut entwickeln, das einfache Volk schon weniger. Die Missstände im Gefolge der Industrialisierung, die Not des Proletariates in den Städten und der ärmlichen Kleinbürger, Bauern und Handwerker standen nicht ganz oben auf

„Heimkehr der Habsburger in ihr Stammhaus". Karikatur von Theo Zasche, 1919.

des Kaisers Liste. Franz Joseph war ein hochpolitischer Mensch, aber oft mehr ein getriebener als ein treibender. Er war nicht der, der die Zukunft erobern wollte. Er wollte wenigstens die Gegenwart erhalten.

In seiner Regentschaft hatte er zahlreiche Krisen zu bestehen. Im Revolutionsjahr 1848 bestieg er den Thron, und schon musste er auch die Aufstände in Ungarn und Italien niederschlagen. Er regierte danach mit unbeschnittenen Machtbefugnissen und hatte etliche Waffengänge zu bestehen. Er verlor die Lombardei nach der Niederlage in der Schlacht von Solferino 1859, in welcher der junge Kaiser höchstselbst den Oberbefehl führte. Sardinien und Frankreich waren doch zu mächtig gewesen. Sieben Jahre später, 1866, setzte es das Debakel von Königgrätz. Die Preußen besiegten Österreich und Sachsen und stiegen zur Führungsmacht auf. Franz Joseph hatte sich von einem anfangs noch absolutistischen Herrscher zum konstitutionellen Monarchen zu wandeln, nachdem zahlreiche Landesteile Autonomien erhalten hatten und das Reich 1867 zur Doppelmonarchie umgewandelt worden war. Am Balkan musste er sich gegen die Einflüsse der Russen stemmen, die Verwaltungsübernahme und spätere Annexion von Bosnien-Herzegowina war immer spannungsgeladen.

Er hatte den Tod seiner Tochter Sophie zu verkraften und die Hinrichtung seines Bruders Maximilian in Mexiko, den Selbstmord seines Sohnes und Kronprinzen Rudolf, die Ermordung seiner Frau Elisabeth und das tödliche Attentat auf den Thronfolger Franz Ferdinand und dessen Frau Sophie in Sarajevo. Vielleicht gerade deshalb demonstrierte er Disziplin und Unerschütterlichkeit.

Er galt als persönlich bescheiden, wenngleich er keine Gelegenheit zum Repräsentieren ausließ und der Prunk bei Hof Unsummen kostete. Er galt als frommer Katholik, wenngleich er schon lange vor dem Tod seiner geliebten Gemahlin Elisabeth 1898 in Genf ein eher kompliziertes Privatleben mit zahlreichen Affären führte. Die bekannteste darunter ist jene mit Katharina Schratt, eine Beziehung, die pikanterweise anfangs von der Kaiserin selbst auch unterstützt worden ist. Noch davor, ab 1878, also teilweise auch zeitgleich mit Katharina Schratt, pflegte er vierzehn Jahre lang eine Liebesbeziehung mit Anna Nahowski, die mutmaßlich vor allem sexueller Natur war. Gerüchte über außereheliche Nachkommen gab es schon damals zuhauf. Die sonderbaren Moralvorstellungen des Kaisers beschädigten sein Image im Volk allerdings nicht nachhaltig, er war ja wenigstens immer halbwegs um Diskretion bemüht.

Außerdem – eine öffentliche Debatte hätte es ja gar nicht geben können, denn bis zum Ende der Monarchie gab es eine strenge Zensur der Medien. Kritik am Kaiser oder seiner Familie hatte da nicht die geringste Chance.

Das innere Klima im Kernland Österreich war auf Loyalität, Obrigkeitshörigkeit und Unterwürfigkeit ausgerichtet. Der Kaiser war der, der sagte, wo's langging. Und das Volk akzeptierte das. Außerhalb Österreichs, in den Kronländern, waren die Zentrifugalkräfte freilich gewaltig, aber in Wien und im Kernland wollte man das Nationalitätenproblem nicht so hochdramatisch sehen.

Es fand auch niemand etwas daran, dass der Kaiser immer wieder Umbildungen „Seiner Regierung" anordnete. Selbst Ministerpräsidenten hatten oft nur eine kurze Amtszeit. Meist war er ja schon Kaiser gewesen, als seine Minister geboren wurden. Politische Beständigkeit auf der plebiszitären Ebene war keine Kategorie, man hatte ja ohnedies den Kaiser. Seit einer gefühlten Ewigkeit schon. Und dieser hatte logischerweise kein gesteigertes Interesse daran, einen auf Stabilität begründeten Machtzuwachs der Volksvertretung zuzulassen. Entsprechend jonglierte er mit den handelnden Personen. Denn letztlich hatte er immer nur eines im Sinn: die Zügel der Macht ja nicht aus der Hand zu geben.

Der Verlust der Zügel, wenn auch sonst angeblich nichts, blieb ihm erspart. Sein Tod war der erste Schritt in die Zeit nach der Monarchie. Er hätte es nur noch nicht geglaubt, so wie es der allerletzte Kaiser nach ihm auch nicht glauben mochte.

1 Karl Kraus, Die Fackel. Nr. 551, XXII. Jahr, August 1920

2 Zit. nach: Fritz Molden, Die Österreicher oder die Macht der Geschichte. München/Wien 1986, S. 167

3 Sonderausgabe Wiener Allgemeine Zeitung, Donnerstag, 17. Oktober 1918, 6 Uhr abends

4 Gesetz vom 3. April 1919, betreffend die Landesverweisung und die Übernahme des Vermögens des Hauses Habsburg-Lothringen (StGBl. 209/1919)

5 Zit. n. Georg Markus, Der einsame Kaiser fühlte sich wie ein Gefangener. In: Kurier, 28. Februar 2016, S. 20

6 Dies geschah am 9. November 1918, also zwei Tage vor Kaiser Karls Regierungsverzicht.

7 Vgl. Thomas Nipperdey, Deutsche Geschichte 1866–1918. Bd. 2, Machtstaat vor der Demokratie. München 1993, S. 873 f.

8 Vgl. Stephan Malinowski, Vom König zum Führer. Deutscher Adel und Nationalsozialismus. Frankfurt am Main 2004, S. 247

9 Gesetz vom 3. April 1919 über die Aufhebung des Adels, der weltlichen Ritter- und Damenorden und gewisser Titel und Würden (StGBl. Nr. 211/1919)

10 Adelsaufhebungsgesetz i.d.g.F., §2; http://www.ris.bka.gv.at/GeltendeFassung.wxe?Abfrage=Bundesnormen&Gesetzesnummer=10000036

11 Vgl. Philipp Aichinger, Höhere Strafen für „Adelige" gefordert. „Die Presse", 24. April 2015

12 Vgl. Michael Berger, Adelstitel: „Strafmandate" für den Hochadel; Kurier, 28. Februar 2016; (https://kurier.at/chronik/oesterreich/adelstitel-strafmandate-fuer-den-hochadel/183.707.431)

13 Der Spiegel, Österreich: Raub des Jahrhunderts. Nr. 21/1986, 19. Mai 1986; (http://www.spiegel.de/spiegel/print/d-13518533.html)

14 Walburga Douglas/Stephan Baier (Hg), Otto von Habsburg: Ein souveräner Europäer. Wien 1997, S. 41

15 Bundesgesetz, betreffend die Aufhebung der Landesverweisung und die Rückgabe der Vermögen des Hauses Habsburg-Lothringen; BGBl. Nr. 299/1935

16 Parlamentskorrespondenz Nr. 743 vom 15. September 2006: Die Habsburg-Krise – mehr als parteipolitische Auseinandersetzungen. Grundsatzfragen von Verfassung und Parlament im Mittelpunkt. (https://www.parlament.gv.at)

17 Christian Ultsch/Michael Fleischhacker, Otto Habsburg: „Ich habe sie alle gekannt". Die Presse, 9. November 2007 (http://diepresse.com/home/panorama/oesterreich/342228/Otto-Habsburg_Ich-habe-sie-alle-gekannt)

18 Georg Markus, Karl Habsburg-Lothringen: „Froh, kein Kaiser zu sein". Kurier, 3. November 2012 (https://kurier.at/stars/karl-habsburg-lothringen-froh-kein-kaiser-zu-sein/881.780)

19 http://sga.monarchisten.org/monarchie/gestern/der-letzte-kaiser.html

20 APA 0308, 7. 10. 2016, BP-Wahl – Habsburg-Lothringen: Gleichzeitig über Republik abstimmen

21 https://www.ris.bka.gv.at/GeltendeFassung/Bundesnormen/10000038/Habsburgergesetz,%20Fassung%20vom%2027.09.2012.pdf

22 Zit. n.: Der Spiegel, Österreich: Raub des Jahrhunderts. A. a. O.

4

Übungsschritte der Demokratie

Nebel hängen über der Donau und über der Zukunft.
Menschen sind unterwegs gleich dem Wasser.
Gerhard Fritsch[1]

Heute gibt es in Österreich rund 1.000 registrierte politische Parteien. Eine Partei zu gründen ist relativ einfach. Sofern man sich verfassungskonforme Satzungen gibt, diese im Innenministerium hinterlegt und im Internet veröffentlicht, ist die Gruppierung eine politisch aktionsfähige Rechtspersönlichkeit.[2] Im Parlament vertreten sind derzeit sechs Parteien. Die Ursprünge der prägenden großen „Lager", der Sozialdemokratischen Partei und der Österreichischen Volkspartei, gehen schon auf die Zeit der Habsburgermonarchie zurück.

Obwohl Kaiser Franz Joseph zeit seines Lebens an seinem Ideal als absolut regierender Herrscher festhielt, wurden dennoch in seiner Zeit die Grundlagen für den Wandel zur Republik gelegt. Franz Josephs Großvater Franz I. hatte seinen Nachfahren in seinem Testament zu striktem, monarchischem Konservativismus geraten. „Verrücke nichts an den Grundlagen des Staatsgebäudes, regiere und verändere nichts", war seine Devise. Demgemäß musste dem Kaiser jede Form der Mitbestimmung durch das Volk bzw. das Parlament erst mühsam abgerungen werden. Verhindern konnte er sie letztlich nicht. Die Revolutionen von 1848 wurden zwar niedergeschlagen, aber deren Saat keimte weiter.

Die Sozialdemokraten wie auch die Christlichsozialen formierten sich in der zweiten Hälfte des 19. Jahrhunderts, ebenso die Deutschnationalen. Und mit ihnen die Strömungen, die dann die Zwischenkriegszeit unselig dominieren sollten, wie der Antisemitismus oder die den Anschluss herbeisehnende Deutschtümelei. Ihre ersten, wenngleich ziemlich unsicheren Übungsschritte in Sachen Demokratie machten die Parteien in der Zeit, als an der Monarchie noch kaum

Zweifel herrschten. Sie waren beim Umbruch 1918 noch keineswegs gefestigt und für das Manövrieren eines Staates gerüstet. Wie denn auch. Der Rahmen der Monarchie hatte nicht viel zugelassen, und wie man heute weiß, brauchen demokratische Prozesse und Institutionen ein langsames Reifen. Wie hätte plötzlich 1918 alles reibungslos funktionieren sollen?

1874 wurde erstmals die Gründung einer geeinten österreichischen sozialdemokratischen Partei ins Auge gefasst. 74 Delegierte aus den Kreisen der noch jungen Arbeiterbewegung waren in Neudörfl bei Wiener Neustadt zu einer „Vertraulichen Besprechung" geladen. Auf den Grundlagen der Ideen von Karl Marx und Friedrich Engels beschlossen sie im Geheimen ein erstes sozialdemokratisches Programm. Von einer politischen Linie war man aber noch meilenweit entfernt, lange Zeit dominierten interne Richtungskämpfe rund um die Frage, wie radikal man auftreten solle. Im Hintergrund stand die zunehmende Verarmung des Proletariats. Die Industrialisierung setzte die Arbeiterschaft unter Druck, die Wirtschaftskrise erfasste auch die Landbevölkerung, die Landarbeiter wurden nicht weniger ausgebeutet als die Bauarbeiter in Wien. Dort wurde gerade am neuen prunkvollen Projekt der Residenzstadt, der Ringstraße, gebaut. Bis 1910 wurden 2,4 Millionen Quadratmeter verbaut, mit öffentlichen Gebäuden und privaten Palais wohlhabender Bürger und Adeliger.

Zum wohl reichsten Mann wurde dabei der Ziegeleibesitzer Heinrich Drasche. Auf seinem Ziegelwerk im Süden Wiens, aus dem später der weltgrößte Ziegelkonzern „Wienerberger" entstehen sollte, schufteten vor allem tschechische Gastarbeiter, die „Ziegelböhm". Für 15 Stunden pro Tag von Montag bis Sonntag gab es pro Woche umgerechnet 50 bis 80 Euro in Form von Blechmarken für all jene, die sich nur im Werksgelände zu weit überhöhten Preisen mit dem Nötigsten versorgen konnten.

Ein kunstvoll gezeichneter und vom Kaiser „Allerhöchst genehmigter" Plan der Stadtverwaltung von 1860 mit den neu gewidmeten Flächen enthielt den Vermerk „Zum Besten der Armen". Was das in Wirklichkeit bedeutete, wollte der junge Arzt, Schriftsteller und Gründungsvater der Sozialdemokraten, Victor Adler, genau erkunden. Er schlich sich in das Ziegelwerk ein und schrieb danach eine Reportageserie in der von ihm gegründeten Wochenzeitung *Gleichheit*: „Diese armen Ziegelarbeiter sind die ärmsten Sklaven, welche die Sonne bescheint. […] Für die Ziegelschläger gibt es elende ‚Arbeitshäuser'. In jedem einzelnen Raum, sogenanntem ‚Zimmer', dieser Hütten, schlafen je drei, vier bis zehn Familien, Männer, Weiber, alle durcheinander, untereinander, übereinander."[3]

Der Regierung waren derlei Aufdeckungsmethoden zutiefst zuwider. Dutzende Male wurde Victor Adler wegen seines politischen Wirkens angezeigt, 17-mal auch gerichtlich verurteilt.[4] Vier Wochen nach Erscheinen des ersten Artikels über die Wienerberger Ziegelarbeiter gelang Adler in der Silvesternacht 1888/89 die Einigung der Parteiflügel. Der Hainfelder Parteitag gilt als eigentliche Geburtsstunde der Sozialdemokratischen Arbeiterpartei Österreichs. In ihrer Prinzipienerklärung richtete sie sich „gegen den kapitalistischen Besitz an Produktionsmitteln" und gegen die Habsburgermonarchie als „Klassenstaat, der ausschließlich die Interessen der Kapitalisten vertritt".[5]

Dass der Kaiser diese Etikettierung nicht schätzte, versteht sich von selbst. Er schätzte aber auch die christlichsoziale Bewegung nicht sehr. Der aus Norddeutschland nach Wien gekommene Jurist Karl Freiherr von Vogelsang hat hier seine Ideen einer katholischen Sozialreform verbreitet, ähnlich wie Victor Adler, auch als Schriftsteller und Journalist. Er wurde 1875 leitender Redakteur der Wiener katholisch-aristokratischen Zeitung *Das Vaterland* und gründete später die *Monatsschrift für christliche Sozialreform*. Auch er beschäftigte sich mit der materiellen Lage der Arbeiter. Im Wiener Gasthaus „Zur Goldenen Ente"[6] traf sich bald regelmäßig eine Runde zur Diskussion über diese Ideen und die politische Lage insgesamt, darunter Kleriker, Deutschnationale und der Rechtsanwalt Karl Lueger. Bei diesen legendären „Enten-Abenden" vertieften sie immer mehr die Idee, dass die sozialen Probleme der Industrialisierung nur durch eine antijüdische Gesetzgebung in den Griff zu bekommen seien.

Während im Deutschen Reich schon 1878 die Christlichsoziale Arbeiterpartei (CSAP) gegründet worden war, gelang dieser Schritt in Österreich erst 15 Jahre später. Karl Lueger wurde der erste Obmann der Partei, die das Wort „Arbeiter" hierzulande aber nicht in ihrem Titel führte.

Im Gegensatz zur Sozialdemokratischen Partei bekannten sich die Christlichsozialen ausdrücklich zur Monarchie. Das war dem Großbürgertum und dem Adel wesentlich sympathischer, und selbst im Kaiserhaus gab es Anhänger dieser Richtung, insbesondere dem Thronfolger Franz Ferdinand sagte man das nach, zum Missfallen des Monarchen. Den Antisemitismus hatten die Christlichsozialen in Österreich genauso wie in Deutschland in ihrem Programm. Wie in Berlin war es auch in Wien durchaus populär, Antisemit zu sein. Noch ahnte freilich niemand, welche Gefahr dieses Gedankengut in sich bergen sollte.

Zumal sich damals rund um den scharf antisemitisch agierenden Waldviertler Gutsherrn Georg Ritter von Schönerer eine radikalere Gruppe herauskristallisierte: die Deutschnationalen. Schönerer war Abgeordneter im niederösterreichischen Landtag und im Reichsrat. Er wurde in Niederösterreich im Schloss Rosenau geboren und studierte später unter anderem in Tübingen. Seine politische Heimat war zunächst die Deutsche Fortschrittspartei. In Preußen war diese Bewegung schon seit 1861 aktiv[7], in Österreich wurde sie als Partei erst 1896 gegründet[8]. Ihr Nährboden als deutschnationale Bewegung, die Schönerer anführte, waren die immer stärker werdenden Rivalitäten zwischen den Nationalitäten der Monarchie und die Sorge, dass das deutschsprachige Kernland gegenüber den nichtdeutschen Teilen der Monarchie immer mehr in den Hintergrund gedrängt würde. Denn nur etwa ein Viertel der Bevölkerung Österreich-Ungarns gehörte der deutschen Sprachgruppe an, die große Mehrheit bildeten gemeinsam die Ungarn, Kroaten, Tschechen, Polen und anderen Sprachgruppen.

Schönerer verlangte die Auflösung der Monarchie und den Zusammenschluss der deutschsprachigen Teile mit dem Deutschen Reich, begründete das mit einer strikt antiklerikalen völkisch-germanischen Ideologie, die sogar so weit ging, dass er die Abkehr von der auf Christi Geburt bezugnehmenden Zeitrechnung und die Einführung eines neuen Kalenders verlangte. Wegen zahlreicher derart überzogener Forderungen wurden die Deutschnationalen keine große Massenbewegung, auch geschwächt durch interne Flügelkämpfe. Aus der Deutschnationalen Bewegung Schönerers spalteten sich immer wieder andere, nicht ganz so radikale Parteien ab, die aber in der Alldeutschen Vereinigung unter Schönerer ab 1901 wieder zusammenarbeiteten. „Ohne Juda, ohne Rom wird gebaut Germaniens Dom",[9] war eine der Parolen Schönerers, aber so viel brachial Umstürzlerisches und Antiklerikales war der großen Mehrheit an Katholiken unter einem Kaiser, der „von Gottes Gnaden" herrschte, denn doch zu viel.

Um zu einem bedeutsamen Vorbild für Adolf Hitler zu werden, reichte es bei Schönerer jedoch allemal.[10] Schon früh fiel er durch seine Reden im Reichsrat als Antisemit auf. 1879 etwa formulierte er: „Den Interessenten des beweglichen Kapitals – der bisherigen semitischen Herrschaft des Geldes und der Phase – sind die Interessen des Grundbesitzes und der produktiven Hände vorzuziehen."[11] Die Zielgruppe, wie man das heute formulieren würde, war also klar: die Agrarbevölkerung sowie Handwerker, Gewerbetreibende und Beamte.

Und das war auch genau jenes Terrain, auf dem sich die Christlichsozialen bewegten. Nicht immer traten diese Richtungen aber als Konkurrenten auf. Denn Karl Lueger schaffte es in Wien, die Deutschnationalen und die Christlichsozialen zusammenzuschließen, als erster Parteiobmann der Christlichsozialen benützte er den Antisemitismus durchaus taktisch. Und er hatte damit auch Erfolg. Er war wie Schönerer Abgeordneter im Reichsrat und im Niederösterreichischen Landtag und wurde 1897 Wiener Bürgermeister, nachdem Kaiser Franz Joseph davor seine Ernennung zum Bürgermeister wegen seiner ausfälligen antisemitischen Äußerungen schon viermal abgelehnt hatte. Lueger gilt heute, obwohl er 1910 verstarb, als wesentlicher Wegbereiter antisemitischer Parolen in Österreich. Jahrzehntelang war nach ihm sogar ein Teil der Wiener Ringstraße benannt, erst 2012 hat die Stadt Wien den Dr.-Karl-Lueger-Ring in Universitätsring umbenannt.

Die vierte politische Strömung des ausgehenden 19. Jahrhunderts waren die Liberalen. Sie spielten ab 1848 im wissenschaftlichen und kulturellen Leben eine durchaus bedeutsame Rolle, aber politisch konnten sie sich nicht durchsetzen. Sie waren antiklerikal und liberal auch gegenüber dem Judentum.

Bis 1879 hatten die Deutschliberalen sogar die Mehrheit im Abgeordnetenhaus des Reichsrats und stellten auch einige Ministerpräsidenten, bis sie von den Deutschnationalen überholt wurden. So wurden die Liberalen nie eine Massenpartei. Das Phänomen kennen wir bis heute, in Österreich ebenso wie in Deutschland. Im ausgehenden 19. Jahrhundert waren auch die Liberalen Anhänger einer großdeutschen Lösung und strikte Gegner der slawischen Nationalitäten. Aber bei diesem Thema waren die anderen Parteien und Bewegungen viel dominanter und die Liberalen splitterten sich in mehrere Kleinparteien auf, die unterschiedliche freiheitlich-liberale, aber dennoch durchgehend deutschnationale Ideen vertraten. Die Anhängerschaft kam über städtische-intellektuelle Kreise nicht hinaus. Wer der Monarchie keine Zukunft mehr gab und sich nach Deutschland orientierte, wurde von den Deutschnationalen besser bedient.

Wahlrechtsreform 1897: Eine fünfte, allgemeine Wählerklasse für alle männlichen Staatsbürger über 24 Jahre wird eingeführt. Aufruf zu einer Wählerversammlung in Steyr.

Eine bedeutende Rolle spielten die Liberalen aber immerhin noch beim Kampf um ein Allgemeines Wahlrecht. Bis 1907 galt nämlich wie auch in Deutschland, Frankreich und den USA das aus der Antike stammende Zensuswahlrecht. Das heißt, das Stimmrecht und auch die Stimmgewichtung hängen von der Steuerleistung und dem Vermögen ab. In Österreich-Ungarn musste man für das Wahlrecht zumindest ein Minimum an Steuern geleistet haben. „Fünf-Gulden-Männer" nannte man im Volksmund daher die Wähler. Aber auch mit dem von der Steuerleistung weitgehend unabhängigen Wahlrecht von 1907 waren nur Männer ab 24 Jahren zur Stimmabgabe zugelassen. Die Frauen durften erst im Februar 1919 zu den Urnen.

Mehrere Regierungen hatten entsprechende Wahlrechtsreformen angestrebt, zuallererst die Liberalen. Aber erst mit dem Aufkommen der großen Massenparteien, der Christ-

lichsozialen und der Sozialdemokraten, verstärkte sich der Druck dahin.
Es war dann auch nicht weiter verwunderlich, dass diese, bedingt durch
das neue Wahlrecht, schließlich auch
die stärksten Fraktionen wurden. 1907
waren die Christlichsozialen ganz vorne, 1911 die Sozialdemokraten.

Kaiser Franz Joseph bremste den
Zug zum allgemeinen Wahlrecht
immer wieder. Wegen der nationalen Konflikte löste er mehrfach den
Reichsrat auf oder bestellte neue Regierungen. Eine kontinuierliche Weiterentwicklung der Strukturen für
eine demokratische Mitwirkung der

Bürgermeister Karl Lueger am Ball der Stadt Wien im
Festsaal des Rathauses. Gemälde von Wilhelm Gause.

Bevölkerung musste somit immer neue Hürden überwinden.

1907 war also die erste Wahl nach dem allgemeinen, gleichen und direkten
Wahlrecht in Cisleithanien. So nannte man den Teil des Reiches, der nicht der
ungarischen Krone unterstand. Zwischen Wien und Budapest war der Fluss
Leitha die Grenze, zu Cisleithanien gehörten aber auch die nicht deutschsprachigen Kronländer, die heute Teil von Polen, Tschechien, Slowenien, Italien und der
Ukraine sind. Transleithanien, also das Land jenseits der Leitha, umfasste Ungarn, Kroatien und Slawonien. Bosnien-Herzegowina, die dritte große Region,
wurde zunächst von der Krone in Wien nur verwaltet und erst 1908 annektiert.

Wie schwierig die politische Willensbildung in Cisleithanien gegenüber dem
Kaiserhaus gewesen sein muss, lässt sich schon allein an der Sitzverteilung im
Abgeordnetenhaus erkennen. Von den 516 Mandaten standen den Deutschen
232 zu. Die eindeutige Mehrheit waren also die Nicht-Deutsch-Sprechenden.
Die Abgeordneten verwendeten ihre jeweilige Muttersprache. Dolmetscher
gab es nicht, protokolliert wurden zumeist nur deutsche Reden. Die Geschäfts-
ordnung erlaubte auch stundenlanges Filibustern zum Verzögern von Abstim-
mungen.

Und vor allem: Es waren ab 1907 an die 20 Fraktionen im Abgeordnetenhaus,
die zudem immer wieder wechselten, sich aufspalteten oder neue Allianzen bildeten. Selbst die sogenannten großen Parteien hatten keine Mehrheit, nicht einmal
zusammen: Die Christlichsozialen und Konservativen stellten 96 Abgeordnete,
die Sozialdemokraten 87 – und waren damit schon die stärksten Fraktionen.[12]
1911, bei der letzten Reichsratswahl überhaupt, hatten dann die Sozialdemokraten mit 82 Mandaten die relative Mehrheit, die Christlichsozialen hatten 74.

Sitzverteilung nach Volksgruppen 1907

Nationalität	Mandate
Deutsche	232
Tschechen	108
Polen	83
Ukrainer	31
Slowenen	24
Italiener	19
Kroaten und Serben	13
Rumänen	5
Juden	1
Gesamt	516

Der Reichsrat nach der Wahl 1907: Abbild des bunten Vielvölkerstaates.

Dank mangelnder Effizienz des Abgeordnetenhauses sahen sich die antidemokratischen Kräfte in den Ländern nur bestärkt. Böhmen und Mähren bestritten ja generell die Kompetenzen des Reichsrates ihnen gegenüber. Sogar Raufereien kamen vor. Respekt konnte sich die Demokratie hier nicht verdienen (auch ein gewisser Adolf Hitler hat sich das Geschehen des Öfteren von der Tribüne aus angesehen und seine negative Haltung zum Parlamentarismus bestätigt gesehen). Dass das Abgeordnetenhaus somit kein starkes Gegengewicht zum Hof entwickeln konnte, war dem konservativen Monarchen nur recht. Er zeigte seine Distanz auch ganz offen.

Das Parlamentsgebäude besuchte Franz Joseph nur bei der Einweihung. Zu den Thronreden zitierte er die Abgeordneten in die Hofburg. Demonstrativ kehrte er den eigentlichen Machthaber heraus, auch mit der stereotypen Einleitung der beschlossenen Gesetze: „Mit Zustimmung beider Häuser des Reichsrates finde ich anzuordnen, wie folgt …"

Die Entscheidung über Krieg und Frieden hat sich „der Alte", wie er im Volksmund längst hieß, sowieso vorbehalten. Mit der Unterschrift[11] unter die Kriegserklärung gegen Serbien hat er seine wohl folgenschwerste Fehlentscheidung getroffen. Ob das Parlament angesichts der allgemeinen Kriegseuphorie im Land da vorsichtiger und zurückhaltender agiert hätte, darf allerdings bezweifelt werden. Wenngleich es schon Widerstand gegen den Eintritt Österreichs in den Krieg gab.

Die skeptischen Stimmen wurden aber zu gerne überhört, wie jene des in Budapest geborenen österreichischen Schriftstellers und Feuilletonisten Siegmund Salzmann, der unter dem Pseudonym Felix Salten mit seiner Tiergeschichte *Bambi* einen Welterfolg landete und dem auch die Autobiografie der Prostituierten Josefine Mutzenbacher zugeschrieben wird. Er schrieb nach dem Kriegsausbruch über seine Heimreise aus der Sommerfrische nach Wien: „Aufgescheucht, erschreckt und bis zur Verstörtheit überrascht vom Krieg, eilten wir hinweg, ohne auch nur ein einziges Mal den Blick zurückzuwenden nach diesen Tälern, diesen Bergen, die in der hellen Julisonne unter einem strahlend blauen Himmel dalagen und lächelten."[13] Dennoch hielt auch er den Krieg für notwendig, erst später bezeichnete er ihn als Katastrophe.[14]

Der wohl bekannteste Kritiker der Wahnsinnsspirale war der wortgewaltige Karl Kraus. Der Sprachpurist und Polemiker war beliebt, seine Vortragsabende wurden regelrecht gestürmt. In rund 700 öffentlichen Lesungen wurde seine Wortkunst gefeiert, wenn er Texte von Shakespeare, Goethe oder Nestroy ebenso vortrug wie eigene Texte. Mit seinen bis heute gültigen Aphorismen und in seiner Zeitschrift *Die Fackel* zog er gegen Obrigkeitshörigkeit, mediale Manipulationen, Frauenfeindlichkeit und Menschenhass zu Felde. Immer wieder eckte er mit der Zensur an. Das Publikum genoss seine Sprache, aber nicht unbedingt den Inhalt seiner Lyrik, Essays, Dramen und Kritiken. Zumindest als Pazifist war er gescheitert, wie er erbittert in den *Letzten Tagen der Menschheit* resümiert. Ganz eindeutige und vehemente Kriegsgegner wie ihn gab es selten. Aber es gab sie, auch im ganz extremen, fanatischen Sinne.

Friedrich Adler war ein solcher. Der Sohn des Gründers der Sozialdemokratischen Partei ermordete den k. u. k. Ministerpräsidenten Karl Graf Stürgkh. Eiskalt. 1914 war er Sekretär der Sozialdemokraten gewesen und hatte sich, ganz entgegen der Parteilinie und der Haltung seiner Familie, gegen den Krieg ausgesprochen. Zunehmend verbittert, setzte er sich am 21. Oktober 1916 im noblen Hotel Meißl & Schadn zum Mittagessen an den Nebentisch des weitgehend autoritär agierenden Ministerpräsidenten, speiste genüsslich, bezahlte, stand auf und schoss. Ein Jahr später wurde er vom Gericht zum Tod verurteilt, aber vom damals bereits im Amt befindlichen neuen Kaiser Karl amnestiert und zum Kriegsende sogar aus der Haft entlassen. Es wird wenige Mörder geben, die in einem Ehrengrab liegen. Friedrich Adler ist ein solcher. Er wurde nach seinem Tod im Ehrengrab seines Vaters bestattet.

Für Kaiser Franz Joseph war der Mord am Ministerpräsidenten Stürgkh ein erzwungener Anlass zu seiner letzten Regierungsumbildung, bevor er selbst verstarb. Und er war ein Schock und ein Zeichen für viele, dass die kriegseuphorische und kriegstreiberische Stimmung in Wien schon gekippt war. Aber da gab es längst kein Zurück mehr. Und als man den Monarchen selbst am 30. November 1916 zu Grabe trug, mit allem Pomp, den der Hof nur aufbieten konnte, da ahnten wohl viele, dass dies das Ende der Monarchie einläuten würde. Egal, wie der Krieg ausgehen würde. Acht Rappen zogen die schwarze Kutsche über die menschengefüllte Ringstraße zur Kapuzinergruft. Es war kalt und regnerisch, Menschen weinten, vielleicht mehr aus Angst vor der Ungewissheit denn um den alten Mann, der für die meisten zeit ihres Lebens schon ihr Kaiser gewesen war. Mit 18 hatte er den Thron bestiegen, mit 68 Regierungsjahren war er der

Heinrich Lammasch (1853–1920), der letzte Ministerpräsident des k. k. Österreichs.

längstdienende Herrscher gewesen, mit 86 Jahren verstarb er.

Schon am 30. Dezember erfolgte die Krönung seines Großneffen Karl zum König von Ungarn, wieder in höfischer Pracht, nachdem eine Karosse mit acht Schimmeln ihn und seine Zita von Bourbon-Parma in die Matthiaskirche gefahren hatte. Einer Krönung in Cisleithanien, also in Altösterreich, bedurfte es nicht, da war er schon ex lege der neue Kaiser. Anders als sein Vorgänger versuchte Karl I. eine viel aktivere und konstruktivere Rolle in der Zusammenarbeit mit den Institutionen im Reich einzunehmen.

Er ließ 1917, zum ersten Mal seit Kriegsausbruch, durch Ministerpräsident Graf Clam-Martinic den Reichsrat wieder einberufen, also beide Kammern des Parlaments, das Herrenhaus und das Abgeordnetenhaus. Er drängte auf einen baldigen Friedensschluss und übernahm selbst den Vorsitz beim Gemeinsamen Ministerrat. In diesem Gremium wurden die wesentlichsten Entscheidungen der Doppelmonarchie getroffen. Denn Außenpolitik, Verteidigung und Finanzen waren für beide Reichshälften gemeinsam geregelt, alle anderen Ressorts waren, mit jeweils eigenen Ministerpräsidenten, in den getrennten Regierungen von Cis- und Transleithanien verankert.

Die politischen Kräfte im Land stritten um die Frage, solle Österreich (oder Österreich-Ungarn) einen (vorzeitigen) Verständigungsfrieden mit der Entente anstreben, solle es allein einen Separatfrieden suchen oder auf eine Kriegsentscheidung warten, in der, wenn auch schwindenden Hoffnung, sie würde zugunsten der Doppelmonarchie ausfallen.

Der Kurzzeit-Ministerpräsident Lammasch, der fünfte und letzte innerhalb der zweijährigen Regentschaft Karls, wollte einen Friedensschluss mit der Entente, auch die Wirtschaft wollte endlich Frieden. Der Konzernchef und pazifistisch eingestellt Diplomat Julius Meinl warb beim US-Präsidenten Thomas Woodrow

Wilson für einen Separatfrieden und ein Ende des Krieges.[15] Lammasch hatte die – wie sich später zeigte, durchaus berechtigte – Befürchtung, der „sogenannte Siegfriede [...] wäre ein fauler Friede, wäre ein Waffenstillstand vor einem noch gewaltigeren und entsetzlicheren Waffengang".[16]

Längst wurde hinter den Kulissen um Friedensabkommen verhandelt, begleitet von einem Hin und Her diverser Gebietsansprüche oder Abtretungsangebote. Kaiser Karl erkannte, wie schlecht es an den Fronten stand. Mit geheimen Verhandlungen und Briefen an Frankreich, die von seinem Schwager Prinz Sixtus von Bourbon-Parma überbracht wurden, wollte er einen Sonderfrieden erreichen.[17] Dabei sollte Deutschland zum Verzicht auf Elsaß-Lothringen bewogen werden, später bot Karl den Russen Teile von Galizien an, um die Gebiete in Italien zu erhalten, danach stand doch auch die Provinz Trentino zur Disposition. Italien und Rumänien erwarteten aber schon große Gebietserweiterungen auf Kosten von Österreich-Ungarn. Österreichs Außenminister Graf Czernin glaubte noch an einen militärischen Sieg, während sich Frankreichs Außenminister Georges Clemenceau einen Sonderfrieden mit Österreich-Ungarn vorstellen konnte. Da war Czernin dagegen, er wollte auch Deutschland an Bord eines Friedensabkommens, um im Falle eines Zerfalls der Teile des Reiches wenigstens die deutschsprachigen Regionen zusammenzuhalten. Der Kaiser wiederum hielt wenig von allen großdeutschen Überlegungen. Als in all dem Tohuwabohu Außenminister Czernin in einer Rede vor dem Wiener Gemeinderat Frankreich beschuldigte, Elsaß-Lothringen zu begehren, was Österreich aber ablehnen würde, veröffentlichte Clemenceau im April 1918 den geheimen, von Sixtus überbrachten Brief, wonach ja Österreich den Franzosen eine Einverleibung von Elsaß-Lothringen nahegelegt hatte. Der Skandal war perfekt, diese Sixtus-Affäre war das Ende der Geheimverhandlungen. Die Deutschen tobten, Czernin musste zurücktreten, Österreich-Ungarn war als gleichberechtigter Partner von Deutschland gegenüber der Entente erledigt, die Reputation des Kaisers selbst war schwer ramponiert. „Ich habe erfahren, dass mein Kaiser lügt",[18] hat sich Generalstabschef Arthur Arz von Straußenburg entsetzt.

Da auch das Kriegsglück auf sich warten ließ, obwohl inzwischen an der Isonzo-Front mit Wissen Kaiser Karls auch Giftgas eingesetzt worden war, wurde ein Ausscheren Österreich-Ungarns aus dem Kriegsgetümmel im Alleingang immer aussichtsloser, damit auch die Chance, wenigstens den österreichischen Teil der Doppelmonarchie als Ganzes erhalten zu können. Kaiser Karl und Kaiser Wilhelm waren wie aneinandergekettet, gleichgültig, ob sie siegen würden oder verlieren.

Sie verloren.

Nach einem strengen Winter waren 1918 auch die USA in die Kampfhandlungen eingetreten, nachdem sie der Doppelmonarchie schon im Jahr davor den

Krieg erklärt hatten. Kriegsentscheidend war das nicht mehr. Aber es hatte Bedeutung für die Machtverhältnisse nach dem Krieg. In Russland war der Zar schon von den Bolschewiki hinweggefegt worden, aber als Führungsmacht der panslawistischen Idee war Russlands Strahlkraft für die slawischen Reichsteile ungebrochen.

Mitte Juni 1918 war die letzte Großoffensive Österreich-Ungarns bei Asiago und an der Piave gescheitert. Die Lage war aussichtslos. Nicht nur für Österreich. Die Mittelmächte, also die Allianz aus Deutschem Reich und Österreich-Ungarn, denen sich später auch Bulgarien und die Türkei angeschlossen hatten, waren gemeinsam erledigt. Im September forderten der Deutsche Generalfeldmarschall Paul von Hindenburg und sein Stellvertreter, General Erich Ludendorff, ultimativ von Kaiser Wilhelm II. die Aufnahme von Waffenstillstandsverhandlungen mit der Entente. Ausgerechnet die beiden Generäle, die schon zu Beginn als Kriegstreiber fungiert hatten, nahmen auch da noch ihrem Herrscher das Heft aus der Hand. Die hochfliegenden Weltmachtambitionen des Deutschen Reiches waren jedenfalls zerbrochen (auch wenn neuerdings Historiker die Schuld am Krieg nicht mehr ausschließlich diesem Überehrgeiz Deutschlands zuweisen[19]).

Nachdem die Entente einen Separatfrieden mit Österreich-Ungarn abgelehnt hatte und auch Kaiser Karls Versuch gescheitert war, mit seinem Völker-Manifest[20] aus dem Vielvölkerstaat an der Donau einen Bundesstaat zu machen und damit das Reich noch irgendwie zusammenzuhalten, begann Österreich-Ungarn sich aufzulösen:

- 28. Oktober: Ausrufung der Republik Tschechoslowakei in Prag, Anschlusserklärung von Galizien an den polnischen Staat

- 29. Oktober: Vereinigung der südslawischen Gebiete mit Serbien zum neuen Königreich Südslawien

- 31. Oktober: Unabhängigkeitserklärung Ungarns

Da hatte es auch schon in Wien eine Großdemonstration für die Ausrufung der Republik gegeben. Am 9. November wurde in Berlin nach der Abdankung von Kaiser Wilhelm die Republik Deutschland ausgerufen. Zwei Tage später verzichtete Kaiser Karl auf die Staatsgeschäfte. Mit einem letzten Manifest schrieb er dem „Volk von Deutschösterreich" noch ins Stammbuch: „Möge das Volk von Deutschösterreich die Neuordnung schaffen und befestigen." Ihm war klar, dass das nicht leicht würde. Tags darauf, am 12. November um 15.00 Uhr, wurde der erste Schritt in diese Richtung gesetzt. Vor dem Parlament hatten sich schon

12. November 1918: Unruhiger Start der Republik Deutschösterreich.

wieder die Massen versammelt, als drinnen durch die Provisorische Nationalversammlung die Ausrufung der „Republik Deutschösterreich" erfolgte.

Das war die Geburtsstunde der Republik.

Wenn der Krieg auch verloren war, so war er zumindest zu Ende. Das war
schon viel Positives in diesen Tagen von 1918. Sonst gab es nicht viel, worauf
man sich stützen konnte. Ein Parlamentsgebäude, das der Kern des neuen Gebildes werden sollte, immerhin.

Die großen Parteien waren instabil, unerfahren und mit sich selbst ringend.
In ihren Reihen gab es besonnene und auch ehrgeizige Köpfe, die anpacken wollten. Köpfe, die das Heft in die Hand nahmen und begannen, den neuen Staat zu
formen.

Schlagartig hat es mit dem Zusammenbruch der Monarchie praktisch keine
organisierte Staatsgewalt mehr in Österreich gegeben. Viele Obdach- und Hei-
matlose zogen durchs Land, der ungeordnete Rückzug des Heeres war begleitet von Plünderungen und wilden Schießereien. In der Arbeiterschaft brodelte

es, es roch nach Revolution. Das Bürgertum war wie betäubt vom Ende der gewohnten Welt. Am ehesten haben sich noch die Sozialdemokraten mit programmatischen Erklärungen über die Folgen dieses Zusammenbruchs Gedanken gemacht. „Deutsch-Österreich ist auf sich selbst gestellt kein wirtschaftlich lebensfähiges Gebilde", wurde beim Parteitag am 31. Oktober konstatiert, deshalb müsse „… die deutsch-österreichische Republik als ein selbständiger Bundesstaat dem Deutschen Reiche beitreten". Damit wusste man sich wenigstens in breiter Übereinstimmung mit anderen Parteien, insbesondere den Deutschnationalen und auch großen Teilen der Christlichsozialen.

Die Kommunisten wollten die Unruhe in der Arbeiterschaft nützen. Sie boten dem am 1. November aus dem Gefängnis entlassenen Friedrich Adler die Führung ihrer Partei an. Der lehnte das aber ab, wodurch die Kommunisten keine populäre Leitfigur hatten. Die Gefahr einer bolschewistischen Revolution war damit abgewendet. Die gemäßigte sozialdemokratische Mehrheit setzte sich durch, ihr war aber klar, dass sie erst über demokratische Wahlen an die Hebel der Staatsgewalt kommen könne. Karl Renner, der spätere Staatskanzler, setzte sich dabei ausdrücklich für eine Koalition mit den bürgerlichen Parteien ein, andernfalls drohe die Anarchie.[21] Er verfasste auch den Text des Gesetzes, mit dem die Republik ausgerufen wurde:

Kraft Beschluss der Provisorischen Nationalversammlung verordnet der Staatsrat wie folgt:

Artikel 1
Deutschösterreich ist eine demokratische Republik.
Alle öffentlichen Gewalten werden vom Volk eingesetzt.

Artikel 2
Deutschösterreich ist ein Bestandteil der Deutschen Republik.
Besondere Gesetze regeln die Teilnahme Deutschösterreichs an der
Gesetzgebung und Verwaltung der Deutschen Republik [...]

Artikel 3
Alle Rechte, welche [...] dem Kaiser zustanden, gehen [...]
auf den deutschösterreichischen Staatsrat über [...]

Dass man mit diesem kurz formulierten Zusammenschluss mit Deutschland die Rechnung ohne die Sieger-Wirte gemacht hatte, ahnte man noch nicht. Man wollte Fakten schaffen. Aber die alliierten und assoziierten Mächte untersagten ein Jahr später im Friedensvertrag von Saint-Germain genau diesen Anschluss. Die Republik musste ihren Namen auf das schlichte „Österreich" ändern. Dennoch blieb das Streben nach dem Zusammenschluss die kommenden 20 Jahre dominant. Bis 1938 der gescheiterte Kunstmaler aus Braunau, der schon zu Kaisers Zeiten alles abgelehnt hatte, was nach Demokratie roch, die begeisterten Massen am Wiener Heldenplatz zum Jubeln brachte.

Der Sozialdemokrat Karl Renner übernahm das Erbe der zerbrochenen Monarchie.

1918 hat der Beschluss, ein neues Leben als Republik und ohne den Kaiser zu gehen, auch die Massen mobilisiert. Das waren aber keine Kundgebungen der Begeisterung, der Erleichterung und des Glaubens an eine neue Zukunft. Im Gegenteil, das war der Versuch, die Stunden der Unsicherheit für eine Revolution zu nützen. Tausende strömten zum Parlament, Arbeiter mit roten Fahnen, Studenten mit Schwarz-Rot-Gold. Und Soldaten. Die Kommunistische Partei wollte die Macht ergreifen, Rotgardisten versuchten, das Parlament zu stürmen. Eine Schießerei hinterließ zwei Tote und 50 Verletzte. Es lag genau diese Anarchie in der Luft, die Karl Renner befürchtet hatte. So schwach die Kommunisten bei den nachfolgenden Wahlen auch blieben, beim Gebrüll auf der Straße waren sie stark.

Transparente, wie „Es lebe die internationale Weltrevolution" oder „Hoch die sozialistische Republik" zeugen davon, wie die Linken glaubten, dass ihre Zeit gekommen sei. Denn das Bürgertum war paralysiert, wusste noch nicht, ob es mehr der Monarchie nachtrauern oder sich doch schon für die Republik erwärmen sollte. Unverhohlen schrieb der marxistische Theoretiker Max Adler denn auch wenige Tage später in der *Arbeiterzeitung*, die sozialdemokratische Partei habe „die bürgerlichen Parteien auf dem Weg vor sich hergetrieben, den sie bestimmt hat".[22]

Es war ein nasskalter, regnerischer Dienstag in diesem nebelverhangenen November, als rote Fahnen vor dem Parlament gehisst wurden. Eigentlich nur Fetzen, zerrissene Reste der rot-weiß-roten Fahne. Präziser hätte der politische Startversuch nicht symbolisiert werden können.

Weil man so überhaupt nicht mit einem überbordenden Weltkrieg gerechnet hatte, weil man so naiv-gutgläubig, ja begeistert nach dem Attentat von Sarajevo in den Waffengang gezogen war, wohl auch deshalb konnte man in den Köpfen so überhaupt nicht mit den Konsequenzen der Niederlage umgehen. Und da

ANTI·HITLER·MAGAZINE

Price 10¢

AUSTRIAN LABOR INFORMATION

PUBLISHED MONTHLY BY THE AUSTRIAN LABOR COMMITTEE
EDITION IN GERMAN LANGUAGE

No. 7	Address: A. L. INF. 19 West 44th Street (Room 1018) New York. N. Y.	214	OCTOBER 20 1942

DER 12. NOVEMBER

Wir waren dabei an jenem dunklen Novembertag 1918, der durch die roten Fahnen erleuchtet wurde, als sie aus den Schrecken des Ersten Welt-Krieges geboren wurde, die Oesterreichische Republik.

Wir haben sie jedes Jahr am 12. November gefeiert in jenen gewaltigen Arbeiter-Demonstrationen, die in Europa berühmt waren.

Wir haben es erlebt, wie die Oesterreichische Republik im März 1933 von Dollfuss gemeuchelt und im Februar 1934 von Starhemberg und Fey geschändet wurde.

Und wir mussten zähneknirschend und schmerzerfüllt sehen, wie die blutige Saat im März 1938 aufging, als Hitler das gefallene Oesterreich nahm.

Diese Oesterreichische Republik war für viele von uns die Erfüllung aller Hoffnungen und dann bitterste Enttäuschung, für die Jüngeren unter uns ein Kampfboden, der nicht genügend genutzt wurde, — und manche erlebten in der Republik nur mehr die Niederlagen der Arbeiter. Aber für alle war sie die Heimat. Sie war für uns vor allem die Heimat jener grossen österreichischen Arbeiterbewegung, aus der wir hervorgegangen sind, die uns geformt und erzogen hat, jene österreichische Arbeiterbewegung, der es vergönnt war, auf dem steinigen Boden eines armen Landes ein stolzes Gebäude demokratisch-sozialistischer Organisation zu errichten, und die im Roten Wien bisher unübertroffene Leistungen demokratisch-sozialistischer Reform geschaffen hat.

Verkleinern wir nicht, was die Oesterreichische Republik war: ein Land wirklicher Freiheit in den ersten Jahren; ein Staat grosser Reformen, die überall, wo Arbeiterschutz und Arbeiterwohlfahrt

---

Das Austrian Labor Committee veranstaltet zur Erinnerung an die österreichische Revolution und den Staatsfeiertag der Oesterreichischen Republik eine

Republikfeier

AM SAMSTAG, DEN 14. NOVEMBER

um 8:30 abends im grossen Auditorium der Rand School, 7 East 15th Street

Redner: Friedrich Adler

Künstlerische Vorträge

Eintritt: Abonnenten der Austrian Labor Information 10 cts., Gäste 20 cts.

Oesterreichische Republikaner, kommt zu unserer Feier
und bringt Gesinnungsfreunde mit!

Auch während der NS-Zeit ist die Republik nicht vergessen: Einladung des „Austrian Labor Committee" zu einer Gedenkfeier in New York 1942.

galt es zunächst einmal, die Niederlage selbst zu verdauen. Die vielen Toten, die Zerstörungen, den wirtschaftlichen Nullpunkt.

Aber Not verbindet auch. Und so erklärt sich das Erstaunliche, dass die drei dominierenden politischen Lager, Sozialdemokraten, Christlichsoziale und Deutschnationale, zumindest in den ersten Jahren kooperierten. Nach außen, bei den Friedensverhandlungen, trat man einigermaßen geschlossen auf, 1920 wurde eine richtungsweisende, in ihren Grundzügen bis heute gültige Verfassung verabschiedet, auch Sozialgesetze und die Einführung des Frauenwahlrechts stehen auf der Habenseite dieser Phase.

Doch schon bald darauf wurde die politische Gegnerschaft immer stärker hervorgekehrt, die Konflikte nahmen zu, die Lager schotteten sich ab, Bewaffnung und Gewalt folgten, bis es 1933 mit der Demokratie in Österreich wieder vorbei war.

1 Gerhard Fritsch, Moos auf den Steinen. Salzburg 1956
2 https://www.parlament.gv.at/PERK/PK/PP/
3 Victor Adler, Die Lage der Ziegelarbeiter. In: Gleichheit, 1. Dezember 1888
4 https://www.parlament.gv.at/WWER/PAD_00011/
5 zit. n.: http://www.dasrotewien.at/hainfelder-parteitag.html
6 Riemergasse 4, Wien, Innere Stadt
7 Vgl. Wolfgang Treue, Deutsche Parteiprogramme seit 1861. Göttingen 1968, S. 62 f.
8 Vgl. Lothar Höbelt, Kornblume und Kaiseradler. Die deutschfreiheitlichen Parteien Altösterreichs 1882–1918. München 1993
9 Reinhard Opitz, Faschismus und Neofaschismus. Bonn 1996, S. 33
10 Vgl. Brigitte Hamann, Hitlers Wien. Lehrjahre eines Diktators. München 1996
11 Zit. n. Fritz Molden, a. a. O., S. 132 f.
12 Vgl. Mandatsergebnisse der Reichsratswahlen von 1907, in: Reinhold Knoll, Zur Tradition der christlich-sozialen Partei. Ihre Früh- und Entwicklungsgeschichte bis zu den Reichsratswahlen 1907. Wien u. a. 1973, S. 248 f.
13 Zit. n. Fritz Molden, a. a. O., S. 159
14 Siegfried Mattl/Werner Michael Schwarz (Hg.), Felix Salten, Schriftsteller-Journalist-Exilant. Wien 2006, S. 52
15 Vgl. Christa Zöchling, Julius Meinl II strebte NSDAP-Aufnahme an. In: profil, 23. August 2008, (http://www.profil.at/home/julius-meinl-ii-nsdap-aufnahme-aufnahme-216761)
16 Dieter Köberl, Zum Wohle Österreichs. In: Die Furche, 18. Februar 2010; (zit. n. http://austria-forum.org/af/Wissenssammlungen/Essays/Recht/Zum_Wohle_Österreichs)
17 Vgl. auch Dorothy Gies McGuigan, Familie Habsburg 1273–1918. München/Wien 1988, S. 622 ff.
18 Manfried Rauchensteiner, „Ich habe erfahren, dass mein Kaiser lügt." Die „Sixtus-Affäre" 1917/18. In: Michael Gehler/Hubert Sickinger, Politische Affären und Skandale in Österreich. Von Mayerling bis Waldheim. Thaur/Wien/München 1996, S. 162 f.
19 Vgl. Gerfried Münkler, Der Große Krieg. Die Welt 1914 bis 1918. Berlin 2013
20 Siehe Kapitel 3, Der Abschied von der Monarchie, S. XX (ca. Anfang)
21 Rede vor dem Staatsrat, 11. November 1918
22 Max Adler, Arbeiter-Zeitung, 18. November 1918

5

Wie sich die Muster gleichen – gleichen sich die Muster?

Und gestern is' heit word'n
und heit is' båld morg'n.
Hubert von Goisern, Heast as nit

In mehr als vier Jahren Krieg hatte die Doppelmonarchie ihre Grenzen erfolgreich verteidigt. Dennoch: Österreich-Ungarn verlor das Ringen mit seinen Gegnern, weil es nicht gewinnen konnte. Die Monarchie verlor durch den Nimbus, sie sei ein „Völkerkerker". Österreich-Ungarn verlor, weil es seine Völker nicht mehr für die alles vereinende Krone begeistern konnte. Die Monarchie verlor, weil ihr der Atem ausgegangen war.

Aus heutiger Sicht könnte man meinen, dass man eigentlich hätte voraussehen müssen, wie es kommt, und zwar damals schon, 1914. Aber die schon zitierten Schlafwandler im Sinne Christopher Clarks in all den Staatskanzleien Europas haben die Gefahr nicht gesehen. Sie sind in den Krieg getaumelt, den sie zwar vielfach schon irgendwie wollten, aber nicht so.[1] Jedenfalls wollten sie dann nicht dessen Folgen, den langen Albtraum nach dem Schlafwandeln.

Es scheint runden Jahrestagen vorbehalten zu sein, all das aus der Kenntnis der Folgen und Spätfolgen zu beurteilen und zu bewerten. Aus der Distanz von 100 Jahren wurde und wird viel über den Krieg und die Umbrüche nachgedacht. Und dabei tauchen in der Rückschau zum Teil beängstigende Parallelen der Geschichte zu aktuellen Entwicklungen auf.

„Eben deshalb ist der Blick auf die Entstehung dieses Krieges auch heute noch so beunruhigend", formuliert Christopher Clark. „Wir befinden uns – wie die

Zeitgenossen vom Jahre 1914 – in einer zunehmend gefährlichen, multipolaren Welt, gekennzeichnet durch regionale Krisen, in denen zum Teil Großmachtinteressen verstrickt sind, und durch das Neben- und Gegeneinander eines ermüdenden und vermeintlich im Niedergang begriffenen Weltreichs und einer emporstrebenden Weltmacht, die mit ihrem ungestümen Rütteln am globalen Mächtegefüge in manchen Hauptstädten für Unruhe sorgt.

Gekennzeichnet war die Vorkriegswelt – nicht anders als die Gegenwart – durch ein wachsendes Misstrauen unter den Mächten, auch innerhalb der Bündnisblöcke. Und geschürt wurde dieses Misstrauen durch die Uneinigkeit der jeweiligen Entscheidungszentren, durch die Doppelbödigkeit der diplomatischen Signale. Ja man kann gewissermaßen mit Hinblick auf die Großmächte des Vorkriegs – wie bei der Europäischen Union heute – von einer Heisenbergschen Unschärfe sprechen, was den Ort der Macht in diesen komplexen Strukturen angeht."[2]

Damals gab es wie heute starke nationalistische Tendenzen. In ganz Europa. Man hatte und hat Angst vor der Globalisierung, eine große Struktur ist unüberschaubar, wirkt angsteinflößend. Damals war es eine große Doppelmonarchie, geformt aus zahlreichen Nationalitäten und Ethnien, heute ist es die Europäische Union aus (noch) 28 Staaten, aus der ein Gefühl der Fremdbestimmung erwächst. Eine dumpfe Angst, von „anderen" dominiert und gelenkt zu werden, treibt sonderbare Blüten der Aggression.

In der Sorge vor Überfremdung, ob berechtigt oder nur vermeintlich ist dabei einerlei, suchen die Menschen nach Schuldigen. Was damals der – beileibe nicht neue, aber zunehmend salonfähige – Antisemitismus war, sind heute „die Ausländer". Vor allem dann, wenn sie dem Islam angehören.

Der Unterschied in den beiden Feindbildszenarien von damals und heute ist allerdings, dass die Juden damals fixer Bestandteil der Gesellschaft waren. Sie waren integriert und anerkannte Größen des Wirtschaftslebens, sie gehörten demselben Kulturkreis an, sprachen dieselbe(n) Sprache(n), oft gab es freundschaftliche, ja familiäre Brücken, bei denen die Religion gar keine Rolle spielte. Und dennoch …

Im Vergleich dazu sind manche Moslems heute viel „fremder". Sie sind überwiegend als Zuwanderer in erster oder allenfalls zweiter Generation hier, sind vielfach nicht integriert. Sie kommen aus einem völlig fremden Kulturkreis, aus fremden Ländern, die man bestenfalls am Strand als exotisches Urlaubsdomizil schätzt. Sie sprechen andere Sprachen. Viele wollen sich hier integrieren, aber assimilieren wollen sich diese Zuwanderer nicht lassen. Besonderes Misstrauen erweckt, wenn demonstrativ jedes Integrationsbemühen des Gastlandes in den Wind geschlagen wird.

Damals wie heute gab und gibt es eine rasante Entwicklung der Wissenschaft und Wirtschaft. Damals faszinierte das nunmehr technisch Mögliche, die neue Mobilität, das Flugzeug, das Auto, das Telefon. Die Industrie griff das alles dankbar auf, die Arbeiter allerdings hatten nicht zu Unrecht das Gefühl der Ausbeutung. Der offene Mund vor immer neuen Erfindungen zeugte auch von einem dumpfen Unbehagen, wohin das nur führen werde. Die Medizin frappierte mit vielen neuen Erkenntnissen, die Forschung führte zu einem Hochgefühl, bestätigt durch die steigende Lebenserwartung. Das ist auch jetzt wieder so. Heute ist bei der medizinischen Forschung zwar nicht mehr Wien der Nabel der Welt, aber viele Krankheitsbilder hat man zunehmend besser im Griff. Und die Lebenserwartung steigt weiter. Zum Leidwesen der Pensionskassen. Bei der technischen Entwicklung faszinieren heute IT, Robotik und immer neue Formen der Kommunikation. Und wieder erzeugt diese Rasanz des Fortschritts Angst und Unbehagen. Die vielen, die damit nicht Schritt halten können oder wollen, nennt man schlicht Modernisierungsverlierer. Die ausgelagert und wegrationalisiert werden. Und die das Sozialsystem nicht mehr auffangen kann. Der allgemeine Fortschrittsglaube, das Vertrauen, dass alles so weitergehen würde wie bisher, nur eben noch schneller und noch besser, ist massiv erschüttert. Eine Gesellschaft, deren Wohlstand auf immer weiter fortschreitendes Wachstum aufgebaut ist, muss erkennen, dass schon das Behalten des Erreichten ein hohes Ziel sein kann. Das System ist satt und überfressen. Zwei Ideologien, die des Immer-mehr und die des Es-ist-genug, stehen einander unverständig, ja feindselig gegenüber.

Vor 100 Jahren, ja schon davor formten sich die Lager, deren Ideologien man als links und rechts etikettierte. Jahrzehntelang waren das präzise Muster, wie Schubladen. Heute sind die Ideologien im Pragmatismus aufgelöst. Immer ging es um einen gesellschaftsinternen Verteilungskampf – zwischen denen, die hatten, und denen, die haben wollten. Auch heute gibt es diesen Verteilungskampf, denn die wirtschaftliche Entwicklung mit beschränktem Wachstum kommt nicht allen gesellschaftlichen Schichten gleichermaßen zu Gute. Es ist ein Verteilungskampf geworden zwischen denen, die genug haben, und denen, die nicht mehr genug haben. Die Modernisierungsverlierer fühlen sich abgekoppelt und nicht mehr mitgenommen. Sie sind die, die ohnedies schon am unteren Ende der sozialen Rangordnung stehen: die schlecht Ausgebildeten, die Randschichten, die nicht Integrierten ohne soziale Netzwerke, die schlecht gebildeten Zuwanderer. Man nenn sie heute einfach Unterschicht. Vor 100 Jahren gab es dafür den Begriff Proletariat. Gemeint war das Gleiche.

Dennoch, das Gefühl, es könne nichts passieren, ist auch heute weit verbreitet, so wie damals. Blauäugigkeit, Naivität, Unbekümmertheit? Jedenfalls Vertrauen in den Istzustand, in das Gewohnte. Nach 100 Jahren hat man sich schon an die Mechanismen der Republik gewöhnt. Man hat Vertrauen, dass sie funktioniert. Davor hatte man Vertrauen in die Mechanismen der Monarchie.

Immerhin hatte die Regentschaft des Hauses Habsburg ja 645 Jahre funktioniert. Und dann?

Damals wie heute ist ein Autoritätsverlust der Eliten zu beobachten. Damals waren es die Monarchie, der Adel, das Großbürgertum. Von ihnen wurde die Entwicklung in Wirtschaft, Wissenschaft und Kultur dominiert, ja exklusiv beherrscht. Diese Eliten wurden zunehmend mit Misstrauen betrachtet, mit Neid oder Verachtung.

Heute ist das Feindbild die Bildungselite, das Etablierte schlechthin. Den etablierten Politikern, egal welcher Partei, und allen, die etwas gestalten (können) und das Sagen haben, schlägt eine Revolution von unten entgegen, getragen von Misstrauen. Die Skala reicht von skeptischer Distanz bis zu Häme und Hass. Gewählt wird dann das Andere, egal was. Hauptsache anders. Donald Trump kam in den USA an die Spitze, Norbert Hofer in Österreich knapp nicht. Wer jenen eine Stimme gibt, die aufbegehren wollen, bekommt deren Stimmen. Lange Zeit hatten die sich gerne als „staatstragend" bezeichnenden Parteien SPÖ und ÖVP so viel Rückhalt, dass sie mit bequemer Mehrheit gemeinsam, bisweilen sogar alleine regieren konnten. Diese Mehrheit ist dahingeschmolzen, genauso wie das Miteinander-Regieren-Wollen. Schon zu Kaisers Zeiten waren deren Vorgängerparteien die führenden Kräfte. In der Zweiten Republik hatten sie die Macht und das Vertrauen, alles, schlichtweg alles im Staate zu organisieren und zu tragen und unter sich aufzuteilen. Das ist vorbei. Zu groß wurden Frust und Ärger bei denen, die sich da nicht mehr vertreten fühlten.

Damals wie heute gab und gibt es verworrene Parteienlandschaften und instabile politische Strömungen, Allianzen entstehen und zerbrechen, Strömungen tauchen auf, manche finden Anklang, manche verschwinden wieder. Verbunden mit einer Grundangst vor der Zukunft und der Angst vor dem Anderen und dem Fremden sprießt die Sehnsucht nach einer „Führungspersönlichkeit". Damals, bis 1918, hatte man wenigstens den Monarchen, auf den sich alle Hoffnungen fokussierten. Er würde es schon zum Guten lenken, von Gottes Gnaden. Das Vakuum nach ihm verstanden in Deutschland wie in Österreich die Nationalsozialisten am besten zu füllen. Was Adolf Hitler anrichtete, ist bekannt. Vielleicht ist die Erkenntnis aus diesem Teil der Geschichte die Ursache dafür, dass heute das durchaus ebenfalls empfundene Leitbildvakuum noch keinen Nukleus gefunden hat. Das ist vielleicht ein Glück.

Damals waren die Mehrheiten permanent wechselnd, es war völlig diffus, zersplittert, chaotisch. Nach dem Zweiten Weltkrieg gab es für einige Jahrzehnte ein stabiles Zwei-Lager-System. Man konnte den Eindruck haben, das sei unabänderlich und in Beton gegossen. Und sowieso zum Wohl des Landes. Dann wurde es als verkrustet betitelt, als ineffizient und schwerfällig, nur auf Machterhalt aus. Das führte zur Bildung anderer Parteien. Die altbekannten Lager

Nostalgische, aber auch unkritische Verklärung: „Truppenparade" zu Kaisers Geburtstag in Bad Ischl.

verschwinden, die Ideologien gleichen sich einander an und bieten keine simplen Orientierungsmuster mehr – rechts und links sind keine gültigen Schemen mehr, in allen Parteien gibt es Tendenzen zu Abschottung und Nationalismus. Die Rückbesinnung auf das Gewachsene kommt nicht aus dem Selbstvertrauen, das die eigene Geschichte liefert, sondern aus Unsicherheit und Angst. Die Folge ist ein Strukturkonservatismus in allen Gesellschaftsschichten, der aber nichts mit dem Wertekonservatismus des alten Lagerdenkens zu tun hat.

Es ist sonderbar. Der Kalte Krieg mit seiner strengen Bipolarität von Gut und Böse, von Links und Rechts, bot Klarheit. Irgendwie sogar Stabilität, im Gleichgewicht des Schreckens. Davor und danach war alles viel unklarer.

Das Gefühl der Ohnmacht vor der Walze internationaler globaler Mächte, seien sie nun ökonomischer, politischer oder soziokultureller Natur, erzeugt zwei Reaktionsmuster: das Neobiedermeier, den Rückzug ins Private, und das Verlangen nach radikalen Änderungen, Wut und Auflehnung. Die einen reduzieren ihren Einsatz für Wirtschaftsleben und Gesellschaft, unter dem Schlagwort Work-Life-Balance wird die Lebenszufriedenheit nicht mehr über

Leistungssteigerung definiert (die von ihnen auch nicht mehr erbringbar ist), die anderen ballen die Faust, im Stillen oder in der Wirklichkeit, und stellen mit ihrem Verhaltens- (und Wahl-)muster die Gesellschaft auf den Kopf. Und die einen verstehen die anderen nicht. Und die, die weiter an die bestehenden Strukturen glauben und in ihnen Zukunft und Verwirklichung sehen, verstehen beide nicht.

Das Muster war vor 100 Jahren nicht anders. Es gab die unerschütterliche Loyalität zur Monarchie vor allem derer, die von dieser Nähe zu den Systemträgern auch gut lebten, und jener, die sich in ihrer Naivität gar nichts anderes vorstellen konnten. Es gab die Lethargie und Trägheit, die mit Nörgelei ihre Unzufriedenheit artikulierte, sich aber dennoch brav fügte und sich der Zensur und Fremdbestimmung ergab. Und es gab das Aufbegehren gegen die Einengung, gegen die Macht der Mächtigen, gegen die anderen und gegen „die da oben".

Der wesentliche Unterschied ist: Die Systeme der politischen Verwaltung und Entscheidungsfindung sind heute stabil, sie sind über Jahrzehnte eingeübt, gelernt und funktionsfähig. Sie sind einigermaßen flexibel, mit Krisen oder drohenden Szenarien abfedernd umzugehen. Bis jetzt zumindest. 1918 mussten diese Systeme erst „erfunden" werden.

Es ist erstaunlich, wie unkritisch die Bevölkerung in Österreich heute auf die Zeit der Monarchie von damals zurückblickt. Immerhin: Es war der Kaiser, der (ohne wirkliche Not) mit seiner Kriegserklärung gegen Serbien den Ersten Weltkrieg ausgelöst hat. Es war der Kaiser, der mit der Niederlage den Untergang verursacht hat. Es war der Kaiser, der vor lauter Festhalten an absolutistischen Gepflogenheiten die Bestrebungen zur demokratischen Mitsprache des Volkes so klein gehalten hat, dass man dann, als die Demokratie das alleinige Lebensgerüst war, (fast) bei null beginnen musste.

Einst ist in dem Weltreich die Sonne nie untergegangen,[3] später dann, ob unter Maria Theresia oder bis herauf unter Franz Joseph, war dieses Österreich ein Big Player der Weltpolitik, eine Größe, an der in Europa niemand vorbeikonnte. Und dann ist es selbst untergegangen. Ein ausgebluteter Rest brachte kaum die Kraft auf, sich selbst zu finden.

Zunächst war man in diesem Österreich – und auch in den übrigen neuen Staaten, die aus den Bruchstücken der Doppelmonarchie entstanden, so sehr mit dem Überleben beschäftigt, dass für eine Reflexion der Vergangenheit kein Platz war. Dann kamen Wirtschaftskrise, Nazizeit und Zweiter Weltkrieg. Wieder ging es nur ums Überleben. Dann der Wiederaufbau, wieder ein Anfang bei null, der alle Kraft aufsaugte.

Und dann, als alles gut wurde, da war auch die Vergangenheit wieder gut. Da hatte man sich ausgesöhnt, ohne mit ihr in wirklichem Diskurs gewesen zu sein.

Heute ist der Blick auf die Monarchie verklärt und verkitscht. Und verkommerzialisiert. Das Schloss Schönbrunn ist der Hauptanziehungspunkt für Wien-Touristen, jährlich wird es von mehr als dreieinhalb Millionen Besuchern gestürmt, Tendenz steigend.[4] Hofburg, Schatzkammer und Kapuzinergruft – Wien zehrt in seinem gesamten Kern vom Erbe der Habsburger. Die Ringstraße, ihre prachtvollen Großbauten und die vielen Palais geben der Stadt ein Gepräge, das weit über ihre aktuelle Bedeutung als Hauptstadt des kleinen Österreich hinausgeht.[5]

Die Operetten von Franz Lehár (1870–1948) oder Johann Strauß (1825–1899) sind bis heute ungebrochen beliebt und zeichnen das Bild einer k. u. k. Armee, in der man ohne Kriegsrisiko ein lockeres Leben führen, im Prater spazieren gehen und Liebschaften pflegen konnte. Differenzierter zeigt schon etwa Arthur Schnitzler (1862–1931) die Gesellschaft um die Jahrhundertwende. Moralische Doppelbödigkeit und unsinnige Duelle stellt er an den literarischen Pranger, nicht nur in seinem bereits erwähnten *Leutnant Gustl*. Auch andere Literaten der Zeit, wie Robert Musil (1880–1942), Stefan Zweig (1881–1942) oder Joseph Roth (1894–1939) vermittelten ein absolut nicht unkritisches Bild von der untergehenden Monarchie. Man liest ihre Werke bis heute sehr gerne. Aber die Kaiserzeit bleibt dennoch in zartes Rosarot getaucht. Extrem bissige Kritik ist nur ganz selten gefallen, wie jene von Karl Kraus, der Franz Joseph als „Unpersönlichkeit"[6] bezeichnete und einen „Staatsfalotten" nannte, „der stets mehr Kaiserwetter als Verstand hatte, dem nichts erspart blieb und der eben darum der Welt nichts ersparen wollte".[7]

Den wahrscheinlich gewaltigsten Einfluss für den verkitschten Blick auf die Monarchie dürften die Sissi-Filme in den 1950er-Jahren gehabt haben. Die Historientrilogie *Sissi* (1955), *Sissi – Die junge Kaiserin* (1956) und *Sissi – Schicksalsjahre einer Kaiserin* (1957) war das, was man heute Blockbuster nennen würde. Die Kinos wurden gestürmt. Und für das Fernsehen sind sie bis heute Garanten für gute Quoten im Nachmittagsprogramm. Romy Schneider war ja gar so lieb und Karlheinz Böhm gar so fesch. Ernst Marischkas Erfolgsfilme begründeten nicht nur den Starstatus der jungen Schauspieler, er hatte ja auch zu ihnen alles aufgeboten, was damals schon Rang und Namen hatte, von Vilma Degischer über Walther Reyer bis Josef Meinrad, er zementierte, was in der Euphorie des Wiederaufbaus offenbar dem Zeitgeist entsprach: Alles ist gut, auch die gute alte Zeit. Der Vorwurf des Kitsches, mit dem die Kritiker die Filme bald bedacht hatten, verfolgte die Hauptdarsteller ihr ganzes Schauspielerleben lang. Aber der Fremdenverkehr profitiert bis heute vom Nimbus der heilen Welt. Gerade auch Schauplätze wie Schloss Fuschl oder Bad Ischl werden von Touristen auf Sissis Spuren aufgesucht.

Wobei Bad Ischl überhaupt ein Sonderfall der Monarchie-Nostalgie ist. An jedem 18. August, dem Geburtstag von Kaiser Franz Joseph, wird die Stadt von Menschen in Dirndl und Lederhose überrannt, vor der Kaiservilla spielen Musikkapellen in alten Uniformen samt schwarzem Federbusch auf den Kappen und in den Auslagen stehen Fotos vom alten Monarchen mit treuherzigen Augen und schwarz-goldenen Schleifen. Das habe überhaupt nichts mit einer antirepublikanischen Haltung oder legitimistischen Tendenzen zu tun, hört man immer wieder von den Bewohnern – es ist einfach gut fürs Geschäft. Und vertieft den Eindruck von einer schönen alten Zeit.

Was da als harmloses Schauspiel mit nostalgischer Maskerade zelebriert wird, hat mit der Wirklichkeit und der historischen Wahrheit im Ganzen kaum etwas zu tun. Natürlich, der Kaiser hat sich jedes Jahr in Ischl zu seinem Geburtstag huldigen lassen, aber er war nicht nur der greise und milde alte Herr. Sein Stab hatte schon damals an der Imagepolitur des weisen, liebevollen Landesvaters gearbeitet. Sein Anspruch als abso-

Die personifizierte Verklärung der kaiserlichen Familie: Romy Schneider als junge Kaiserin Elisabeth.

lutistischer Machthaber zerfließt in der Urlaubsidylle. Und da die Menschen generell dazu neigen zu glauben, dass früher immer alles besser gewesen ist, wird auch die Monarchie verklärt. Auch wenn die Zeit damals nur für die wenigsten wirklich gut gewesen ist. Noch in den 1930er-Jahren errichtete man in vielen Dörfern und Städten Kaiser-Denkmäler, „in dankbarer Erinnerung". Der Historiker Oliver Rathkolb vertritt sogar die These, der irrationale Kaiserkult stehe „mit einer verdeckten und derzeit stark im Kommen befindlichen Sehnsucht vieler Menschen nach einer ‚Führungspersönlichkeit' in Zusammenhang. Total vergessen werde dabei aber, dass Franz Joseph eben nicht nur ‚Identitätsklammer' der österreich-ungarischen Monarchie war, sondern auch den Ersten Weltkrieg nicht verhinderte."[8]

Interview mit Karl Habsburg

Herr Habsburg, welches Gefühl erfasst Sie, wenn Sie an den Zusammenbruch der Monarchie denken?
Ich sehe das rein historisch, weil ich es ja nicht miterlebt habe. Ich hatte das Glück, dass ich noch relativ viele Leute gekannt habe, die das alles persönlich miterlebt haben, seien es mein Vater in seiner Jugend oder meine Großmutter, und ich konnte mich mit vielen unterhalten und ihre Eindrücke und Erlebnisse erfahren. Aber ich habe keine besondere Emotion in dieser Beziehung entwickelt, da mir ja die persönliche Erfahrung fehlt.

Ein bisschen Wehmut ist nicht dabei?
Nein.

Auch nicht aus der familiären Sicht?
Nein, das glaube ich nicht. Natürlich bekomme ich oft die Frage gestellt, wäre das nicht eine tolle Angelegenheit, wenn die Monarchie weiterbestanden hätte. Es wäre uns sicher in vielen Bereichen viel Leid erspart geblieben. Aber ich persönlich glaube nicht, dass die Funktion eines Monarchen ein erstrebenswerter Beruf ist. Man macht das höchstens aus Verpflichtung, aber das ist nicht ein Beruf ist, nach dem man jetzt strebt.

Rein hypothetisch, nur als Gedankenspiel: Würde die Monarchie noch bestehen, wenn Österreich den Ersten Weltkrieg nicht verloren hätte?
Ich sag ganz ehrlich, ich habe dieses Gedankenspiel eigentlich nicht.

Ich meine das nicht nur für Sie persönlich, sondern politisch. Hätte die Monarchie noch Bestand gehabt, wenn nicht dieser Bruch mit der Niederlage gekommen wäre? Wäre es überhaupt zeitgemäß, heute noch diese Monarchie Österreich-Ungarn zu haben?
Es gibt prinzipiell sehr viele Monarchien, die funktionieren, und sie haben alle ihre Vor- und ihre Nachteile, so wie jede andere Staatsform auch. Der Vorteil der Monarchie ist halt immer eine gewisse Form der Kontinuität, von der man auch heute merkt, dass da ein Bedürfnis besteht. Aber das Gegenstück, die Republik, hat natürlich auch ihre Vorteile, mit einer einfacheren Möglichkeit des Auswechselns einer Staatsspitze. Alles hat sein Für und Wider.
Ich tue mir sehr schwer mir vorzustellen, ob das Konstrukt der k.u.k. Monarchie weiter Bestand gehabt hätte, denn der Hauptgrund, der in den Ersten Weltkrieg und noch mehr mit einer großen Revanche in den Zweiten Weltkrieg geführt

hat, war der Nationalismus. Und unsere Ausgangsposition in der k. u. k. Monarchie war, dass wir kein homogener Staat in dem Sinne waren, wie zum Teil unsere Nachbarstaaten. Frankreich wesentlich mehr, das Deutsche Reich wesentlich weniger, aber wir waren sicherlich das Paradebeispiel einer multinationalen Konstruktion, die natürlich unter dem Nationalismus besonders gelitten hat.

War der Nationalismus letztlich der Grund für den Untergang der Monarchie?

Realistisch betrachtet, ja. Er war nicht der Auslöser, aber er war der Grund. Man darf da nicht nur sehen, was 1914 passiert ist, sondern man muss sehen, was zu 1914 hingeführt hat. Und letztlich hat der erstarkende Nationalismus das Reich auseinandergerissen. Es war ja so, sobald ein Teil des Reiches irgendwelche Vorteile aus einer Position bezogen hat, wollten die anderen immer sofort nachziehen. Das war auch ganz natürlich. Der serbische Nationalismus war etwas ungemein starkes, und das Nationalgefühl hat sich immer weiter verstärkt. Also das war sicher das tragende Element, das in den Ersten Weltkrieg geführt hat, das aber mit Ende des Krieges nicht abgeschlossen war. Denn vieles der Nachkriegsordnung hat nicht dem Grund für den Krieg Rechnung getragen, sondern es wurden wiederum Konstrukte geschaffen, à la

Karl Habsburg, Enkel des letzten Kaisers, in der Kapuzinergruft, Ruhestätte seiner Vorfahren.

65

Jugoslawien, à la Tschechoslowakei oder ähnliches, die einem neuen Nationalismus Vorschub geleistet haben. Und das kam in einer riesigen Revanche mit dem Zweiten Weltkrieg wieder auf uns zu.

Und erledigt ist das Thema Nationalismus bis heute nicht?
Absolut nicht!

Welche Parallelität sehen Sie von der Zeit vor 100 Jahren zu heute?
Ich sehe relativ viele Parallelitäten, von denen wir eigentlich lernen müssten. Es sind für mich eher Parallelitäten der Gefühlswelt als Fakten. Es erschreckt mich fast, wenn man die Literatur der Zeit vor dem Ersten Weltkrieg liest, da ist das Gefühl, ein Konflikt steht überhaupt nicht an. Es gibt vieles, das geht schwer oder gar nicht, und man unterhält sich mit einer gewissen Wehmut über den alten Kaiser und über die Struktur des Landes und die Langsamkeit der Bürokratie. Aber im Grunde genommen hatte niemand die Vorstellung von einem großen Krieg, nicht nur in der k. u. k. Monarchie, sondern auch in den umliegenden Staaten.
Und wenn man sich die Situation heute anschaut, dann sieht man, dass wir wieder Krisenherde haben, und dass wieder die Idee eines großen Krieges, ich würde mal sagen, in den letzten zehn, fünfzehn Jahren bei uns völlig aus unserer Gedankenwelt entwichen ist. Man merkt das ja auch in der praktischen Politik.

Glauben Sie, dass so ein großes Risiko auch heute besteht?
Ja!

Unerkannterweise?
Ich glaub gar nicht, dass es so unerkannt ist. Man muss die bestehenden Risiken einfach realistisch betrachten. Wir haben im Lauf der letzten fünfzehn Jahre unsere Militärs mehr oder minder fast abgeschafft. Man hat in der Zeit um 2000 gesagt, es sei in absehbarerer Zeit, in den nächsten zehn, zwölf Jahren, kein Konflikt zu erwarten. Das war vielleicht aus der Sicht von 2000 realistisch für die nächsten Jahre, aber, ich kann zwar Militär sehr schnell abbauen, aber es braucht einen langen Zeitraum, um eine Sicherheitsstruktur wiederaufzubauen. Und heute gibt es viele Konfliktherde um uns herum, die alle zweifellos das Potential zur Explosion haben.

Was meinen Sie konkret?
Ganz realistisch, das Verhältnis zu Russland hat für mich selbstverständlich das Potential zur Explosion. Man muss sich die russische Einstellung ansehen,

und ich rede jetzt nicht nur von der für mich völlig unrechtmäßigen Okkupation der Krim, die von Russland auch historisch falsch argumentiert war. Es geht um die Grundeinstellung, wenn man sagt, wo ist denn überall Russland. Diese Argumentation würde auch für andere Bereiche gelten, nicht nur für die Krim, sondern etwa auch für Transnistrien* oder das ostpreußische Königsberg, Kaliningrad. Und es wird vergessen, dass Transnistrien ungefähr um die Hälfte näher bei uns ist als der Donbass** oder die Krim.

Also da ist ein Aggressionspotential bestimmt gegeben.

Auf der anderen Seite sehen wir das Potential für einen Konflikt durch den großen Druck aus dem Mittleren Osten und Afrika, der sich bei uns halt hauptsächlich durch die Flüchtlinge manifestiert. Da kann es zu einer starken Radikalisierung von gewissen Einstellungen kommen, auch zu einer religiösen Radikalisierung, die wir momentan in diversen Terrorattacken erleben. Wobei diese Terrorattacken ja nicht unsere Staaten in den Grundfesten erschüttern, dass tun sie nicht, aber wir sehen eine Tendenz.

Der Konflikt mit dem islamischen Extremismus beschäftigt Europa relativ stark.

Völlig zu Recht! Der Konflikt ist für jeden von uns direkt vor der Haustüre spürbar und wird in seinem Potential auch noch zunehmen. Uns fehlen einfach die Mittel, damit umzugehen. Für mich ist da ein klassisches Argument für ein vereintes Europa, weil keiner der Nationalstaaten in der Lage ist, dieses Flüchtlingsproblem, das Konfliktpotential, allein zu bewältigen, das geht nicht. Das kann nur auf europäischer Ebene bewerkstelligt werden. Denn wir haben ja erst den Anfang dessen gesehen, was auf uns zukommt. Ich lasse einmal die Krisenherde Syrien oder Jemen außer Betracht, allein in Ägypten gibt es sechs Millionen Christen noch einmal viereinhalb Millionen Flüchtlinge aus Afrika, die nur darauf warten, wie sie nach Europa kommen können. Da sieht man, was auf uns zukommt. Und wissen Sie, wir sind überhaupt nicht darauf vorbereitet.

Wenn Sie dieses Konfliktpotential ansprechen und darauf verweisen, dass man 1914 ja auch nicht erkannt hat, was in der Luft lag …
Ja.

… was müsste man realistischerweise heute unternehmen, außer dass man die EU hochhalten muss, wie Sie sagen? Wie müsste man mit diesen Konfliktpotentialen umgehen?

---

* Unabhängige Provinz im Osten von Moldau, international nicht anerkannt
** Ostukraine

Wenn ich eine vernünftige Antwort darauf hätte, die umfassend und wirksam wäre, würde ich mir wahrscheinlich damit zumindest das Anrecht auf den Friedensnobelpreis verdienen. Ich habe sie auch nicht. Ich sehe nur ganz klar, dass wir uns wie in der Geschichte mit dem anstehenden Konfliktpotential viel zu wenig auseinandersetzen.

Das heißt, es könnte genauso passieren, wie Christopher Clark es formuliert hat, dass wir schlafwandelnd in den nächsten Konflikt hineintaumeln?

Ich sehe das absolut als eine Gefahr. Die Schlafwandelei fällt mir gerade in der Immigrations- und Integrationsfrage schon sehr auf. Wenn heute ein Politiker sagt, dass es davon überrascht worden ist, dann disqualifiziert er sich selbst damit. Weil das war absolut abzusehen. Eine Überraschung darf es in dem Fall nicht geben.

Sehen Sie auch ein konkretes Risikopotential für Österreich oder für die Demokratie in Österreich?

Wenn ich mir die österreichische Bevölkerung anschaue, sehe ich da kein großes Risikopotential, aber es ist Österreich natürlich genauso betroffen, wie jedes europäische Land, und in manchen Bereichen vielleicht sogar noch etwas mehr, weil es eines der klassischen Durchzugsgebiete durch Europa ist, wobei die meisten Flüchtlinge nach Deutschland wollten. Wenn die kritische Masse entsprechend stärker wird, werden wir auch die Auswirkungen stärker haben. Ich habe das Gefühl, dass wir uns nicht genügend mit dieser Frage ausein-andersetzen, weil uns klar sein muss, dass die Masse erst auf uns zukommen wird. Europa wird in 15 Jahren anders aussehen als heute, das ist völlig klar, und es liegt an uns, wie anders.

Sehen Sie es als Kampf der Kulturen?

Nein, das sehe ich nicht, wir haben ja auch mit dem Islam sehr vieles gemein, beides sind monotheistische Religionen. Ein Problem haben wir mit der Radi-kalisierung. Und die Radikalisierung im Islam findet einen fruchtbaren Boden, der uns gefährlich ist. Aber ich betrachte das nicht als Kulturkampf. Wir haben viele Gemeinsamkeiten, die man wesentlich besser herausstreichen könnte. Ob das geschehen wird, ist fraglich, aber ich glaube, dass man einen Kulturkampf sicherlich umgehen kann.

Der Islam war ja auch in der Monarchie ein Faktum, durch Bosnien, allerdings war das in keiner Weise ein politischer Islam, wie wir ihn heute kennen.

Ja, ich habe ein Bild, wo man nebeneinander den Feldkuraten, den Feldimam und den Feldrabbi sieht. Das ist schon ein Bild einer sehr positiven Seite der Monarchie.

Kommen wir wieder zum Thema 100 Jahre Republik und Ende der Monarchie. Ihr Großcousin Ulrich hat verlangt, Sie erinnern sich, dass man eigentlich noch eine Volksabstimmung bräuchte, damit die Einführung der Republik wirklich rechtens wäre. Haben Sie diese Meinung geteilt damals?
Ich habe das mit einem großen Augenzwinkern verfolgt. Natürlich, auf einer rein legistischen Grundlage kann man das, was er gesagt hat, schon argumentieren. Realistisch ist es nicht, darüber bin ich mir völlig im Klaren. Ich glaube, auch er hat ja letztlich nicht wirklich angenommen, dass es damit zu einer Umsetzung kommt, sondern er wollte damit gewisse Diskussionen am Laufen halten und das ist ihm auch zweifellos geglückt.

Er wollte vermutlich die Debatte über das Habsburgergesetz am Laufen halten, das ja in den wesentlichsten Teilen seit 1919 bis heute in Kraft ist. Sie haben schon mehrfach gesagt, dass Sie dieses Gesetz als nicht rechtens Ihrer Familie gegenüber empfinden. Sollte man es ändern oder sollte man es ganz abschaffen?
Im Grunde gehört es wirklich auf die juristische Müllhalde, anders kann ich das nicht beurteilen. Ich bin für diese Ansicht schon einmal sehr geprügelt worden. Man muss halt sagen, es lebt auch niemand mehr, der unmittelbar davon betroffen wäre, das heißt einen gewissen rassischen Aspekt sieht man schon in dieser Gesetzgebung, den ich jetzt als Österreicher viel mehr ablehne als als Habsburger. Persönlich, das sage ich jetzt ganz ehrlich, betrifft es mich so gut wie nicht, weil es de facto keine Auswirkung auf mich hat. Aber die Tatsache, dass es die Gesetze noch in der Form gibt, ist denkbar überflüssig.

Aber auch Sie selbst durften als Jugendlicher ja noch nicht nach Österreich einreisen.
Nein, durfte ich nicht. Aber das hat sich im Jahr 1968 geändert. Mein Vater hat 1967 die Verzichtserklärung unterschrieben, das heißt prinzipiell schon 1961, da gab es Einsprüche dagegen, da hat dann Günther Nenning den Begriff des „Habsburgerkannibalismus" geprägt. Eingereist ist mein Vater 1967, wir sind das erste Mal 1968 gekommen. Ich war damals sieben Jahre alt, aber ich erinnere mich noch gut daran, wie wir davor an die österreichische Grenze gefahren sind und nicht einreisen konnten.

Hat Sie das später dann noch gekränkt, im Nachhinein?
Nein, wirklich nicht, denn man betrachtet das mehr unter dem humoristischen Aspekt. Die Tatsache, dass ich die Rolle des Staatsfeindes spielen muss, während ich in Tutzing (am Starnberger See, Anm.) in Bayern in die Schule gehe, ist schon ein bisschen weit hergeholt. Das kommt einem schon lächerlich vor. Andererseits hat mich die Tatsache fasziniert, dass es bei gewissen Leuten sehr große Emotion hervorruft und dass da noch ein gewisser Angstfaktor vorhanden ist, den man sich schwer erklären kann. Wobei ich nicht sagen möchte, dass das heute noch der Fall ist.

Diese Emotion liegt nur bei anderen Personen, nicht bei Ihnen? Sie könnten ja sagen, ums Haar, wenn die Geschichte anders verlaufen wäre, säße ich jetzt nicht in einem Büro in der Neulinggasse, wo dieses Interview stattfindet, sondern in der Hofburg.
Ich schaue das ungemein abstrakt an, weil ich die Zeit ja nicht mehr miterlebt habe.

Aber 2013 haben Sie in einem Interview schon gesagt, Sie schließen für die Zukunft nichts aus. Da ging es um die Frage, ob Sie politische Ambitionen hätten, bzw. ob Sie einen Thronanspruch wieder stellen könnten, irgendwann. Sie haben das offengelassen, in mehreren Interviews. Schwebt das immer noch mit?
Ich bin da absolut pragmatisch. Für mich gibt es aus politischer Erfahrung zwei Begriffe, die in der Politik nichts verloren haben. Das ist der Begriff *nie* und der Begriff *immerwährend*.

Also das betrifft auch die Neutralität?
Die Neutralität ist ein politisches System und kein politisches System ist immerwährend.

Auch nicht die Republik?
Abstrakt gesprochen, nein.

Anders gefragt, welche Szenarien wären denn denkbar, wo aus Ihrer Familie entsprechender Druck käme?
Ich glaube nicht, dass meine Fantasie dazu ausreicht. Ich kann nur für mich persönlich sagen, wenn jemand politisch interessiert ist, dann versucht er, seine politischen Interessen umzusetzen. Das ist, glaube ich, absolut legitim, und ich rede hier von legitimen und legalen Mitteln. Ich habe das ja auch gezeigt, ich bin ins europäische Parlament gewählt worden, ich habe dort

„Majestäten ungebeten": Demonstration gegen die Einreise Otto Habsburgs nach Österreich 1961.

relativ viele Sachen machen können. Ich gehe den Dingen nach, die mich
politisch interessieren und versuche sie umzusetzen. Das werde ich auch in
der Zukunft machen. Nur mit den Mitteln, die einem legitim und legal zur
Verfügung stehen.

Im Moment streben Sie nichts an? Eine politische Funktion?
Ich strebe im Moment keine gewählte Funktion an, um die ich mich bewerben
würde. Auf der einen Seite ist mir meine Tätigkeit für Paneuropa so wichtig, zu einem Zeitpunkt, wo die europäische Frage so in der Schwebe ist und
Europa so angefeindet ist. Und mein zweiter Bereich ist Blue Shield, wo es um
den Schutz von Kulturgütern geht und um die Frage des humanitären Völker-
rechts. Da versuche ich mich einzubringen. Mich fasziniert die Frage, wie
sich Mitteleuropa weiterentwickeln wird, nicht nur Österreich. Wenn Europa
einmal nicht mehr die Stärke haben sollte, die es heute hat, werden wir ein paar
starke Länder in Europa haben und einen ganzen Haufen schwache Länder,

die ihre Ideen nicht unmittelbar umsetzen können. Das wird eine stärkere Zusammenarbeit brauchen und dem fühle ich mich auch sehr verpflichtet.

Aber nicht im Rahmen politischer Ämter oder Funktionen?
Ich sehe es im Moment nicht, aber ich möchte es nicht ausschließen.

Zumal Ihr Vater 26 war, als er gesagt hat, er möchte Bundeskanzler werden …
Genau, selbstverständlich, und er war dann 68, als er zum ersten Mal ins (Europäische, Anm.) Parlament gewählt wurde. Da zu sagen, dass man etwas nie macht, wäre einfach falsch. Aber ich sehe es momentan nicht.

Der Blick zurück auf die Monarchie ist, nach mehr als 100 Jahren, in vielen Fällen sehr verkitscht. Warum ist das so?
Wenn man heute in Wien unterwegs ist, stolpert man bei jedem Schritt über irgendein Objekt aus der Zeit der Monarchie. Die Architektur, die Monumente, was auch immer. Und es ist ganz logisch, dass es sich so stark manifestiert, weil man nicht vergessen darf, dass Wien damals die Hauptstadt eines Großreiches war und nicht eines relativ kleinen Landes wie heute.

Wenn Sie am 18. August in Bad Ischl sind …
Da bin ich nicht.

Verstehe. Aber Sie wissen, was sich dort jedes Jahr am 18. August abspielt. Kann man das nachvollziehen?
Wenn ich die Geschichte realistisch betrachte, kann ich das schon irgendwie nachvollziehen. Kaiser Franz Joseph hat drei Generationen geprägt, viele Leute sind unter ihm geboren, haben unter ihm Karriere gemacht, sind unter ihm gestorben, haben nie einen anderen Monarchen erlebt als ihn. Kaiser Franz Joseph war unglaublich dominant, aber auch sehr distanziert und ist für Kontinuität und Stabilität gestanden. Dann kam der junge Kaiser Karl, der nur kurz an der Macht war, der ungleich umgänglicher war, der mit den Leuten reden konnte und der charakterlich ganz anders war als Kaiser Franz Joseph. Ich glaube, dass diese Verklärung der guten alten Zeit schon damals eingesetzt hat. Und natürlich, da, wo diese ganzen Objekte bleiben, wie hier in Wien, da bleibt diese Verklärung des guten alten Kaisers auch bestehen.

In den 30er-Jahren hat es ja ein Revival der monarchistischen Ideen gegeben, insofern als man dem großen Reich besonders nachgetrauert hat und nachgestrebt hat. Spüren Sie so etwas heute auch noch? Oder sehen

Sie Österreich als kleines Land jetzt mit sich im Reinen?

Ich würde sagen, dass Österreich im Großteil im Reinen ist damit. Vielleicht nicht in jedem Bereich. Manchmal merkt man schon einen gewissen – der Begriff Minderwertigkeitskomplex ist vielleicht zu hart, aber man sagt, wir haben eine ganz große Vergangenheit und der fühlen wir uns verpflichtet, sind aber nur mehr ein Kleinstaat. Das hat alle möglichen Auswirkungen.

Wie spüren Sie das?

Natürlich spürt man das als Habsburger auch. Wobei ich ehrlich sagen muss: Heute spielt mein Name im Ausland eigentlich kaum eine Rolle. Damit meine ich auch das Ausland, das zur ehemaligen k. u. k. Monarchie gehört hat. Aber in Österreich ruft der Name sofort immer noch gewisse Emotionen bevor. Ich beklage mich überhaupt nicht, weil sich das Positive und Negative völlig ausgleichen, ich stelle es nur einfach fest, im Verhältnis, wenn ich mich in einem Nachbarland aufhalte oder in Österreich, wo das Verhalten mir gegenüber als Habsburger ein unterschiedliches ist. Und als ich damals nach Österreich zurückgekommen bin und in Österreich zum Bundesheer gegangen bin, war die Situation mir gegenüber eine ganz andere, als sie heute ist. Heute ist das Verhältnis mir gegenüber ein wesentlich unverkrampfteres, als es vor 30 Jahren war, als ich zurückgekommen bin.

Das heißt, Sie schließen daraus, dass der Weg doch noch nicht ganz abgeschlossen ist?

Ja, es gibt natürlich noch gewisse Residualkräfte hier, wo man das spürt, aber ich sag das nur persönlich. Aber im Großen und Ganzen ist es abgeschlossen.

Karl Habsburg ist der Enkel des letzten Kaisers von Österreich-Ungarn, Karl I., und offizielles Oberhaupt der Familie Habsburg. (Das Interview wurde am 13. März 2017 in Wien aufgenommen.)

---

1   Christopher Clark, Die Schlafwandler. A. a. O.

2   Christopher M. Clark, Festrede Eröffnung der Salzburger Festspiele 2014. A. a. O., S. 6 f.

3   Kaiser Karl V., 1500–1558

4   Besucher im Schloss Schönbrunn: 2013: 2,87 Mio., 2014: 3,02 Mio., 2015: 3,6 Mio. (Quelle: Kulturamt der Stadt Wien, http://www.wienkultur.info/wien_besucherzahlen.html)

5   2015 verzeichnete Wien 14,3 Mio. Gästenächtigungen (Quellen: Statistik Austria, https://www.wien.gv.at)

6   Karl Kraus, „Franz Joseph". Gedicht in „Die Fackel" Nr. 551, XXII. Jahr, August 1920

7   Karl Kraus, „Die Fackel" Nr. 499/500, XX. Jahr, November 1918

8   „Mit Wirklichkeit nichts zu tun", ORF.at zum 100. Todestag von Kaiser Franz Joseph; http://orf.at/stories/2364750/2364751/

6

Kraftloser Lebenshunger

Erst kommt das Fressen, dann die Moral.
Bertolt Brecht, Die Dreigroschenoper

Der Start in das Leben als Republik hätte kraftloser nicht sein können. Ein Land mit Herzstillstand. Und in den nachfolgenden Friedensverhandlungen, so zeigte sich bald, war niemand gewillt, Reanimationshilfe zu leisten. Der schwache Körper, der Rest nach vielen Amputationen, musste sich von selbst erholen.

Zigtausende Tote und Verwundete sowie die Kriegsgefangenen hatten riesige Löcher gerissen in die wirtschaftlichen Abläufe, bei den Bauern, in den Fabriken. Es war noch nicht einmal klar, wie die Grenzen dieses „wurstartigen Gebildes" genau verlaufen sollten, um manche Landesteile wie das Burgenland und Kärnten sollte noch viel gerungen werden, da gab es erst mit dem Vertrag von Saint-Germain Klarheit (siehe auch Kap. 9, „Der Föderalismus – Segen und Fluch", S. 112). Fest stand nur: Dieser Kleinstaat war abgeschnitten von den bisherigen Kornkammern in Ungarn oder Galizien, abgeschnitten von der Kohle in Schlesien, abgeschnitten vom freien Güterverkehr auf den großen Bahnlinien, abgeschnitten von einem Zugang zum Meer.

Die Eisenbahnlinien bildeten die Lebensadern der Monarchie. Schon in den 1830er-Jahren waren die ersten Lokomotiv-betriebenen Linien errichtet worden, finanziert vom Haus Rothschild und anfangs durchaus umstritten. Die „Kaiser Ferdinands-Nord-Bahn" dampfte 1839 erstmals bis Brünn,[1] später bis Krakau, ab 1857 war Wien mit Triest verbunden und ab den 1860er-Jahren konnte man von Wien über Salzburg, München, Stuttgart und Straßburg bis nach Paris oder London reisen. Vom schon heftig aufgeblühten Fremdenverkehr mit der Bahn war nun sowieso keine Rede mehr, aber auch der Gütertransport hatte mit den Kriegsfolgen schwer zu kämpfen.

Die österreichische Landwirtschaft konnte nur rund die Hälfte des Lebensmittelbedarfs decken. Und dennoch: Ganz so arm und beschnitten, wie man glaubte, war man gar nicht.

Mit Saint-Germain war fixiert, dass die neue Republik mit etwa zwölf Prozent des früheren Staatsgebietes auskommen musste und dass die rund 6,3 Millionen Einwohner gerade einmal elf Prozent der früheren Bevölkerung ausmachten. „Der Rest ist Österreich!", soll Frankreichs Ministerpräsident Georges Clemenceau mit einem Federstrich Österreichs Grenzen festgelegt haben. Das Zitat ist zwar keineswegs belegt, schon gar nicht im französischen Wortlaut, aber es wurde zum Mythos und entsprach jedenfalls dem Selbstbild der Österreicher als „Torso" oder „Blinddarm Europas".[2]

Man war in der Tat ein Zwerg, nachdem Österreich-Ungarn zuvor nach Deutschland und Russland der drittgrößte Staat Europas gewesen war. Aber: Mehr als die Hälfte der gesamten Stahl- und Eisenproduktion der Monarchie befand sich auf österreichischem Boden. Hier standen 38 Prozent aller Industrieanlagen.[3] Fast 100 Prozent des Eisenerzes und des Magnesits wurden hier abgebaut. Nicht zu vergessen die Salzbergwerke. 80 Prozent der Papiererzeugung, vier Lokomotivfabriken und neun von dreizehn Autofabriken befanden sich in diesem kleinen Österreich. „Nie [...] wird der Satz ‚Wirtschaft ist in Wirklichkeit Psychologie' so wahr, wie in jenen ersten Jahren der Republik Österreich. Denn es ist die negative Grundhaltung der Politiker, der Wirtschaftstreibenden und unter deren Einfluß der Bevölkerung, die die Wirtschaft langsam in den Abgrund treibt", schreibt Hugo Portisch in seinem Standardwerk *Österreich I*.[4] Weggebrochen war der jungen Republik, so seine Analyse, nicht so sehr die Produktivkraft, sondern der Absatzmarkt der riesigen Monarchie. Denn die jungen Nachfolgestaaten wollten möglichst rasch ihre eigene Produktivkraft

Glorreiches Resultat.

Dr. Seipel: Hand in Hand mit unserem zielbewußten Finanzminister gelingt es unseren gemeinsamen Bemühungen bereits durch vier Monate die österreichische Krone auf den 15000 ten Teil des Friedenswertes zu erhalten. Und haben wir auch die Kredite noch nicht effektiv, so beherbergt doch Wien schon monatelang den Kontrollor, der unsere eigenen Ausgaben auf das Peinlichste festsetzt.

Sarkastischer Kommentar zur Wirtschaftspolitik Ignaz Seipels in den „Wiener Karikaturen".

Geld verliert täglich an Wert: die Preise für Herrenmode im Kaufhaus Gerngross.

aufbauen und haben zum Schutz vor österreichischer Konkurrenz sofort Zollmauern errichtet.

Darin hatten die Länder schon Übung. Hat es doch sogar innerhalb der Doppelmonarchie bis 1850 rund 400 Zollgesetze gegeben. Der Warentransport zwischen Österreich und Ungarn war mit Zöllen belegt gewesen, und für eine Reise von Wien nach Budapest hatte man bis 1848 einen Pass und für den Kauf des Tickets eine polizeiliche Bewilligung gebraucht.[5] Das alles war nun wieder da. Dadurch konnte die Volkswirtschaft ihr nunmehriges Überangebot an Industrieanlagen für Papier, Lokomotiven oder Autos nicht nutzen. „Wir sind an unserer Überproduktion erstickt."[6]

Die Autoindustrie konnte noch am besten damit umgehen, war sie doch der Zukunftszweig schlechthin. Gräf & Stift, Austro Daimler und vor allem Steyr entwickelten und produzierten schon in den 1920er-Jahren ein Erfolgsmodell nach dem anderen. Für die Normalbürger war das aber noch sehr lange unerreichbar. Industrielle, Kaufleute, Filmstars und Ärzte waren die Zielgruppe der Autoindustrie. Schon Kaiser Franz Joseph hatte einen Gräf & Stift besessen, Anfang der 1930er-Jahre besaß die Firma Julius Meinl bereits 23 Fahrzeuge zum Ausliefern der Waren. Alma Mahler-Werfel fuhr damals ein Steyr-„Baby", Attila Hörbiger einen Horch, Filmstar Willi Forst einen Austro Daimler „Bergmeister".[7] Dieser kostete 1936 28.000 Schilling, das wären laut Statistik Austria heute 90.000,- Euro, freilich ohne Berücksichtigung des allgemeinen Einkommensniveaus. Aber da hatte man schon eine Währungsreform und eine ganz große Weltwirtschaftskrise hinter sich.

1918 musste man mit einem Berg aus Schulden starten. Der Krieg war zu mehr als der Hälfte auf Pump geführt worden, mit Kriegsanleihen. Schon die erste dieser Schuldverschreibungen 1914 sollte bis 1920 zurückgezahlt werden, die achte dieser Kriegsanleihen schließlich, mit einem Volumen von 5,8 Milliarden Kronen, hatte als Tilgungsziel das Jahr 1958. Dieses Geld wurde im wahrsten Sinne verpulvert. Der Großteil davon kam nicht vom wohlhabenden Adel, sondern von Kleingewerbetreibenden, Händlern, Arbeitern und Angestellten.

Die versprochenen hohen Zinsen hatten gelockt, verstärkt vom Druck, dem Vaterland helfen zu wollen.[8]

Nun aber war das Vaterland Geschichte, das Geld war weg. Das Vertrauen in die Staatsführung auch, und vor allem das in die eigene Wirtschaftskraft. Und wer noch Erspartes hatte, verlor es bald darauf in der galoppierenden Inflation.

Anna Eisenmenger war damals eine Witwe wie zigtausende andere auch. Sie hatte eine Tochter mit Tuberkulose, die mit einem beidseitig beinamputierten Mann verheiratet war. Von ihren zwei Söhnen war einer kriegsblind und der andere Kommunist. Um das Notwendigste zum Essen zu bekommen, mussten sie bei Schleichhändlern kaufen, zu hohen Preisen. Denn ihr Geld, rund 20.000 Kronen, hatte sie in Staatsanleihen angelegt. Jetzt war es weg, auch die Entschädigung für ihren kriegsversehrten Sohn. Dieses Schicksal hielt Anna Eisenmenger in ihrem Tagebuch fest, das 1932 veröffentlicht wurde.[9] Bekannt wurde es aber erst durch ein Buch des britischen Autors Adam Ferguson über den Zusammenbruch der Weimarer Republik.[10] Viel später hat der Investor Warren Buffet am Beispiel Anna Eisenmengers aufgezeigt, dass man rechtzeitig einfach auf das richtige Pferd setzen müsse, wenn eine Währung zu sterben droht. Zynisch, kann man das heute nennen, denn Frau Eisenmenger hatte nicht in Schweizer Franken getauscht, was ihr ein Bankangestellter geraten hatte, sondern sie hatte auf das eigene Land vertraut. 1919 notierte sie: „Der Staat akzeptiert noch sein eigenes Geld für die spärliche Versorgung, die er uns zukommen lässt. Aber die privaten Händler weigern sich schon, ihre wertvollen Waren für Geld zu verkaufen. Sie verlangen nach etwas mit echtem Wert." Das waren Tauschhandel und Schwarzmarkt.

Schon in den vier Kriegsjahren hatte sich der Banknotenumlauf verzwölffacht. Das ging nach dem Krieg munter weiter. Da von dem, was wirklich gebraucht wurde, zu wenig am Markt war und das, was produziert wurde, nicht abgesetzt werden konnte, stiegen die Preise ins Unermessliche. Die Inflationsrate erreichte 1921 stolze 205 Prozent, 1922 bereits 2.877 Prozent.[11] Die Verbraucherpreise waren seit Kriegsbeginn fast um das 15.000-Fache gestiegen.[12] Vor dem Ersten Weltkrieg hatte in Wien ein Laib Brot 46 Heller gekostet, im September 1922 waren es 5700 Kronen. Ein Straßenbahnfahrschein kostete statt ein paar Heller plötzlich 4400 Kronen. Die Löhne wurden damals in bar ausbezahlt, keine leichte Aufgabe bei dieser Hyperinflation. So mussten eigens angeforderte Träger in riesigen Säcken das ohnedies täglich an Wert verlierende Papiergeld zu den großen Firmen schleppen.

Dabei hätte das junge Österreich zu Anfang auch ein wichtiges Instrument der Wirtschaftspolitik in seinen Händen gehabt: Wien war nach wie vor Zentrum des Finanzwesens und Hort von 80 Prozent des Kapitals der ehemaligen Doppelmonarchie. Die Wiener Börse war noch 1919/20 eine der großen aktiven Börsen der Welt, hier wurden Geld und Aktien gehandelt, die Geschäfte florierten, auch für Spekulanten. Durch die Inflation stiegen die (nominellen) Aktienkurse der Unternehmen, und so wurde bald mit Fremdwährungen wie Dollar oder Pfund auf weitere Wertverluste der Krone gesetzt. Mit Erfolg, die Krone verlor weiter, österreichische Betriebe gelangten so billig in ausländische Hände.[13]

Wer Schwäche zeigt, wird gefressen. Dieser Mechanismus der Börsen ist immer wieder zu beobachten. In den 1920er-Jahren war das Österreich, 90 Jahre später, noch frisch in Erinnerung, wiederholte sich das Spiel mit der Euro-Krise rund um Griechenland. Es ist wie in der Serengeti. Der Schwache wird das Opfer. Wenn sich das Opfer noch dazu selbst als zu schwach erklärt, um zu kämpfen, ist das Überleben aussichtslos. Genau das signalisierte Österreich damals permanent: Helft uns, übernehmt uns, wir können aus Eigenem nicht leben.

Zu drückend erschien auch der in Wien zusammengepferchte, viel zu große Verwaltungsapparat aus früheren Zeiten. Die großen Ministerien der Monarchie und die Zentralen für Armee und Bahn waren in Wien angesiedelt. Das bedeutete hohe Personal- und Pensionslasten. Auch viele ehemalige Soldaten, Angehörige der k. u. k. Kriegsmarine, Beamte und Eisenbahner, die in anderen Gebieten der Monarchie tätig waren, strömten nach Österreich zurück und wollten hier versorgt werden.[14]

Aus dem Vertrag von Saint-Germain kamen noch horrende Kriegsentschädigungen dazu. Mit einem Wort: Das Land war bitterarm und kraftlos. Das zeigt sich auch in zahllosen überlieferten Episoden des Alltagslebens.

Im Mai 1918 berichtete die *Wiener Abendpost*, eine Nebenausgabe der *Wiener Zeitung*, von einem Attentat auf einen Eisbären im Tiergarten Schönbrunn: „Vor dem Käfig des Eisbären in der Schönbrunner Menagerie gab gestern Abend ein Mann aus einer Browning-Pistole auf den Eisbären fünf Schüsse ab. Das Tier wurde … erheblich verletzt. Der Mann wurde festgenommen."[15] Der Landsturmschütze, so erfuhr man später aus anderen Quellen, hatte dem Tier die tägliche Fleischration geneidet, wiewohl der Bär vornehmlich mit Fischköpfen gefüttert wurde.

In der allgemeinen Not blühte auch die Kriminalität. Legendär ist die Geschichte des Johann Breitwieser. Schon vor dem Krieg war das sechste von zwölf Kindern eines Schusters im Wiener Vorstadtbezirk Meidling ein begnadeter Dieb gewesen. Bald aber war er nicht nur zur Linderung des eigenen Hungers unterwegs, sondern verteilte seine Beute, die vornehmlich von Einbrüchen bei reichen Bankiers und Kriegsgewinnlern stammte, an Bedürftige seines Bezirkes.[16] So wurde aus Schani, dem Einbrecherkönig und Kassenschränker, ein beliebter „Robin Hood", 1919 wurde er von der Polizei „tödlich verhaftet".[17] Bei seinem Begräbnis waren angeblich bis zu 40.000 Menschen. Nur beim Begräbnis von Kaiser Franz Joseph drei Jahre davor waren mehr Menschen gezählt worden. Die Reporterlegende Egon Erwin Kisch war als *embedded journalist* bei der Verhaftung dabei gewesen. Minutiös beschrieb er deren Ablauf, nicht ohne Breitwieser im letzten Absatz selbst Respekt zu zollen, indem er ihn als „Mann der Tat, des Mutes, des Ernstes und der Intelligenz" bezeichnete.[18]

Im April 1919, am Tag nach einem kommunistischen Putschversuch, berichtete die christlichsoziale *Reichspost* von einem dramatischen Zwischenfall mit einem Pferd: „… während der Schießereien wurde das Pferd eines Sicherheitswachmannes getroffen. Die Menge warf sich im Nu auf das am Boden liegende Pferd; ein Matrose erstach es und forderte die Leute auf, sich einen billigen Braten mit nach Hause zu nehmen. Im Nu wurde das Pferd von der Menge zerstückelt … und binnen kurzem sah man bereits einzelne Personen mit den noch rauchenden Fleischstücken enteilen."[19]

Derartige Vorfälle dürften nicht so selten gewesen sein, hat doch Anna Eisenmenger in ihrem Tagebuch Ähnliches beschrieben, allerdings im November 1919: „… ein Mob hat versucht, das Parlamentsgebäude in Brand zu stecken. Die berittene Polizei wurde von ihren Pferden gerissen, die in der Ringstraße geschlachtet wurden, und das warme, blutende Fleisch wurde von der Menge weggeschleppt … die Aufrührer riefen nach Brot und Arbeit … Seite an Seite mit der beispiellosen Not, unter der die Mehrheit der Bevölkerung leidet, tragen diejenigen, die von der Inflation profitieren, einen frappierenden Luxus zur Schau. Neue Nachtklubs werden eröffnet, die den weiteren Effekt haben, dass sie den Klassenhass des Proletariats gegen das Bürgertum massiv anheizen."[20]

Tatsächlich gab es schon bald nach Kriegsende trotz aller Not ein exzessives Nachtleben in Wien. Möglichst nahtlos wollte man offenbar an die Euphorie der

Trotz Hyperinflation will man auf die Weihnachtseinkäufe nicht verzichten.

Jahrhundertwende und der Vorkriegszeit anschließen. Überliefert ist z. B. von 1922 aus dem Wiener Konzerthaus eine Serie an Tanzproduktionen der verruchten und drogenabhängigen Femme fatale Anita Berber. Als umjubelte „Göttin der Nacht" mit ihrem Partner und Ehemann Sebastian Droste präsentierte sie splitternackt ihre „Tänze des Lasters, des Grauens und der Ekstase". „Nackt, knabenhaft, schön und schamlos exhibitionistisch kam, tanzte und siegte sie."[21] Die Presse überschlug sich in Skandalberichten, was noch mehr Publikum anlockte, regelmäßig wurde die Künstlerin nach der Vorstellung verhaftet, aber wieder freigelassen, um am nächsten Abend wieder auftreten zu können. „Berber war eine Pionierin eines neuen, selbstzerstörerischen Lebensstils jenseits der Konvention."[22] 1923 wurde sie nach Ungarn ausgewiesen, ein paar Jahre später verstarb sie mit 29 Jahren.

Nicht weniger skandalträchtig, aber ohne Verhaftung verlief ein Jahrzehnt später der Auftritt einer gewissen Hedwig Eva Maria Kiesler alias Hedy Lamarr in dem Film *Ekstase*.[23] Da war sie nicht nur zehn Minuten nackt auf der Leinwand zu sehen, sondern sie spielte auch den ersten Orgasmus der Filmgeschichte. Nicht deshalb erhielt sie freilich ein Ehrengrab auf dem Wiener Zentralfriedhof, auch nicht wegen ihrer zahlreichen Affären und ihrer sechs Ehen, sondern weil sie später in den USA zunächst für die Filmsynchronisation das bahnbrechende Frequenzsprungverfahren entwickelt hatte, das dann für die Waffenindustrie im Kampf gegen die Nazis von Interesse war und bis heute in der Mobilfunktechnik von Bedeutung ist.

Dieses Kaleidoskop an Widersprüchlichkeiten und schrillen Erscheinungen war typisch für die Großstadt Wien. Am Land und in den Kleinstädten war es längst nicht so bunt, aber genauso arm zugegangen. In den Dörfern versuchte man sich mit Eigenversorgung und Tauschhandel über Wasser zu halten. Dennoch gab es eine beachtliche Landflucht, dorthin, wo man sich Arbeit erhoffte. Eines aber war überall gleich: die Überzeugung, dass man es so nicht schaffen werde.

Man schaffte es auch nicht. 1922 war die junge Republik so gut wie pleite. „Kredit oder Untergang" titelte die *Neue Freie Presse*[24], bevor der Völkerbund Österreich die Anleihe mit 20-jähriger Laufzeit zugestand. Österreich musste die Erlöse der Zölle und das Tabakmonopol verpfänden und erhielt dafür aufgrund der strengen Genfer Protokolle vom 4. Oktober 1922 eine von den Regierungen Großbritanniens, Frankreichs, Italiens und der Tschechoslowakei garantierte Anleihe von 650 Millionen Goldkronen. 1932 wurde eine weitere 20-jährige Völkerbundanleihe aufgelegt, diesmal 300 Millionen Schilling, garantiert von Großbritannien, Frankreich, Italien und Belgien. 1938, mit dem „Anschluss" an das Deutsche Reich, hat Österreich alle bis dahin pünktlich entrichteten Rückzahlungen eingestellt. Zwischen den beiden Völkerbundanleihen erfolgte eine

Währungsreform. Mit März 1925 wurde die ohnedies erst 1892 eingeführt Krone (zu 100 Heller) durch den Schilling (zu 100 Groschen) ersetzt. 10.000 Kronen wurden in einen Schilling getauscht, der sich dann allerdings als erstaunlich stabil erweisen sollte.

1 Vgl. Johannes Sachslehner, Auf Schienen durch das alte Österreich. Wien 2001, S. 35 ff.
2 Vgl. Manfred Zollinger, „L'Autriche, c'est moi»? Georges Clemenceau, das neue Österreich und das Werden eines Mythos. In: Stefan Karner (Hg.), Österreich – 90 Jahre Republik. Beitragsband der Ausstellung im Parlament. Innsbruck/Wien u. a. 2008, S. 621–632
3 Vgl. Hugo Portisch, Österreich I, Die unterschätzte Republik. Wien 1989, S. 255 f.
4 Hugo Portisch, Österreich I. A. a. O., S. 252 ff.
5 Vgl. Peter Eigner, Andrea Helige (Hg.), Österreichische Wirtschafts- und Sozialgeschichte im 19. und 20. Jahrhundert. Wien1999
6 Hugo Portisch, Österreich an der Schwelle zum 21. Jahrhundert. Wiener Vorlesungen, Band 77. Wien 2000, S. 24
7 Quelle: Technisches Museum Wien, mehr dazu in: https://www.technischesmuseum.at/datenbanken-zu-kraftfahrzeugen-in-oesterreich-in-den-1930er-und-1940er-jahren
8 Vgl. Manfried Rauchensteiner, Der Erste Weltkrieg und das Ende der Habsburgmonarchie 1914–1918. Wien 2013
9 Engl. Neuveröffentlichung: Anna Eisenmenger, Blockade – The Diary of an Austrian Middle-Class Woman 1914–1924. Isha books 2013
10 Adam Ferguson, When Money Dies: The Nightmare of the Weimar Collapse. London 1975
11 Quelle: Österr. Nationalbank
12 Walter Goldinger, Dieter Binder, Geschichte der Republik Österreich 1918–1938. München 1992
13 Vgl. Hugo Portisch, Österreich I. A. a. O., S. 162 ff.
14 Vgl. Fritz Moden, a. a. O., S. 177 ff.
15 Wiener Abendpost, 10. Mai 1918
16 Quelle: Meidlinger Bezirksmuseum
17 Hermann Kraszna, Johann Breitwieser. Ein Lebensbild. 2 Bände, Wien 1925
18 Egon Erwin Kisch, Wie der Einbrecher Breitwieser erschossen wurde. In: Der Rasende Reporter. Nachdruck: Köln, o. J., S. 26
19 Reichspost, Wien, 18. April 1918
20 Anna Eisenmenger, Tagebucheintrag November 1919; zit. n. Adam Fergusson, Das Ende des Geldes: Hyperinflation und ihre Folgen für die Menschen am Beispiel der Weimarer Republik; Hrsg. Max Otto, München 2011, S. 56
21 Philipp Blom, Die zerrissenen Jahre 1918–1938. München 2014, S. 317
22 Philipp Blom, a. a. O.
23 Ursprüngl. Titel: „Symphonie der Liebe", 1933
24 Neue Freie Presse, 6. Oktober 1922

Zur Kleinheit gezwungen

Der Optimist: Jeder Krieg ist noch durch Frieden beendet worden.
Der Nörgler: Dieser nicht!
Karl Kraus, Die letzten Tage der Menschheit

Der kleine Rest sollte also ein neuer Staat werden. *Ein Staat, den keiner wollte*, wie Hellmut Andics[1] titelte. Eine „Republik ohne Charme" nannte sie Fritz Molden.[2] Später wurde dieser Staat für Hugo Portisch Die unterschätzte Republik.[3] Aber eine Nation mit eigener, selbst gefühlter Identität sollte Österreich noch lange nicht sein.

Dabei ist selbst in der Politikwissenschaft keineswegs so klar, was eine Nation eigentlich ist. Für Max Weber erfordert das von „gewissen Menschengruppen ein spezifisches Solidaritätsempfinden anderen gegenüber".[4] Das war innerhalb der neuen Staatsgrenzen von 1918 sicherlich nicht umfassend gegeben. Ganz allgemein versteht man als Nation „eine historisch (zumindest halbwegs) gefestigte soziale Großgruppe mit einem wertbezogenen Identitätsbewusstsein", wobei am wichtigsten zur Herausbildung einer nationalen Identität die „sprachlich-kulturellen, religiösen, historischen (die zusammen oft auch ethnisch genannt werden), ökonomisch-sozialen oder politisch-institutionellen Faktoren"[5] gelten.

Nun, die politischen Institutionen waren 1918 de facto (noch) nicht vorhanden, die alten galten nicht mehr. Ökonomisch-sozial war das neue Land fast bei null. Bleibt das Ethnische als Einigungsband des neuen Staatsvolkes. Historisch und religiös waren da klare Verbindungen, aber beim Sprachlich-Kulturellen sah sich Österreich keineswegs als eigenständig, sondern lediglich als deutsch. Österreich hatte dasselbe Problem der Identifikation wie andere Rumpfnationen zusammengebrochener Imperien auch, wie z. B. Dänemark, die Niederlande oder die Türkei.

Die sprachlich-kulturelle Verwandtschaft zu Deutschland sollte im langen Prozess des Baus einer österreichischen Nation das dominierende Element und größte Hindernis gleichzeitig sein. Das Staatsgebilde entsprach nicht historisch gewachsenen, sondern von außen diktierten Umrissen. Mangels einer eingespielten politischen Organisation des neuen Staates mit eigener Tradition orientierte man sich am Nachbarn. Die kulturelle Ähnlichkeit, derselbe Sprachraum und die historische Parallelität beförderten diese starke Ausrichtung nach Deutschland.

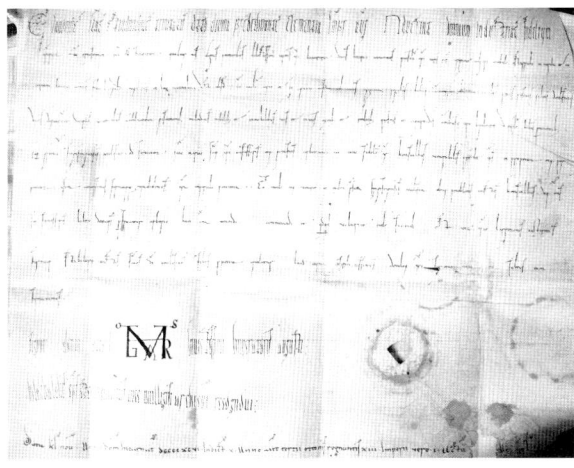

Ein Land im Osten des Herzogtums Baiern: die Ostarrîchi-Schenkungsurkunde.

Immerhin hatte sich schon seit dem „österreich-ungarischen Ausgleich" von 1867, also dem Kompromiss, mit dem die Machtansprüche der beiden stärksten Teile der Monarchie, also zwischen Österreich und Ungarn mit der einzigartigen Doppelmonarchie geregelt und aufgeteilt worden waren, der Westen des Riesenreiches als der Teil der „Deutschen" unter der Kaiserkrone gesehen. Nicht nur als jener der Deutschsprachigen. Man sah sich als österreichische Deutsche. So gesehen lag gar nichts Künstliches oder Fremdes in der Frage, die vom November 1918 an für Jahrzehnte das dominierende, schicksalhafte Thema für Österreich sein sollte: Wie fest soll man sich an Deutschland binden? Diese Frage beschäftigte alle politischen Lager. Sie war Thema in allen Debatten im Reichstag, in allen Salons, in allen Fabrikkantinen, in allen Dorfwirtshäusern.

Die Sehnsucht nach dem Anschluss an den ethnisch verwandten Nachbarn Deutschland war aber nicht nur aus mangelndem Vertrauen in die eigene Kraft entstanden, sondern hatte durchaus sehr weit zurückreichende Wurzeln, mit dem traumatischen Bruch von Königgrätz 1866.

Über Jahrhunderte waren Deutschland und Österreich eng miteinander verbunden. Im Römischen Reich unter Otto dem Großen[6] gehörten Tirol mit Südtirol, Salzburg und ein Großteil Oberösterreichs inklusive Linz zum Herzogtum Baiern. Unter ihm war Leopold I., der erste Babenberger, als Markgraf für die Grenzsicherung Baierns im Osten zuständig. Wenig später, im Jahr 996, schenkte Kaiser Otto III. dem Bischof von Freising einen größeren Gutshof „in der Gegend, die in der Volkssprache ostarrichi heißt".[7] Dieses Ostarrîchi war damals noch lange kein eigenes Land, nur eine schwach besiedelte und kaum entwickelte Gegend im heutigen Niederösterreich und nur ein Name für ein erst viel später werdendes Land. Und dieses Land gehörte zum Herzogtum Baiern. Konsequenterweise, wenngleich zum großen Schmerz Österreichs, wird die Ostarrîchi-Schenkungsurkunde bis heute im Bayerischen Hauptstaatsarchiv in München aufbewahrt. Erst 1156 wurde die Mark Österreich *(Marcha Austria)* mit dem Privilegium Minus Kaiser Friedrichs I. in ein selbständiges Herzogtum umgewandelt, nunmehr unabhängig vom Herzogtum Baiern.

Jahrhunderte später hatte alles bereits seine fixe Grenzordnung. Längst waren nach den Babenbergern die Habsburger in den österreichischen Gebieten die Landesherren. Die Bande waren geblieben. Das Heilige Römische Reich reichte von Florenz bis Lübeck, wiewohl in sich unterteilt in zahlreiche Herzogtümer, Grafschaften, Kurfürstentümer und Königreiche. Karl der Große hatte im Mittelalter ein riesiges Staatsgefüge geschaffen, das in den Grundzügen bis 1806 halten sollte. Nachdem es im Laufe der Jahrhunderte schon um einige Gebiete geschrumpft war, dankte Kaiser Franz II. als römisch-deutscher Kaiser ab (die alte achteckige Reichskrone ist heute in der Wiener Schatzkammer zu besichtigen), nicht ohne schon zwei Jahre davor als Kaiser Franz I. das Kaisertum Österreich auszurufen. Zwei Jahre lang war er also doppelter Kaiser. Man könnte es auch so formulieren: Kaiser Franz zog seine schützende Hand aus den nördlichen Gebieten des Heiligen Römischen Reiches zurück und konzentrierte den habsburgischen Machtanspruch auf das immer noch riesige Gebiet von Böhmen bis Siebenbürgen, von Mailand bis Galizien.

Aber die Idee einer Vereinigung aller deutschen Länder war damit nicht begraben, denn schon 1815, nach dem Wiener Kongress, schloss sich das Kaisertum Österreich mit Preußen, den Königreichen Bayern, Sachsen und Württemberg sowie zahlreichen Großherzogtümern zum Deutschen Bund zusammen. Der aber scheiterte am Streit um die Vormachtstellung zwischen Wien und Berlin.

So eng die Beziehung zwischen den österreichischen und deutschen Landen auch immer war, so spannungsgeladen war sie auch. Die Rivalität zwischen Wien und Berlin geht noch viel weiter zurück. Es ist eine jahrhundertealte Hassliebe, würden die Psychologen sagen. Schon in den Erbfolgekriegen um Schlesien (1740–1742, 1744–1745) kreuzte Maria Theresia mit Preußenkönig Friedrich II. die Klingen. Ihr Wettstreit um die Vorherrschaft hatte auch persönliche Züge. „Einmal haben die Habsburger einen Mann, und dieser ist eine Frau", zollte der Preuße der ersten regierenden Frau in Wien durchaus Respekt. Ihre Meinung hingegen war unverblümter: „Friedrich ist ein Monstrum", sagte sie einmal. Aber das „Monstrum" hatte Kriegsglück. Das Preußenheer war im Siebenjährigen Krieg fast vernichtet, die Österreicher wähnten sich schon als Sieger, waren es aber doch nicht, und so wendeten die Preußen nochmals das

Die Schlacht von Königgrätz, Beginn der neuen Machtverteilung zwischen Preußen und Österreich. Gemälde von Georg Bleibtreu.

Blatt und gewannen. Damit ging Schlesien endgültig an Preußen. Das ärgerte die Habsburger und schwoll den Preußen den Kamm. Und die Rivalität ging in die nächste Runde: Königgrätz.

Auch um Bayern hatte es ein Gerangel zwischen den beiden Großen im deutschen Raum gegeben, doch dann gab es mit Napoleon Bonaparte schon einen Dritten, der daraus seinen Nutzen ziehen wollte und auch konnte, indem er den Keil zwischen den deutschen Ländern vertiefte. Im Deutschen Bund gab es auch Warnungen vor dem „Bruderkrieg", aber Otto von Bismarck suchte die Entscheidung. Er wollte eine kleindeutsche Einheit unter preußischer Führung. Und ohne Österreich. Das war dann auch eine Entscheidung zwischen dem protestantischen Norden und dem katholischen Süden. „Casca il mondo!", die Welt stürzt ein, soll daher auch der Kardinalstaatssekretär im Vatikan, Giacomo Antonelli, ausgerufen haben, als er von der unerwarteten Niederlage der Österreicher am 3. Juli 1866 bei Königgrätz erfuhr. Es war „Ein deutscher Vernichtungskrieg", so *Die Zeit* genau 150 Jahre später[8] über diese gewaltige tektonische Verschiebung der Machtverhältnisse in Europa. Nicht nur wegen der fast 8.000 Toten, die auf dem Schlachtfeld liegengeblieben waren. Kurioserweise waren die Preußen nicht zuletzt durch ein neues, unpräzises, aber schnellfeuerndes Hinterladergewehr mit Zündnadeltechnik so überlegen, das zuvor dem kaiserlichen Heer angeboten, in Wien aber aus Kostengründen abgelehnt worden war. Danach rüstete sich die kaiserliche Armee mit einem in Steyr in Oberösterreich entwickelten Gewehr mit Tabernakelverschluss aus, was den Aufstieg des späteren Unternehmens Steyr-Mannlicher zur weltbekannten Waffenschmiede begründete. Aber Königgrätz war da längst verloren.

Fünf Jahre später, 1871, wurde Preußen von Frankreich angegriffen und siegte wieder. Diese Aggression Napoleons hatte zu einer Verbündung Preußens mit Bayern, Württemberg und Baden geführt. Der Sieg festigte diese Verbindung. Und so schloss sich die Allianz dauerhaft zum Deutschen Reich zusammen, zu jener Größe und Macht, zu der man in Österreich aufschaute, auch nach 1918, obwohl da auch dieses Deutsche Reich geschlagen war.

Schon viel ist über ein „Was wäre gewesen, wenn …" spekuliert worden. Hätte das Habsburgerheer seinen Sieg um Schlesien nicht verschenkt, sondern zu Ende gekämpft und „nach Hause gebracht", wäre Preußen nicht so groß geworden, um die Habsburger bei Königgrätz neuerlich herauszufordern. Auch da waren ja die Österreicher als wesentlich überlegen angesehen worden. Wer weiß, wenn es eine unangefochtene Vormachtstellung der Habsburger bis herauf ins 20. Jahrhundert gegeben hätte, ob dann überhaupt dieser Erste Weltkrieg ausgebrochen wäre. Dann hätte es aber wohl auch den Zweiten nicht gegeben, dann hätte es Hitler und die Atombombenabwürfe nicht gegeben, dann hätte es den Kalten Krieg und den Kommunismus nicht gegeben … – das ist natürlich sinnlose Spekulation und unerheblich. Wir wären auch dann nicht in der besten aller Welten gelandet. Die Menschen finden immer einen Anlass für einen Konflikt. Und jedenfalls kann man annehmen, dass diese Habsburgermonarchie selbst bei ausnahmslos glorreichen Auseinandersetzungen nicht mehr existieren würde. Dieser Feudalismus war längst auch so ad absurdum geführt, war nur noch ein sich selbst tragendes Gehäuse. Damit stellt sich die Frage, wie und aus welcher Motivlage dann die Umwandlung aus der konstitutionellen Monarchie zur Demokratie verlaufen wäre. Der Vielvölkerstaat wäre wohl auch so zerbrochen, vielleicht nur in einer Art samtener Revolution (wie zuletzt in einigen arabischen Ländern, die freilich auch nicht erfolgreich waren), vielleicht wäre nicht eine so kleine Republik Österreich daraus hervorgegangen. Nur selten ist das Zerbrechen großer Strukturen so gewaltfrei erfolgt wie beim Ende des kommunistischen Sowjetsystems in Osteuropa.

Fest steht, dass die Monarchien und autokratischen Systeme in Europa durch die extreme Dynamik um die Jahrhundertwende schon sehr gefährdet waren. Längst hatte die wirtschaftliche und kulturelle Wirklichkeit die Hülle des politischen Systems überrundet. Jetzt erleben wir das auf anderer Ebene ähnlich. Jetzt treiben die mächtigen multinationalen Konzerne die Politik vor sich her. Die globalisierte Wirtschaft diktiert die Politik, denn letztlich geht es immer und ging es auch in der Geschichte um wirtschaftlichen Einfluss, um Expansion und Macht. Das war beim Streit um Schlesien so, das war der Auslöser für die

Debatte um den Brexit, darum geht es im Streit um große Handelsabkommen wie CETA oder TTIP.

Deutschland hat jedenfalls mit 1866 seine Vormachtstellung in Europa begründet und auch 1918 nicht aufgeben müssen. In den 1930er-Jahren schlug der Wunsch nach Revanche für Versailles in mörderischen nationalistischen Größenwahn um, die Niederlage im Zweiten Weltkrieg war ein dramatischer Einbruch, aber inzwischen hat Deutschland längst wieder eine Führungsrolle in Europa. Seine Wirtschaftskraft machte Deutschland zum Motor innerhalb der EU. Nicht allen ist das geheuer. Der neue US-Präsident Donald Trump, der selbst deutsche Wurzeln hat (sein Vater stammte aus Kallstadt, Rheinland-Pfalz) sagte vier Tage vor seiner Amtseinführung in einem Interview für die deutsche *Bild* und die *Times* unverblümt: „Die Europäische Union ist Deutschland", um dann noch eins draufzulegen: „Im Grunde genommen ist die Europäische Union ein Mittel zum Zweck für Deutschland."[9] Die USA unter Trump sehen jetzt alle Wirtschaftsräume außerhalb der USA als Konkurrenten und Gegner (Russland ist ökonomisch zu unbedeutend und wird daher hofiert), auch die Achse zu Europa über die NATO wurde von Trump schon in Frage gestellt.

Die Geschichte, ausgehend von 1866, lässt heute auch so manche in Europa zu kritischen Beobachtern dieses Immer-wieder-Erstarkens werden, vor allem dort, wo sich Länder von der Führungsmacht Deutschland erdrückt oder gegängelt fühlen. So werden auch alte Konflikte wieder aufgewärmt: Griechenland fordert seit der 2010 offenkundig gewordenen Schuldenkrise wegen der von Deutschland erzwungenen strengen Kreditauflagen für die Hilfspakete von EU und IWF wieder die Zahlung angeblich noch offener 270 bis 330 Milliarden Euro als Wiedergutmachung für die Zerstörungen im Zweiten Weltkrieg.[10]

Deutschland weiß heute freilich, dass es angesichts seiner historischen Last aus der Nazi-Diktatur sorgsam mit der Leitrolle umgehen muss. Berlin lehnte die Forderung aus Athen zunächst brüsk ab, Bundespräsident Joachim Gauck zeigte sich 2015 aber für Reparationszahlungen offen: „Wir sind ja nicht nur die, die wir heute sind, sondern auch die Nachfahren derer, die im Zweiten Weltkrieg eine Spur der Verwüstung in Europa gelegt haben – unter anderem in Griechenland, worüber wir beschämend lange wenig wussten."[11]

Die Rolle Deutschlands wird also heute in Europa und der ganzen Welt (wieder – oder noch immer) sehr genau und kritisch beobachtet. 1918 war jedenfalls die einzige Hoffnung des kleinen Österreich eine fast bedingungslose Verbindung mit dem einstigen Rivalen, mit dem man ja auch gemeinsam in den Großen Krieg gezogen war.

Aber der Staatsvertrag von Saint-Germain ließ diese Verbindung nicht zu. Vor allem Frankreich als ewiger Rivale Deutschlands stemmte sich vehement gegen diesen „Anschluss". Die Siegermächte wollten ihren Triumph auskosten.

Der Entwurf, der der österreichischen Delegation am 2. Juni 1919 übergeben wurde, enthielt daher schwere Lasten: die Kontrolle des Außenhandels durch den Völkerbund, die Meistbegünstigungsklausel für alle Siegermächte im Außenhandel sowie Kriegsentschädigungen in noch unbestimmter Höhe. Darüber hinaus sollte Österreich neben Deutsch-Böhmen, Schlesien, dem Sudetenland und Südmähren auch deutschsprachige Gebiete in Niederösterreich verlieren, außerdem natürlich Südtirol und Teile der Südsteiermark. Die endgültigen Grenzziehungen sollten hinsichtlich Kärnten und dem Burgenland erst 1921 feststehen.

Staatskanzler Renner sprach danach in der *Neuen Freien Presse* davon, die Entente würde „… wenn sie Deutsch-Österreich zur Unterfertigung dieses Friedensvertrages zwingen, ihren Triumph gefährden, indem sie eine Leiche auf ihren Triumphwagen laden".[12]

Die geplante Zerstückelung Österreichs konnte danach etwas abgemildert werden, aber das Anschlussverbot blieb. Im Artikel 88 heißt es „Die Unabhängigkeit Österreichs ist unabänderlich …" Diese Formulierung mutet fast sonderbar an, wenn man bedenkt, wie oft Völker, Nationen oder auch nur Regionen um ihre Unabhängigkeit kämpfen. Damals, bei der Gründung der Republik Österreich, waren die Vorzeichen genau umgekehrt. Das kleine Land wollte nicht, musste aber „unabhängig" sein.

Vor der Abreise zur Friedenskonferenz nach Saint-Germain hatte Staatskanzler Renner noch pathetisch verkündet: „Der Anschluss ist unser ewiges Recht, das wir uns holen werden, und sei es von den Sternen!" Doch all dieses Pathos nützte nichts, selbst politisch war die Raumfahrt damals noch nicht erfunden. Österreich musste am Boden bleiben – und allein.

Im Artikel 177 des Friedensvertrages wurde Österreich zudem die moralische Schuld am Weltkrieg aufgebürdet, verbunden natürlich mit entsprechenden Kriegsentschädigungen: „Die alliierten und assoziierten Regierungen erklären und Österreich erkennt an, dass Österreich und seine Verbündeten als Urheber für die Verluste und Schäden verantwortlich sind, die die alliierten und assoziierten Regierungen und Staatsangehörigen infolge des ihnen durch den Angriff Österreich-Ungarns und seiner Verbündeten aufgezwungenen Krieges erlitten haben."

Mit dem Anschlussverbot war das Streben nach eben diesem nicht aus den Köpfen der Österreicher vertrieben. Österreich durfte sich zwar nicht mehr „Deutsch-Österreich" nennen, aber die Deutschnationalen gab es weiterhin im Parlament. Später nannten sie sich die Großdeutschen. Aber nicht nur sie hingen diesem vermeintlichen Rettungsanker weiter an.

In einigen Bundesländern wurde weiterhin für den „Anschluss" massiv Stimmung gemacht. Eine Volksabstimmung in Tirol im April 1921 erbrachte ein

Die Verhandlungen in Saint-Germain: Ansprache von Staatskanzler Karl Renner nach Erhalt der Bedingungen, 2. Juni 1919.

Votum von 98,6 Prozent für den „Anschluss" an Deutschland, trotz massiver Proteste der Entente. Einen Monat später stimmten in Salzburg von 104.000 Wählern 103.000 für die Vereinigung mit der deutschen Republik. Auch in der Steiermark war eine solche Abstimmung geplant, kam aber letztlich nicht zustande.[13]

Das Deutschland, mit dem man sich so verbunden fühlte, war allerdings auch längst eine historische Leiche. Denn im „Heiligen Römischen Reich Deutscher Nation" hatten die Habsburger den Ton angegeben. Nicht die Preußen. Aber das war seit 1806, seit den Napoleonischen Kriegen anders. In Wahrheit hatte man sich ohnedies schon mit der Reformationszeit entfremdet. Aber jetzt sahen die Deutschösterreicher keinen anderen Nachbarn, an den man sich hätte anlehnen können oder wollen. Undenkbar wäre eine solche Verbrüderung etwa mit Ungarn oder Tschechen gewesen, abgesehen davon, dass diese sowieso endlich alleine ihren eigenen Weg gehen wollten, ohne Österreicher, jedenfalls ohne viele Deutschsprachige in ihren Ländern.

So musste man sich also in eine eigene kleine Republik fügen, die die Menschen eigentlich nicht wollten. Zu Recht hatte man Angst vor der Zukunft. Wenn man sich die weitere Entwicklung des Landes ansieht – zunehmende Polarisierung der Lager bis hin zur Militarisierung, Brand des Justizpalastes, Ausschaltung des Parlaments 1933 mit nachfolgender Kanzlerdiktatur unter Dollfuß, dann der viertägige offene Bürgerkrieg 1934 –, so stolperte die Republik in der Tat von einer Krise in die andere. Aber das war beileibe nicht die alleinige Schuld des jungen, unerfahrenen Österreich. Es war die Schuld derer, die dieses Europa insgesamt so labil konstruiert hatten.

Italien und Deutschland waren bald von einem aufstrebenden Faschismus gekennzeichnet. In Deutschland war zudem die Wirtschaft schon verlockend stark in Schwung gekommen, ein gewisser Adolf Hitler hatte längst das Heft in der Hand. Heute wundern sich viele, wie es denn möglich war, dass 1938 Hunderttausende nicht nur auf dem Wiener Heldenplatz, sondern auch in den Bundesländern den Einmarsch Hitlers in Österreich so euphorisch begrüßten.

Dieser „Anschluss" war natürlich völkerrechtlich eine glatte Annexion, für manche aber bloß eine Umgehung des Anschlussverbotes, aber Wegbereiter dafür war nicht zuletzt eine jahrzehntelange Stimmung in einem Land ohne Selbstvertrauen gewesen. Allerdings erfolgte dieser „Anschluss" zuletzt keineswegs entlang einer geraden Linie.

Denn als die Nationalsozialisten von sich aus immer begehrlichere Blicke auf die leichte Beute Österreich warfen, begann man hierzulande auch mit Abwehrmaßnahmen. Diese Form des braunen Zusammenschlusses, der sich abzuzeichnen begann, war vielen Österreichern dann doch nicht mehr geheuer. Eine dieser Verteidigungsmaßnahmen gegen den Nationalsozialismus war die Gründung der Vaterländischen Front im Mai 1933, in der die regierungstreuen Österreicher zusammengefasst werden sollten. Österreichs Politik hatte sich schon in den Jahren davor an Italien anzunähern versucht. Infolgedessen gab Mussolini in Rom im April 1933 Bundeskanzler Dollfuß die Zusicherung, „dass Italien, falls nötig, die Selbständigkeit Österreichs mit Waffengewalt verteidigen werde".[14] Ein leeres Versprechen. Im Herbst 1933 beschlossen die Sozialdemokraten „angesichts der durch den Faschismus im Deutschen Reich veränderten Lage des deutschen Volkes" eine Änderung ihres Parteiprogramms: „... der Punkt 4, der den Anschluß Deutschösterreichs an das Deutsche Reich fordert, (wird) gestrichen."[15]

All diese versuchten Kurskorrekturen kamen aber viel zu spät. Zwar hatte Adolf Hitler noch im Mai 1935 im deutschen Reichstag erklärt, das Deutsche Reich hätte keine Annexionsabsicht gegenüber Österreich, aber keine drei Jahre später rief er, wieder im deutschen Reichstag: „Es ist für eine Weltmacht unerträglich, an ihrer Seite Volksgenossen zu wissen, denen aus ihrer Sympathie oder aus ihrer Verbundenheit mit dem Gesamtvolk … fortgesetzt schwerstes Leid zugefügt wird."[16] Damit war der Einmarsch vom März 1938 vorwegnehmend begründet und es wurde umgesetzt, was Hitler schon 1925 in seinem Buch *Mein Kampf* angekündigt hatte: der Zusammenschluss von Österreich mit Deutschland.

Wenig später fegte der nächste Weltkrieg über Europa.

Und Karl Kraus hatte Recht behalten, dass der Erste Weltkrieg nicht durch einen Frieden beendet worden war. Er war mit seiner prophetischen Angst nicht der Einzige gewesen. „Das ist kein Frieden, das ist ein Waffenstillstand auf 20 Jahre", hatte der französische Marschall und Militärtheoretiker Ferdinand Foch schon nach dem Friedensvertrag von Versailles (der Deutschösterreich noch nicht einbezogen hatte) gesagt.[17] Wobei er selbst sich aber davor in den Verhandlungen gegenüber Deutschland und Österreich als besonderer Hardliner hervorgetan hatte.

Der „Anschluss": Adolf Hitler auf dem Wiener Heldenplatz, 15. März 1938.

Im Zweiten Weltkrieg war es dann ein ganz zentrales Kriegsziel der Sowjets, Deutschland und Österreich wieder zu trennen. Josef Stalin hatte nicht so sehr eine Bekämpfung des Nationalsozialismus im Sinn. Warum auch hätte eine Diktatur eine andere Diktatur so ablehnen sollen? Vielmehr fürchtete er einen katholischen Riegel mit Bayern, Österreich und Ungarn. Als es dann 1945 um den Aufbau der Republik ging, war Österreich zwar wieder am Boden, aber selbstbewusst genug, um auf eigenen Beinen stehen zu wollen. Natürlich war es bis zum Staatsvertrag noch ein mühevoller Weg, aber die Kleinheit war in den zehn Jahren Besatzungszeit kein Thema mehr. Da war man schon zufrieden, nicht noch einmal aufgeteilt zu werden, in eine Ost- und eine Westzone, so wie Deutschland. Da Österreich sich in den Jahren der Besatzung eindeutig zur Wertegemeinschaft des Westens bekannt hatte, die militärisch von der NATO dominiert wurde, bestand Russland auf der Neutralität, um die NATO-Länder

Deutschland und Italien durch einen neutralen Staat zu trennen. Das war in Österreich nicht gleich auf Begeisterung gestoßen. Vor allem die Sozialdemokraten, damals Sozialistische Partei, waren zunächst dagegen, aus Angst, vom Westen abgeschnitten zu werden. Aber letztlich bekam man mit der Zustimmung zur Neutralität den Staatsvertrag und damit die Freiheit und ungeteilte Unabhängigkeit. Das hatte das geteilte Deutschland damals noch lange nicht. Damit war Österreich plötzlich anders als Deutschland. Die Neutralität hat zweifellos auch sehr dazu beigetragen, dass die Österreicher ihre Identität gefunden haben, ihre eigenständige Identität, ohne sich als „eigentlich Deutsche" definieren zu müssen, wie das bis 1945 der Fall war.

Natürlich war dieser Gedanke nicht mit einem Mal aus den Köpfen. Noch lange hatte sich der Begriff „Teil der Deutschen Kulturnation" in den Parteiprogrammen des VdU bzw. danach der FPÖ gefunden. Die Deutschtümelei war nach 1945 zwar nicht ausgerottet, aber verpönt. Mehrheitsfähig war der Gedanke des Zusammenschlusses mit Deutschland nicht mehr.

Allenfalls gilt der Nachbar noch als „großer Bruder". Und dieser sieht in der Entwicklung Österreichs viel Positives, wie es der ehemalige Bundespräsident Richard von Weizsäcker in einem großen Interview 2005 in Salzburg ausdrückte: „ Wenn ich mir ein Bild über die österreichische Geschichte malen darf, hat es nicht wie in anderen Ländern den unheilvollen Weg beschreiten müssen, in erster Linie eine Nation gegen Nachbarnationen zu werden. Die große österreichische Geschichte ist fast mehr ein erstes Vorbild für das, was in der Europäischen Union eines Tages erwachsen soll, als ein Abbild dessen, was die Nation im Sinne ihrer eben oft problematischen Seiten wirklich entwickelt hat. [...] Österreich hat frühzeitig gelernt, mit Kulturen, Zivilisationen, Religionen und Sprachen zahlreicher Stämme oder Bevölkerungsteile zusammenzuleben. Das ist eine große Kunst und es ist ja auch in der österreichischen Geschichte nicht immer gut gegangen."[18]

Der Lernprozess, den Weizsäcker hier angesprochen hat, hat irgendwann doch Früchte getragen. Nach 1955 hat Österreich zunehmend auch als Kleinstaat eine immer selbstbewusstere Rolle in Europa übernommen, im Bewusstsein der militärischen Neutralität, aber als Teil der westlichen Wertegemeinschaft. Und zunehmend wurde dieses Österreich auch als Kleinstaat in der Welt akzeptiert. Als Standort der UNO, als Vermittler zwischen den Blöcken, als Partner in der EU. Etliche Jahre rund um die Jahrtausendwende galt die Wirtschaft in Österreich als Vorbild sogar für Deutschland. Inzwischen ist die Dynamik in Deutschland wieder stärker als beim kleinen Nachbarn. Aber der junge, selbstbewusste Außenminister Sebastian Kurz begann auch die großen Player Europas vor sich herzutreiben. Nach der Flüchtlingswelle und -krise von 2015 wurde der Schwenk auf eine nicht mehr nur liberale und von purem, aber auch unkritischem Humanismus getragene Linie von Österreich auch auf Deutschland übertragen, und nach dem Abdriften der Türkei in eine Diktatur von Erdoğans Gnaden forderte Österreich im Alleingang ein Ende der EU-Beitrittsverhandlungen mit der Türkei. Obwohl ganz Europa weiß, dass diese Türkei nie eine Chance auf einen Beitritt hat, wagen die anderen Staaten nicht, das konsequent in politisches Handeln zu übertragen. Deutschland am allerwenigsten. Österreich preschte vor, auch wenn es dabei (zunächst noch) allein blieb.

1918 hätte man jeden für verrückt erklärt, der eine derartige Entwicklung und Rolle Österreichs gefordert oder auch nur vorausgesagt hätte. Niemand, absolut niemand glaubte an die Möglichkeit einer derart eigenständigen und selbstbestimmten Rolle in der europäischen Staatengemeinschaft.

1 Hellmut Andics, Der Staat, den keiner wollte. Österreich 1918–1938. Wien 1962

2 Fritz Molden, Die Österreicher. A. a. O., S. 170

3 Hugo Portisch, Österreich I. A. a. O.

4 Max Weber, Wirtschaft und Gesellschaft. Köln 1964, S. 657

5 Hans-Jürgen Puhle, Staaten, Nationen und Regionen in Europa. Wiener Vorlesungen, Wien 1995, S. 27

6 Otto I. der Große, geb. 23. November 912, gest. 7. Mai 973, ab 962 Römisch-deutscher Kaiser

7 Wortlaut der „Ostarrîchi"-Schenkungsurkunde von 996

8 Hilmar Sack, Ein deutscher Vernichtungskrieg. In: Die Zeit Nr. 28/2016, 3. Juli 2016

9 Bild, 15. Jänner 2017; Original-Video unter: http://www.bild.de/politik/ausland/donald-trump/so-lief-das-interview-49789594.bild.html

10 Siehe auch: Welt, 25. Februar 2016: Sven Felix Kellerhoff, Hat Griechenland noch Schulden bei Deutschland? (https://www.welt.de/geschichte/zweiter-weltkrieg/article152255024/Hat-Griechenland-noch-Schulden-bei-Deutschland.html)
Zeit online, 16. August 2016, Tsipras kämpft weiter für Reparationen von Deutschland (http://www.zeit.de/politik/ausland/2016-08/griechenland-deutschland-zweiter-weltkrieg-alexis-tsipras-kriegsverbrechen-reparationen)

11 Constanze von Bullion, Gauck regt Wiedergutmachung für Kriegsverbrechen in Griechenland an. Süddeutsche Zeitung, 1. Mai 2015 (http://www.sueddeutsche.de/politik/bundespraesident-im-sz-interview-gauck-regt-wiedergutmachung-fuer-kriegsverbrechen-in-griechenland-an-1.2461218)

12 Neue Freie Presse, 4. Juni 1919

13 Vgl. Gottfried Franz Litschauer/Walter Jambor, Österreichische Geschichte. Wien 1970, S. 325

14 Alfred Kasamas, Österreich Chronik. Wien 1948, S. 531

15 Österreichische Parteiprogramme 1868–1966, Wien 1968, S. 264; zit. n. Litschauer/Jambor, a. a. O., S. 333

16 Adolf Hitler, Rede im deutschen Reichstag, 20. Februar 1938

17 Paul Reynaud, Memoires. Band 2, Paris 1963, S. 457

18 Hubert Nowak (Hg), Ausgesprochen österreichisch – Gedanken über Österreich. St. Pölten/Salzburg 2005, S. 92

8

Ein Gerüst für zwei Republiken

Österreich ist eine demokratische Republik.
Art. 1, BV-G

Grundlage für die Erfolgsgeschichte in 100 Jahren war letztlich eine Verfassung, um die zunächst heftig gerungen wurde, die in Teilen auch nach ihrem Inkrafttreten noch umstritten war, die aber nie mehr gänzlich in Frage gestellt wurde. Sie wurde später mehrfach geändert, zigtausende Male ergänzt und erweitert, an ihr wurde gefeilt und geschliffen, aber in ihrer Grundstruktur gilt sie bis heute. Sie mag anfangs als visionär und überdimensioniert gegolten haben, letztlich aber war sie weitblickend konzipiert. Und so war sie von Anfang an ein Gerüst, an dem sich der kleine Staat zweimal orientieren und aufrichten konnte, nicht nur bei ihrem Beschluss 1920, sondern auch 1945.

Hartnäckig wird bis heute oft Hans Kelsen als „Vater" oder gar „Schöpfer" dieser Verfassung bezeichnet, vereinfacht sprechen manche überhaupt gleich von der „Kelsen-Verfassung". Das ist, so ist sich die Forschung inzwischen einig, einigermaßen übertrieben. Dass der bei seiner Beauftragung zur Ausarbeitung eines Entwurfs gerade erst 38-jährige Universitätsprofessor für Staatsrecht und Rechtsphilosophie maßgeblichen Anteil an diesem Staatsgerüst hat, ist unbestritten. Seine „Mitwirkung wird allerdings manchmal überschätzt", sagte der Verfassungsjurist Theo Öhlinger bei einem Vortrag im Parlament. „Die österreichische Bundesverfassung hat viele ‚Väter'. […] Österreich hätte zweifellos auch ohne Hans Kelsen eine Verfassung. Aber sie würde gewiss in manchen Teilen anders aussehen als das B-VG von 1920."[1]

Durch die Rekonstruktion der Vorgänge ab 1918 weiß man, dass um die Grundsätze der künftigen Verfassung heftig gestritten wurde: einerseits innerhalb der

Koalition zwischen Sozialdemokraten und Christlichsozialen und andererseits zwischen der Bundesregierung und den Ländern. Auch Kelsen selbst hat mehrere Entwürfe erstellt, aber zunächst war er nur Berater von Staatskanzler Karl Renner.

Kelsen war ein typisches Kind der Monarchie. Geboren 1881 in Prag, mit jüdischer Herkunft. Sein Vater war ein Lampenfabrikant und -händler aus Galizien und sehr ehrgeizig. Die Familie zog nach Wien, wo Hans bereits die Volksschule besuchte und danach das Akademische Gymnasium am Beethovenplatz. Als Student an der Universität Wien trat er zur katholischen Kirche über, später, bei seiner Hochzeit 1912, zur evangelischen. Da hatte sich der junge Jurist, nach Studienaufenthalten in Heidelberg und Berlin, schon in Staatsrecht und Rechtsphilosophie habilitiert. Im Krieg war er, weil untauglich, zwar eingezogen, aber nie an der Front. Dafür er war Mitarbeiter und Rechtsberater des letzten k.u.k. Kriegsministers Rudolf Stöger-Steiner. Seine Religionswechsel hatten „keine religiösen Gründe, sondern waren unter den damaligen Verhältnissen in Österreich Schritte zweckmäßiger Assimilation".[2] Während der Nazi-Herrschaft wurde er trotz dieser Übertritte verfolgt. 1933, da war er schon Dekan an der Universität in Köln, wurde er zum Rücktritt gezwungen und in den Ruhestand versetzt. Hans Kelsen gelang mit seiner Familie die Flucht aus Deutschland,

Bis zuletzt wurde 1920 noch mit handschriftlichen Notizen an der Verfassung gefeilt.

Die Zentralfigur bei der Ausarbeitung der neuen Verfassung: der Rechts- und Staatstheoretiker Hans Kelsen.

er übernahm Lehrtätigkeiten in Genf und dann in Prag, 1940 emigrierte er in die USA. Dort war er Lektor in Harvard und in Berkeley, ehe er 1945 Professor an der Universität von Kalifornien wurde. Kelsen bekam die amerikanische Staatsbürgerschaft, nach seiner Emeritierung kehrte er nochmals in die Schweiz zurück und wurde in Köln rehabilitiert. In Österreich wurde er 1945 in die Akademie der Wissenschaften aufgenommen, jedoch nicht zur Rückkehr nach Wien eingeladen.

Kelsen war als Rechtstheoretiker, Völkerrechtler, Staatstheoretiker, Staatsphilosoph und Soziologe letztlich eine international anerkannte Größe. Davon zeugen auch seine zwölf Ehrendoktorate, von Harvard bis Mexico, von Berkeley bis Berlin, von Paris bis Salzburg und von New York bis Wien. Heimgekehrt nach Wien ist Kelsen aber nicht mehr. Gestorben ist er 1973 in einem kleinen Ort nahe Berkeley, seine Asche wurde auf eigenen Wunsch im Pazifik verstreut. In Wien ist sein Name dennoch bis heute präsent und hoch geehrt, nicht nur an der Universität oder am Akademischen Gymnasium. Zu seinem 90. Geburtstag wurde von der Republik eine international tätige Stiftung gegründet, in der auch sein Nachlass verwaltet wird. Das Hans-Kelsen-Institut ist bis heute um eine lückenlose Rekonstruktion der Vorgänge rund um die Ausarbeitung der Österreichischen Verfassung bemüht.

Es war schon aufsehenerregend, dass ein gerade erst frischgebackener Professor zu einer Zentralfigur bei der Ausarbeitung einer neuen Verfassung berufen wurde. Schon als junger Universitätslehrer war Kelsen ob seines klar strukturierten Rechtsdenkens aufgefallen. Später sollte er der Begründer der „Reinen Rechtslehre" werden, einer Rechtstheorie, befreit von allen politischen Ideologien und naturwissenschaftlichen Gedankengängen. Er hatte als Mitarbeiter des Kriegsministeriums auch persönlichen Kontakt zu Kaiser Karl und war in die Bildung der Ministerliste der letzten kaiserlichen Regierung unter Heinrich Lammasch eingebunden. Dennoch bekannte er sich nach Karls Abdankung zur Demokratie und zum Liberalismus. Seine klaren Gedanken zur Struktur und Funktionsweise eines Staates sollten ihn schließlich, wenn schon nicht zum Vater, so doch zum Architekten der Verfassung machen.

Der Staatsvertrag 1955: Am Balkon des Belvederes lassen sich Leopold Figl und die Außenminister Frankreichs, der Sowjetunion, der USA und Großbritanniens von einer jubelnden Menschenmenge feiern.

Im November 1918, der Krieg war gerade zu Ende, wurde Kelsen wissenschaftlicher Mitarbeiter in der von Karl Renner geleiteten Staatskanzlei. Zu dieser Zeit war bereits die von Renner selbst entworfene provisorische Verfassung Deutschösterreichs in Kraft. Renner kannte Kelsen also sehr gut, der von Anfang an dafür plädierte, diesen neuen Staat nicht als Fortsetzung der zerschlagenen Monarchie anzusehen, so wie die Siegermächte das taten, sondern ihn neu „aufzusetzen". Daher ging es auch sehr bald um die Frage, wie zentralistisch oder föderal das Konstrukt sein und wie sehr es einen Anschluss an Deutschland ermöglichen solle. Dabei machte Kelsen schon in seinen ersten Gutachten für die provisorische Staatsregierung deutlich, dass die Länder ein Mitspracherecht und eine entsprechende Eigenständigkeit erfordern würden. Da im Entwurf für die Deutsche Verfassung stand, dass ein „Gliedstaat" (Bundesland) zumindest zwei Millionen Einwohner haben müsse, war klar, dass Deutschösterreich wenn überhaupt, dann nur als Ganzes der Deutschen Republik eingegliedert werden könne, dass das aber nicht einzelne Bundesländer für sich anstreben können. Ohne Erlaubnis eines Anschlusses sollte Deutschösterreich bundesstaatlich nach dem Muster der Schweiz organisiert sein, argumentierte Kelsen zunächst, später dachte er allerdings wesentlich weniger föderalistisch.[3]

Als Renner Kelsen im Mai 1919 offiziell mit dem Entwurf einer Verfassung beauftragte, war das politische Ringen um deren Ausrichtung schon voll entbrannt. Die Sozialdemokraten wollten einen möglichst zentralistisch gelenkten Staat mit einer starken Regierung, die Christlichsozialen verlangten eine bundesstaatliche Struktur mit möglichst vielen Kompetenzen für die Länder gegenüber der Zentralregierung in Wien. Kelsen fertigte in dieser Zeit – in

Saint-Germain liefen inzwischen die Verhandlungen zum Staatsvertrag mit den „alliierten und assoziierten Mächten" – mehrere verschiedene, wenngleich sehr ähnliche Entwürfe an, die bis 1979 als verschollen galten.[‡] Diese Entwürfe waren mit I bis VI nummeriert, was aber nicht der Reihenfolge ihrer Entstehung entsprach. Die Grundsätze der Entwürfe waren immer die gleichen, nämlich die Prinzipien

– der parlamentarischen Demokratie („Alle Gewalt im Staate geht vom Volke aus." – Art. 1)

– der republikanischen Grundordnung (die Entscheidungsträger sind gewählt und nicht kraft ihrer Geburt in einem Amt)

– der Bundesstaatlichkeit („Der Bundesstaat wird gebildet aus den selbständigen Ländern …" – Art. 2)

– der Rechtsstaatlichkeit („Die gesamte staatliche Verwaltung darf nur auf Grund der Gesetze ausgeübt werden." – Art. 18)

– der Gewaltentrennung (zwischen Gesetzgebung, Vollziehung bzw. Verwaltung und Gerichtsbarkeit)

– und der liberalen Grundrechte des Einzelnen gegenüber dem Staat (klares Bekenntnis zur Freiheit der Meinung, der Religion, der Presse, des Rechts auf Arbeit, des Wahlrechts; Schutz vor willkürlicher Festnahme u. a.)

Immer heftiger wurde um die Rolle der Länder gestritten. Der Tiroler Landtag forderte das Zustimmungsrecht der Länder und die Einsetzung eines Länderkomitees. Sie stützten sich auf einen Gegenentwurf des ehemaligen Präsidenten des Verwaltungsgerichtshofes Stephan Falser, der den Ländern sehr weitgehende Rechte einräumen wollte. Auch der für die Verfassungsreform zuständige christlichsoziale Staatssekretär Michael Mayr fertigte einen Entwurf an, ohne dafür beauftragt gewesen zu sein. So wurden dann tatsächlich Anfang 1920 in Salzburg und später auch in Linz Länderkonferenzen abgehalten, ohne dass sich die Ländervertreter aber einigen konnten, was angesichts der Fülle von bereits kursierenden Formulierungen und Details nicht mehr verwunderlich war.

Dafür hatten sich aber die Leitfiguren der Parteien, Otto Bauer als Vorsitzender der Sozialdemokraten und Prälat Ignaz Seipel, der mächtige Christlichsoziale (er sollte 1922 Bundeskanzler werden), mit Staatskanzler Renner bereits auf die Einbindung der Länder in Form einer Zweiten Kammer, des Bundesrates, geeinigt. In einem frühen Entwurf Kelsens ist dafür vorgesehen, dass „… jedes Land im Bundesrat durch seinen Landeshauptmann oder ein anderes Mitglied der Landesregierung vertreten sein soll".[5] Eine andere Variante sah die Zusammensetzung des Bundesrates durch alle Mitglieder der Landtage vor.[6] Starke Gestaltungsrechte hatte der Bundesrat von Anfang an nicht. Diverse Entwürfe und Debatten später einigte man sich im Juli 1920 schließlich auf einen Vorschlag Kelsens, wonach der Bundesrat mit Abgeordneten proportional zur Einwohnerzahl beschickt werden sollte, wobei für das kleinste Bundesland zumindest drei Vertreter vorgesehen waren.

Zu diesem Zeitpunkt war aber schon die (bereits dritte) Bundesregierung unter Karl Renner zerbrochen und zurückgetreten. Ein Übergangskabinett unter dem bisherigen Staatssekretär Mayr sollte die Verfassung über die Parlamentsbühne bringen. Sie wurde dann auch am 1. Oktober 1920 beschlossen, siebzehn Tage später wurde ein neuer Nationalrat gewählt, mit einer relativen Mehrheit der Christlichsozialen. Daraufhin gingen die Sozialdemokraten in Opposition, es kam zu einer Koalition aus Christlichsozialen und Deutschnationalen, die bis zur Ausschaltung des Parlaments 1933 dauern sollte.

Die Verfassung war bei ihrem Beschluss noch keineswegs ausdiskutiert und ausgefeilt, „unausgegoren" nennt sie Hugo Portisch.[7] Jedenfalls war sie unvollständig.

Unklar waren in dieser Phase noch die genauen Kompetenzverteilungen bei der Verwaltung der Gebietskörperschaften, insbesondere zwischen Bund und Ländern. Dies wurde zwar mit der Novelle von 1925 konkretisiert (seither können die Landesbehörden auch mit Bundesangelegenheiten betraut werden), hat aber letztlich zu einem Interpretationsspielraum geführt, der bis heute nachwirkt und eine sehr vielschichtige, immer kompliziertere und mehrgleisige Verwaltungsstruktur erzeugt hat. Dies zu bereinigen und zu entflechten, war Ziel des Österreich-Konventes von 2003 bis 2005, aber da schließlich niemand etwas von seinen Kompetenzen abgeben wollte, ist dieser Konvent letztlich im Sande verlaufen.

Klar war 1920, dass Bundesrecht vor Landesrecht geht und somit eine eindeutige Hierarchie in der Ordnungsgewalt gegeben sein sollte. Da den Ländern aber in vielen Bereichen eine eigene Legislativkompetenz zugestanden wurde, zeigte sich in den Jahrzehnten danach in der Gesetzgebung eine ungeheure Komplexität und für den Bürger nicht mehr nachvollziehbare Uneinheitlichkeit (z. B. Raumordnung, Bauordnung, Jugendschutz, Tierschutz etc., siehe dazu auch Kap. 9 „Föderalismus – Fluch oder Segen", S. 103 sowie das Interview mit Franz Fiedler, dem damaligen Vorsitzenden des Österreich-Konvents, im Anhang dieses Kapitels, S. 103 ff.)

Diskutiert wurde auch viel über die Rolle und Legitimation eines Staatsoberhauptes. Dass es eines solchen Repräsentanten nach außen bedürfe, stand außer Streit, man hätte sich das wohl auch gar nicht anders vorstellen können, nach

Jahrhunderten unter einem Kaiser. Und es mag auch durchaus der historischen Konsequenz entsprechen, dass heute der Amtssitz des Bundespräsidenten in der Hofburg ist. Dass er vom Volk direkt gewählt werden soll, war nicht von Anfang an ausgemachte Sache. In einem seiner Entwürfe (Entw. II) hatte Kelsen bereits die Volkswahl des Bundespräsidenten vorgesehen, aber man beließ es zunächst bei der Regelung, die schon im Koalitionsabkommen zwischen Sozialdemokraten und Christlichsozialen von 1919 vorgesehen war, nämlich dass „der Parlamentspräsident zugleich Staatsoberhaupt sein solle".[8]

Erst mit der zweiten Novellierung der Verfassung, 1929, wurde die Volkswahl des Bundespräsidenten eingeführt und seine Rolle damit gestärkt. Auch bekam er mehr Rechte, etwa jenes, die Bundesregierung zu bestellen oder abzuberufen, und er wurde Oberbefehlshaber des Bundesheeres. Allerdings hat wegen der politischen Verwerfungen der nachfolgenden Jahre die erste Direktwahl eines Bundespräsidenten erst 1951 stattgefunden.

In der Zweiten Republik hat es immer wieder Diskussionen gegeben, ob es wirklich eines direkt gewählten Bundespräsidenten bedürfe. Im besonders langen Präsidentschaftswahlkampf von 2016 war das Land dann auch in der Tat längere Zeit ohne amtierenden Bundespräsidenten, und wie vorgesehen übten die drei Präsidenten des Nationalrates die Funktion in Personalunion aus, ohne dass es zu Problemen gekommen wäre. Deutlich ist in diesem Wahlkampf auch zutage getreten, wie stark die Diskrepanz zwischen der (relativ beschränkten) verfassungsmäßigen und der (ungleich stärkeren) moralischen Kompetenz des Bundespräsidenten ist. Die Verfassung von 1920 hat das Schwergewicht bei der politischen Entscheidungsfindung eindeutig auf das Parlament gelegt. Man wollte ganz sicher nicht eine Präsidialrepublik, wie sie etwa Frankreich oder teilweise auch die USA haben.

Wenig konkret blieben 1920 auch die Bestimmungen über das Bundesheer. Man wusste so knapp nach Saint-Germain noch nicht, welche Richtung man einschlagen sollte. Vielleicht hätte eine entsprechende Klarheit die Militarisierung der politischen Lager in den Zwischenkriegsjahren eindämmen können, die durchaus auch diesem Vakuum entsprungen ist.

Diese Verfassung war also keineswegs ein genialer Streich im Alleingang eines weitblickenden jungen Juristen, wie das heute oft gesehen wird, sie war vielmehr Ergebnis und Kompromiss eines Gezerres und Ringens zwischen den Parteien, dem Bund und den Ländern. Das soll Kelsens Leistungen nicht schmälern, macht aber verständlich, warum – zwar nicht an den Prinzipien – aber an einzelnen Teilen immer wieder Änderungen und Ergänzungen vorgenommen wurden.

Eine dramatische Änderung bedeutete die sogenannte „Maiverfassung" von 1934, mit der sich der austrofaschistische Ständestaat sein quasi-verfassungsmäßiges Gerüst gab (es wurde nur von einem Rumpfparlament beschlossen).

Gemäß ihrer Präambel ging das Recht nunmehr nicht mehr vom Volk aus: „Im Namen Gottes, des Allmächtigen, von dem alles Recht ausgeht, erhält das österreichische Volk für seinen christlichen, deutschen Bundesstaat auf ständischer Grundlage diese Verfassung."[9] 1938 endete auch diese Verfassung, dann ging das Recht von den Nazis aus.

Noch vor Ende des Zweiten Weltkrieges, am 27. April 1945, proklamierten Vertreter der Sozialdemokraten (Karl Renner und Adolf Schärf), der nunmehrigen Österreichischen

Die Demokratie lässt ihre Bürger zu Wort kommen: Demonstration gegen das Atomkraftwerk Zwentendorf, 1977.

Volkspartei (Leopold Kunschak) und der Kommunistischen Partei Österreichs (Johann Koplenig) die Unabhängigkeit Österreichs vom Deutschen Reich. Darin heißt es: „Art. I: Die demokratische Republik Österreich ist wiederhergestellt und im Geiste der Verfassung von 1920 einzurichten."[10] Zwei Wochen später hat die Provisorische Staatsregierung allerdings die Version von 1929 in Kraft gesetzt, sie gilt seither auch als Grundlage aller weiteren Entwicklungen. Die wichtigsten Ergänzungen waren zunächst 1955 der Staatsvertrag, mit dem Österreich seine volle Souveränität wiedererlangte, und die Neutralitätserklärung. 1958 wurde die Europäische Menschenrechtskonvention ratifiziert und in den Verfassungsrang erhoben, 1975 wurden Wehrpflicht und Wehrersatzdienst zum Verfassungsgesetz, 1995 wurde Österreich Mitglied der Europäischen Union, dies war der bisher erstmalige Anlass für eine Volksabstimmung, wie sie bei einer Gesamtänderung der Verfassung erforderlich ist. Und die Abtretung von Souveränitätsrechten an die EU war eine solche Gesamtänderung.[11]

Aber es gab beileibe nicht nur so bedeutsame Gründe für Verfassungsänderungen. Es ist eine Eigenart dieser österreichischen Verfassung, dass sie kein klares, übersichtliches Grundgesetz ist, wie etwa das der USA, an das sich alle weiteren Gesetze erst anreihen. Den Parteien (vor allem der Großen Koalition) wurde dadurch die Unart leichtgemacht, nicht nur bedeutsame Säulen des Staatswesens in Verfassungsbestimmung zu gießen, sondern (mit Zweidrittelmehrheit des Nationalrates) auch Bestimmungen des politischen Alltagslebens in den Verfassungsrang zu heben, um sie dem Zugriff etwaiger anderer einfachgesetzlicher Mehrheitsverhältnisse zu entziehen. Dazu gehören etwa diverse Bestimmungen der Schulgesetze. Oder man entzog Bestimmungen, die dem Gleichheitsgrundsatz widersprechen, dem Verfassungsgericht, weil man die wirtschaftlichen Folgen eine Änderung nicht tragen wollte. So geschehen 1992, als der Verfassungsgerichtshof das niedrigere Pensionsantrittsalter für Frauen als gleichheitswidrig erkannte. Die rot-schwarze Regierung unter Franz Vranitzky wollte sich nicht den Unmut der Frauen zuziehen und zementierte die Ungleichheit per Verfassungsbestimmung.[12] Punktum. Eine langsame Änderung ist nun bis 2033 vorgesehen.

So ist die Österreichische Bundesverfassung im Laufe der Jahrzehnte zu einem unübersichtlichen Konglomerat angewachsen. Zum Teil hat sich die politische Realität auch davon entfernt. Beispielsweise hat das Zweikammersystem mehr formale als reale Bedeutung. Wirkliche Korrektivmacht hat der Bundesrat keine. Dafür ist die Landeshauptleutekonferenz ein realer Machtfaktor geworden, eine Institution, für die es keine legale Grundlage gibt. So spricht man denn in Österreich auch von der „Realverfassung", die keineswegs immer von der Bundesverfassung gedeckt sein muss. Dies und die absolute Unüberschaubarkeit der diversen Bestimmungen im Verfassungsrang, aber auch die Überlegung, dass man viele Elemente der Verwaltung vereinfachen und straffen könnte, vor allem im Kompetenzwirrwarr zwischen Bund und Ländern, ließen Überlegungen wachsen, die eine Entrümpelung der Verfassung forderten. Der erwähnte Österreich-Konvent sollte ab 2003 eine neue, vereinfachte Verfassung erarbeiten. Binnen zwei Jahren wurde ein Entwurf ausgearbeitet – aber bis heute nicht umgesetzt. Es war wie 1920: Die Interessen der Parteien einerseits und der Gebietskörperschaften andererseits prallten frontal aufeinander. 1920 musste man sich eine neue Verfassung geben, weil man noch keine hatte. 2005 versuchte man es, aber ohne existenzielle Not verpuffte die Energie.

Immerhin: 2008 wurde ein Erstes Bundesverfassungs-Bereinigungsgesetz[13] beschlossen. Tatsächlich hat man ihm diesen Namen gegeben und es ist ähnlich komplex wie diese Wortkreation. Dutzende Verfassungsgesetze oder Verfassungsbestimmungen in Einzelgesetzen und Staatsverträgen wurden als obsolet erkannt und aufgehoben oder zu einfachen Gesetzen zurückgestuft. Zu einem Zweiten Bundesverfassungs-Bereinigungsgesetz kam es dann allerdings nicht mehr. Die Diskussion versandete im Wust unzähliger Stellungnahmen und Änderungswünsche.[14]

Angesichts des nach wie vor wuchernden Dickichts an Bestimmungen in Bund und Ländern wurde von den Parteien für die Zeit nach der Nationalratswahl 2017 ein neuer Anlauf für eine Verwaltungsreform angekündigt, mit dem Ziel von Vereinfachungen und Effizienzsteigerungen. Man darf pessimistisch sein.

Interview mit Franz Fiedler

Herr Dr. Fiedler, gibt es noch eine Chance für eine einfache Verfassung für Österreich?

Nein, die gibt es mit Sicherheit nicht. Die Konstellation im Jahre 2003, als der Konvent einberufen wurde, war von der Papierform her optimal. Sämtliche im Nationalrat vertretenen Parteien haben sich damals für eine umfassende Verfassungsreform, sprich für eine neue Verfassung ausgesprochen, sodass man davon ausgehen konnte, es würde nun unter Beiziehung von Experten und Politikern im Konvent eine große Reform möglich sein. Allerdings hat die anfängliche Begeisterung mit fortschreitender Zeit deutlich nachgelassen.

Warum?

Auf der einen Seite waren die Spannungen zwischen Bund und Ländern in Zusammenhang mit der Kompetenzverteilung nicht zu überbrücken. Die Länder haben bekanntlich eine starke politische Einflussmöglichkeit in Österreich, die weit darüber hinausgeht, was ihnen eigentlich in der Verfassung und den Gesetzen zugedacht ist. Die waren auch mit entsprechenden Beratern rechtlich gut aufmunitioniert und haben sehr bald zu erkennen gegeben, dass für sie eine Verlagerung der Kompetenzen von den Ländern zum Bund schlicht und einfach nicht möglich ist. Der zweite Grund war erstaunlicher, denn es war eine ganze Reihe Universitätsprofessoren im Konvent, und da gab es etliche, die von der Notwendigkeit einer neuen Verfassung nicht überzeugt waren.

Der Wunsch nach einer neuen Verfassung war also nur ein politischer Wille und kein juristischer?

Der Wille der Parteien war ein rein politischer, gar keine Frage, und die Professoren haben immer wieder zu verstehen gegeben, wir haben ja eine Verfassung, wozu brauchen wir eine neue, und haben dann gemeint, man sollte nur kleinere Verfassungsreformen angehen.

Die Vorgabe der Politik war es aber, eine kostengünstigere Erfüllung der Staatsausgaben zu ermöglichen.

Das war sicherlich mit ein Grund dafür, dass ich zum Vorsitzenden gemacht wurde, als Präsident des Rechnungshofes, denn es hat genug andere Verfassungsjuristen gegeben, die das mindestens ebenso gut hätten machen können. Nur, die Professoren waren der Meinung, es kann nicht Aufgabe einer Verfassung sein, volkswirtschaftliche Gesichtspunkte einzubringen, was für mich eine riesige Enttäuschung war.

Nachdem also hier die Bremsklötze sehr bald erkennbar waren, hat auch in der Politik das Engagement deutlich nachgelassen. Im Konvent und den Ausschüssen waren viele Minister Landeshauptleute, Landtagspräsidenten usw. vertreten, und da ist dann eigentlich so gut wie nichts mehr an Impetus gekommen, und es war dann gegen Ende absehbar, dass der große Wurf nicht gelingen würde. Man hat mir dann sogar nahegelegt, auch seitens mehrerer Parteien, ich solle überhaupt darauf verzichten, einen neuen Verfassungstext auszuarbeiten, weil der Konsens in vielen Punkten zu gering wäre. Es war aber zu Anfang ein klarer Auftrag der Politik an mich ergangen, am Ende des Konventes aus der Fülle an Vorschlägen einen neuen Entwurf vorzulegen. Ich habe daher dann einen Verfassungstext vorgelegt, der bei manchen Anklang gefunden hat, bei anderen weniger, das war klar aufgrund der verschiedenen Interessenlagen. Aber es war bald klar, es würde keine neue Verfassung mehr geben. In einem Ausschuss im Nationalrat, dem ich als Experte auch angehört habe, wurden nur mehr einzelne Teile behandelt, wo die Konsensbereitschaft noch am größten war. Da ist aber auch nichts mehr herausgekommen. Dann gab es nochmals einen Anlauf in der nächsten Legislaturperiode, mit einem Expertenteam, dem ich auch wieder angehört habe, und da gab es nur mehr eine minimale Vorgabe. Herausgekommen ist, dass eine einigermaßen vorzeigbare Entschlackung an Verfassungsgesetzen vorgenommen wurde.

Wissen Sie, weiß irgendjemand, wie viele Verfassungsgesetze und -bestimmungen es eigentlich in Österreich gibt?
Das haben wir festzustellen versucht! Die allgemeine Meinung zu Beginn des Konventes war, es würde ca. 800 geben. Im Zuge weiterer Nachforschungen waren wir dann schon bei 1200, und niemand konnte sagen, ob das die richtige Zahl ist oder ob es noch mehr gibt, weil man ja zwei Dinge bei der Kreation der Verfassung 1920 vernachlässigt hat. Erstens hat man damals nicht einmal den Versuch unternommen, alles in eine Urkunde hineinzupacken, wie das andere Staaten sehr wohl unternommen haben, also auch ältere, schon bestehende Verfassungsgesetze in einem Guss zu übernehmen, wie das Staatsgrundgesetz über die allgemeinen Rechte der Staatsbürger von 1867, das Gesetz zum Schutz der persönlichen Freiheiten usw., das hat man also gar nicht erst versucht. Weiters hat man offengelassen, dass auch weitere Verfassungsgesetze bzw. Bestimmungen kreiert werden. Oft bestehen die ja nur aus Halbsätzen, das muss man sich ja vorstellen bitte! Und der zweite Fehler war, dass man nicht wenigstens nach Inkrafttreten der Verfassung 1920 die neu hinzugekommen Verfassungsgesetze und -bestimmungen statistisch erfasst hätte. Unübersehbar!

Es war also das Hauptversäumnis schon 1920, kein klares Gerüst zu konstruieren, wie es etwa die amerikanische Verfassung ist?

Das war einer der Geburtsfehler der Verfassung des Jahres 1920, nicht der einzige. Die Unübersichtlichkeit hat es unmöglich gemacht, alles in eine Verfassungurkunde hineinzupacken.

Hätte Ihr Entwurf von 2005 das bereinigt?

Formal ja. Seit 1920 sieht der Artikel 149 vor, dass diverse ältere Gesetze aus 1867 auch als Bestandteil der Verfassung gelten. In ähnlicher Weise wäre man auch jetzt vorgegangen, hätte allerdings eine deutliche Reduzierung vorgenommen. Das wäre sicher gelungen. Alles in die Verfassungurkunde einzuarbeiten, wäre auch nicht gegangen. Aber es wäre eine wesentliche Flurbereinigung vorgenommen worden. Und ich habe bei der Kompetenzverteilung ein deutliches Schwergewicht auf die Kompetenzen des Bundes gelegt, auf eine deutliche Vereinfachung der Kompetenzverteilung, wie das in verschiedenen Ausschüssen besprochen wurde.

Franz Fiedler, Vorsitzender des Österreich-Konvents 2003 bis 2005.

Sie haben erwähnt, dass da sehr viele Personen beteiligt waren. Es gab ja Hunderte von Stellungnahmen, von den Ministerien bis zum ÖAMTC, es gab zehn Ausschüsse mit insgesamt rund 100 Experten und Politikern. Haben zu viele Köche den Brei verdorben?

Also ich hätte mir schon einen nicht so umfangreichen Konvent vorstellen können, aber es war der politische Wille, möglichst viele einzubinden. Es war schon gut, dass so viele Stellungnahmen abgegeben werden konnten, aber so viele können Sie gar nicht einbinden, dass dann nicht doch einer daherkommt und sagt, er ist nicht gefragt worden.

Zurück zur Entstehungsgeschichte der Verfassung. 1919 waren die Länder ja gar nicht überzeugt von dieser Republik Österreich. Dann in der Zweiten Republik sehr wohl, aber sie spielen bis heute auf dem Klavier, sie hätten die Republik zweimal gegründet und hätten daher auch die entsprechenden Rechte. War das damals eine Doppelstrategie der Länder?
Ich glaube es war Verzweiflung der Länder, dass sie doch untergehen könnten, wenn ihre Vorstellungen nicht zum Durchbruch kommen. Also diese Mär von zweimal die Republik gegründet, die kann man gar nicht oft genug ablehnen. Das ist eine Erfindung der Länder. Die Länder haben nach dem Ersten Weltkrieg gefühlt, dass sie da mehr Einfluss nehmen können. Dass der Staat föderal aufgebaut werden soll, hatte ja gewisse Wurzeln im Habsburgerstaat gehabt, allerdings sehr rudimentär. Der Kaiser war überall auch gleichzeitig Landesfürst, also damit ist diese Doppelfunktion nie richtig zum Tragen gekommen, aber es gab natürlich Kompetenzen der Länder und die wollten diese auch weiterhin verankert wissen und haben vor allem von der Christlichsozialen Partei entsprechende Unterstützung gefunden. Einigen konnte man sich im Jahr 1920 auf eine umfassende Regelung der Kompetenzen nicht, so hat man beispielsweise zur Gänze das Schulwesen ausgeklammert, das ist erst 1925 gekommen,

Auch die Verteidigung war nicht drin.
Und auch das Schulwesen ist erst 1925 in erschreckender Weise in die Verfassung eingeflossen, was die Kompetenzen anlangt, durcheinander, übereinander, nebeneinander, miteinander, gegeneinander. Schrecklich. Da hat man dann zu den Konstruktionen gegriffen, die es ja kaum in einem föderalen Staat gibt. Einmal Gesetzgebung und Vollziehung Bund. So weit so gut. Dann Gesetzgebung und Vollziehung Länder, geht auch noch. Dann gibt es Gesetzgebung Bund, Vollziehung Länder – schon etwas ungewöhnlich. Weiters Grundsatzgesetzgebung Bund, Ausführungsgesetzgebung und Vollziehung Länder. Und dann haben wir noch den Wechselbalg der mittelbaren Bundesverwaltung, was ja niemand versteht. Versuchen Sie einmal, einem Vertreter eines Einheitsstaates, einem Schweden oder Franzosen, die mittelbare Bundesverwaltung zu erklären. Das ist nicht zu erklären. Dieser Wechselbalg ist ein fauler Kompromiss, der, und das ist bedauerlich, bis heute angehalten hat. Das ist ein weiterer Geburtsfehler dieser Verfassung. Weiters hat man 1920 nicht geschafft, dass Einnahmen, Aufgaben- und Aufgabenverantwortung zusammenfallen. Daran krankt nicht nur die Verfassung, daran krankt die gesamte Volkswirtschaft dieser Republik bis heute, bedauerlicherweise.

Kelsen hatte in seinen Entwürfen damals schon verschiedene Varianten für die Einbindung der Länder. In einer Variante bestand der Bundesrat

nur aus den Landeshauptleuten, also die spätere Landeshauptleutekonferenz vorwegnehmend. Diese Variante hat es auch im Konvent gegeben. Die Rolle der Länder im Gefüge war von Anfang an unklar, aber immer laut Verfassung relativ schwach. Warum haben trotzdem die Länder dann eine solche Stärke entwickelt?

Die Landeshauptleutekonferenz hat sich neben der Verfassung entwickelt und ist schlicht und einfach ein Faktor der Realpolitik geworden – wie vieles in Österreich.

Hätte diese Realmacht der Landeshauptleutekonferenz eingebremst werden können, wenn der Bundesrat als Länderinstrument von Anfang an stärker verankert gewesen wäre?

Der Meinung kann man zuneigen, ganz überzeugt bin ich nicht. Denn anders als so viele in dieser Republik glaube ich, der Bundesrat ist gar nicht so machtlos. Er hat nämlich in den 80er-Jahren eine wesentliche Stärkung erfahren, die mehr oder weniger untergegangen ist, denn seither bedarf es zu einer Änderung der Kompetenzen zulasten der Länder einer Zweidrittelmehrheit im Bundesrat und die ist ja kaum zu bekommen. Das ist die Stärke der Länder. Man kann ihnen kaum etwas wegnehmen. Darauf stützen sich die Landeshauptleute, wenn sie bereits im Vorfeld die Pflöcke abstecken, wie weit die Bundesregierung und der Nationalrat gehen würden. Und ich sehe auch überhaupt keine Chance, dass man dem jetzt beikommen kann. Wir haben die Diskussionen gehabt beim Tierschutz, da ist gerade noch gelungen, den in die Bundeskompetenz zu bekommen, wenigstens teilweise, und beim Jugendschutz gelingt das offenbar überhaupt nicht.

Wie würden Sie die Vorteile des Föderalismus abseits des legistischen Regelwerks beschreiben? Welchen Nutzen hat es, dass die Länder so stark agieren können?

Der Föderalismus hat natürlich schon Vorteile, wenn er richtig konstruiert ist. Erstens bedeutet er ein Mehr an demokratischer Mitbestimmung der Bevölkerung, denn ich habe neben den Wahlen auf Bundesebenen auch die Wahlen auf Landesebene, und da wird auch höchst unterschiedlich vorgegangen. Man kann in der engeren Umgebung eine andere politische Präferenz zum Ausdruck bringen als für die übergeordnete Ebene, das ist sicherlich ein Vorteil. Außerdem kann man annehmen, dass Leute, die aus der unmittelbaren Umgebung kommen, mit den Problemen in der näheren Umgebung besser vertraut sind. Der direkte Kontakt ist leichter und ich habe, wenn ich eine richtige finanzielle Aufteilung in der Verfassung vornehme, auch die Chance, dass die Mittel kostengünstig eingesetzt werden, zielführender, als wenn von der Ferne gesteuert wird.

Staatsgesetzblatt

für die Republik Österreich

Jahrgang 1920 — Ausgegeben am 5. Oktober 1920 — 140. Stück

Inhalt: (Nr. 450 und 451.) 450. Gesetz, womit die Republik Österreich als Bundesstaat eingerichtet wird (Bundes-Verfassungsgesetz). — 451. Verfassungsgesetz, betreffend den Übergang zur bundesstaatlichen Verfassung.

450.

Gesetz vom 1. Oktober 1920, womit die Republik Österreich als Bundesstaat eingerichtet wird (Bundes-Verfassungsgesetz).

Die Nationalversammlung hat beschlossen:

Erstes Hauptstück

Allgemeine Bestimmungen.

Artikel 1.

Österreich ist eine demokratische Republik. Ihr Recht geht vom Volk aus.

Artikel 2.

(1) Österreich ist ein Bundesstaat.

(2) Der Bundesstaat wird gebildet aus den selbständigen Ländern: Burgenland, Kärnten, Niederösterreich (Niederösterreich-Land und Wien), Oberösterreich, Salzburg, Steiermark, Tirol, Vorarlberg.

Artikel 3.

(1) Das Bundesgebiet umfaßt die Gebiete der Bundesländer.

(2) Eine Änderung des Bundesgebietes, die zugleich Änderung eines Landesgebietes ist, ebenso die Änderung einer Landesgrenze innerhalb des Bundesgebietes kann — abgesehen von Friedensverträgen — nur durch übereinstimmende Verfassungsgesetze des Bundes und jenes Landes erfolgen, dessen Gebiet eine Änderung erfährt.

(3) Die für Niederösterreich-Land und Wien geltenden Sonderbestimmungen enthält das vierte Hauptstück.

Artikel 4.

(1) Das Bundesgebiet bildet ein einheitliches Währungs-, Wirtschafts- und Zollgebiet.

(2) Innerhalb des Bundes dürfen Zwischenzolllinien oder sonstige Verkehrsbeschränkungen nicht errichtet werden.

Artikel 5.

Bundeshauptstadt und Sitz der obersten Organe des Bundes ist Wien.

Artikel 6.

(1) Für jedes Land besteht eine Landesbürgerschaft. Voraussetzung der Landesbürgerschaft ist das Heimatrecht in einer Gemeinde des Landes. Die Bedingungen für Erwerb und Verlust der Landesbürgerschaft sind in einem Land gleich.

(2) Mit der Landesbürgerschaft wird die Bundesbürgerschaft erworben.

(3) Jeder Bundesbürger hat in jedem Land die gleichen Rechte und Pflichten wie die Bürger des Landes selbst.

Artikel 7.

(1) Alle Bundesbürger sind vor dem Gesetz gleich. Vorrechte der Geburt, des Geschlechtes, des Standes, der Klasse und des Bekenntnisses sind ausgeschlossen.

(2) Den öffentlichen Angestellten, einschließlich der Angehörigen des Bundesheeres, ist die ungeschmälerte Ausübung ihrer politischen Rechte gewährleistet.

321

Die Verfassung von 1920: ein „fauler Kompromiss". Die Probleme wirken bis heute nach.

Es wird aber genau das Gegenteil empfunden. Man sagt, Föderalismus ist teuer. Man kann das nicht wirklich belegen, aber billiger ist es sicher nicht.

Na ja, weil in Österreich Einnahmen, Aufgaben- und Ausgabenverantwortung auseinanderfallen. Die Länder nehmen ja so gut wie nichts ein. Im Durchschnitt kommen nur 1,5 bis 2 Prozent ihrer Gesamteinnahmen aus eigenen Abgaben. Da haben die Gemeinden mit Kommunalsteuer, Grundsteuer usw. einen wesentlich höheren Anteil an eigenen Einnahmen. Damit fehlt natürlich auch die Verantwortung für die Ausgaben. Die Aufgaben bei den Ländern sind größer als das Potential, das aus den Einnahmen stammt. Und die Möglichkeit, auszugeben, ist noch größer, und die wird entsprechend genützt, weil man sich ja profilieren will.

Dann müsste es ja eigentlich im Interesse der Bürger sein, das auszuhebeln. Den Eindruck hat man aber nicht.

Ich sage ganz schroff heraus, der Bürger versteht das nicht. Der Bürger liest keine Verfassung,

Aber er spürt doch, dass mit dem Geld etwas passiert, das ist ja sein Geld!

Man spürt es vielleicht, weiß aber die Gründe nicht im Detail. Im Wesentlichen werden die Folgen des Auseinanderfallens der Kompetenzen von Ökonomen erkannt, also vom IHS, dem WIFO, vom Rechnungshof. Aber der einzelne Staatsbürger erkennt das nicht.

Ist es den Staatsbürgern letztlich doch wichtiger, dass er seine regionale Identität leben kann, mit Brauchtum, mit direkten Ansprechpartnern?

108

Er fühlt es zumindest. Es gibt immer wieder Umfragen nach dem Politiker, dem man am meisten vertraut. Da sind immer die auf Gemeindeebene an erster Stelle. Die Bürgermeister kennt man, die auf Landesebene kennt man auch noch genauer, und die auf Bundesebene sind immer in der Zeitung und beflegeln sich des Öfteren, denen vertraut man daher am wenigsten. Solche Bewertungen sind wenig aussagekräftig, davon halte ich nichts. Wenn man nun eine radikale Reform vornähme, ich verwende bewusst den Konjunktiv, weil es nicht kommen wird, dass man die Kompetenzen von den Ländern zum Bund verschiebt, also Schule, Energie, Gesundheit, also wenn das käme, würde das die Bevölkerung vermutlich überhaupt nicht interessieren. Allerdings wäre die Zusammenführung von Steuerung und Finanzierung in eine Hand, vor allem im Gesundheitswesen, ein enormer Schritt zu mehr Verantwortung, zu einer kostengünstigeren Erfüllung des Auftrags.

Gab es je eine Schätzung, was an Finanzpotential schöpfbar wäre durch solche Straffungen?
Ja, die gab es von einigen Ökonomen, auch vom Rechnungshof. Es wären ca. 3,5 Milliarden Euro Einsparungen pro Jahr allein im Bereich des Gesundheitswesens möglich. Und im Bereich des Schulwesens zwischen 800 Millionen und einer Milliarde. Die OECD hat auch eine Untersuchung unseres Schulwesens vorgenommen und errechnet, 800 Millionen Euro versickern in dem System, ohne dass erkennbar ist, wo ein Nutzen gestiftet würde. Das hängt natürlich damit zusammen, dass in diesem Bereich so viele Player sind, und wir wissen, dass Länder, die im Schulwesen wesentlich weniger ausgeben, in der PISA-Studie dennoch besser abschneiden.

War es für Sie auch eine persönliche Enttäuschung, nachdem Sie sogar einen konkreten Entwurf vorgelegt haben, dass das alles versandet ist und dass man nicht auf Sie und den Konvent gehört hat?
Eine persönliche Enttäuschung war es sicherlich nicht, denn ich konnte nicht davon ausgehen, dass das, was ich vorlege, allgemein Zustimmung finden würde. Mir war klar, dass nicht in allen Punkten ein Konsens gefunden werden könne. Das gab es auch nicht im Konvent des Europäischen Parlaments über die europäische Verfassung, die letztlich gar keine Verfassung geworden ist, sondern nur der Vertrag von Lissabon, weil sich die Engländer geweigert haben, das Wort Verfassung überhaupt in den Mund zu nehmen. Da war zunächst von einer Verfassung die Rede, dann nur von einem Verfassungstext und dann nur von einem Vertrag, da durfte nicht einmal ein kompletter geschlossener Text vorgelegt werden, weil die Engländer nur ja vermeiden wollten, dass da eine Andeutung von Zentralismus Platz greifen könnte in Brüssel.

Also mir war klar, dass dies beim Konvent ähnlich laufen würde. Aber ich habe schon gedacht, man würde dann auf rein politischer Ebene doch das eine oder andere noch überwinden können, also ohne die Bremser im Konvent, aber das war aber dann auch nicht der Fall.

War es dann überhaupt die Mühe wert?
Ja, denn ich habe beweisen können, was manchen ein Dorn im Auge war, dass man sehr wohl eine neue Verfassung ausarbeiten kann. Es war der wörtliche Auftrag an mich, aus den maßgeblichen Meinungen im Konvent einen Verfassungstext auszuarbeiten. Was maßgeblich ist oder nicht, orientiert sich an verschiedenen Gesichtspunkten, natürlich nach den wesentlichen Mehrheiten, aber auch nach der Qualität dessen, was vorgebracht worden ist, und da kommt man dann schon zu einem Ergebnis. Natürlich haben viele gesagt, ich vermisse das und ich vermisse jenes. Aber ich habe gezeigt, es war möglich, es zu machen.

Besteht noch eine Chance für eine Umsetzung?
Jetzt ist die Chance für viele Jahre vorbei, jedenfalls für eine große Reform. Jetzt wird halt in der Nachbearbeitung des Konvents, mit großer zeitlicher Verspätung, die eine oder andere Sache erneuert.

Aber der große Wurf …?
Der große Wurf kommt nicht. Damit ich das auch klar sage: Der große Wurf besteht nicht darin, ob man jetzt dem Bundesrat noch eine weitere Kompetenz gibt oder nicht, oder ob man das eine oder andere an den Rechten des Bundespräsidenten ändert. Der große Wurf wäre eine klare Aufteilung der Kompetenzen zwischen Bund und Ländern. Das ist der strittige Punkt. Denn dort wurde der faule Kompromiss des Jahres 1920 eingegangen und mit der Novelle von 1925 noch verschärft, dort müsste man ansetzen.

Wenn Ihr Entwurf umgesetzt worden wäre, wäre das die oft erwähnte Dritte Republik? Oder ist die Dritte Republik nur ein politisches Schlagwort?
Von verschiedenen Politikern wird unter der Dritten Republik auch etwas Verschiedenes verstanden. Jörg Haider hat den Begriff schon in den 1990er-Jahren oft gebraucht. Der hat darunter aber nicht die Notwendigkeit einer neuen Verfassung gesehen, sondern ein Aufbrechen des, wie er gesagt hat, Kartells der Altparteien. Andere haben in der Dritten Republik schon eine neue Verfassung gesehen, wieder andere haben das überhaupt nur philosophisch betrachtet.

Also eine neue Verfassung wäre nicht automatisch die Dritte Republik?
Eine neue Verfassung wäre nicht notwendigerweise eine neue Republik, das haben jedenfalls nicht alle so verstanden. Der Begriff Dritte Republik mag im Konvent gefallen sein, war aber keine Triebkraft. Darum ist es nicht gegangen. Schon deshalb ist man nicht auf diesem Begriff herumgeritten, weil eben verschiedene Vorstellungen bestanden, die gar nicht unter einen Hut zu bringen waren.

Dr. Franz Fiedler war Präsident des Rechnungshofes und Vorsitzender des Österreich-Konvents für eine Verfassungsreform. (Das Interview wurde am 14. Februar 2017 aufgenommen.)

---

1 Theo Öhlinger: Die Bedeutung Hans Kelsens im Wandel. Überarbeitete Fassung eines Vortrages, gehalten im österreichischen Parlament im Frühjahr 2003. Quelle online: www.demokratiezentrum.org
2 Biografie Hans Kelsen, Homepage Hans-Kelsen-Institut: www.kelseninstitut.at
3 Vgl. Thomas Olechowski, Der Beitrag Hans Kelsens zur österreichischen Bundesverfassung. In: Robert Walter/Werner Ogris/Thomas Olechowski (Hg.), Hans Kelsen: Leben – Werk – Wirksamkeit. Schriftenreihe des Hans-Kelsen-Instituts Nr. 32, Wien 2009, S. 215 f. (Anm.: Thomas Olechowski ist einer der Geschäftsführer des 1971 gegründeten Hans-Kelsen-Instituts, Wien)
4 Thomas Olechowski, a. a. O., S. 216
5 Thomas Olechowski, a. a. O., S. 219
6 Thomas Olechowski, a. a. O., S. 224
7 Hugo Portisch: Österreich I. A. a. O., S. 176
8 Georg Schmitz, Karl Renners Briefe aus Saint-Germain und ihre rechtspolitischen Folgen. Wien 1991, S 79
9 BGBl. Nr. 239/1934, ausgegeben am 30. April 1934 (zit. n. ÖNB-ALEX, Bundesgesetzblatt 1920–1934, S. 437)
10 StGBl. Nr. 1/1945, ausgegeben am 1. Mai 1954, S. 2
11 B-VGN 1994, BGBl. Nr. 1013/1994, ausgegeben am 21. Dezember 1994
12 BGBl. Nr. 832/1992 und 833/1992, ausgegeben am 29. Dezember 1992
13 BGBl. I Nr. 2/2008, ausgegeben am 4. Jänner 2008; www.ris.bka.gv.at
14 168/ME (XXIII GP) – Bundes-Verfassungsgesetz, Änderung; Zweites Bundesverfassungs-Bereinigungsgesetz; (https://www.parlament.gv.at/PAKT/VHG/XXIII/ME/ME_00168/)

Der Föderalismus –
Segen und Fluch

„Getreu dem Geist der Ahnen"
Aus der NÖ-Landeshymne[1]

Diese Republik ist ein Unikum. Sie hat zwei Verfassungen: eine gesetzliche und eine Realverfassung. Und wen wundert's in dieser Besonderheit, dass die Realverfassung im politischen Alltag bisweilen die bei weitem bedeutsamere ist als die gesetzliche Bundesverfassung? Beide haben mächtige Hüter: die eine den Verfassungsgerichtshof, die andere die agierenden Politiker. Die zweite ist durch die erste zwar gedeckt, hat diese aber im politischen Tagesgeschäft schon des Öfteren überholt. Denn Politik ist Ausübung von Macht. Und gemäß der österreichischen Bundesverfassung wird die Macht in diesem Staat geteilt – zwischen dem Bund und den Ländern. Entsprechend gibt es auch Machtkämpfe zwischen Bundes- und Landespolitikern, um legistische Kompetenzen, um Geld und um die Gestaltungshoheit.

In der Realverfassung hat sich da ein Gremium entwickelt und festgesetzt, das es in der Bundesverfassung überhaupt nicht gibt: die Landeshauptleutekonferenz. Mehrmals im Jahr treffen sich die Mächtigen der Bundesländer ganz offiziell, um sich „abzustimmen". Es gibt einen Vorsitzenden, der halbjährlich wechselt, in alphabetischer Reihenfolge der Länder. Und wenn sich diese Mächtigen einig sind, über Parteigrenzen hinweg, dann hat die Bundesregierung bisweilen ein Problem.

Die heutige Stärke der Länder ist ein Kind der Zweiten Republik. Gezeugt wurde es mit den Verhandlungen zur Verfassung von 1920, aber seine Gene reichen zurück bis ins Mittelalter.

In der Ersten Republik gab es diese Dominanz der Länder noch nicht. Die

Verfassung weist ihnen eine solche Stärke auch gar nicht zu. Inzwischen sehen sich die Länder als die Väter der Republik. Denn zweimal, so heißt es oft, wurde diese Republik Österreich von den Bundesländern gegründet – zumindest in Bezug auf die Erste Republik ist das allerdings eine glatte Mär. „Das war immer falsch, blanke Ideologie, also das stimmt nicht", sagt der Verfassungsexperte Heinz Mayer.[2] Aber die Story zeugt vom gewaltigen Selbstbewusstsein der Länder, das auf ihre lange Geschichte zurückgeht. Da gilt es doch, daran zu erinnern, dass mehrere Bundesländer in der Gründungsphase der Republik diese gar nicht wollten, nicht an sie glaubten und sich anderen Nachbarländern anschließen wollten. Oder dass sie damals, wie Burgenland und Kärnten, noch gar nicht abgesichert zum angedachten Staatsgebiet gehörten.

Vorarlberg wollte sich als eigener Kanton der Schweiz anschließen. Die Alemannen hatten schon im Mittelalter mehr Kontakte mit den verwandten Nachbarn im Westen als mit dem Osten, von dem man durch den Arlberg geschieden war, geschweige denn

Der „Anschluss" an Deutschland erschien vielen als einzige Möglichkeit zum Überleben. Propagandapostkarte zur Abstimmung in Salzburg am 29. Mai 1921.

mit Wien. Beim medialen Werben vor der Abstimmung erinnerte die sozialdemokratische Zeitung *Vorarlberger Wacht* auch an die Franzosenkriege. „Schon im Kriegsjahr 1796 waren viele Leute in die Eidgenossenschaft geflohen und 1798 flohen umgekehrt viele Schweizer in unsere Gebiete."[3] Mehr als 80 Prozent der Vorarlberger wollten dann auch bei der Abstimmung im Mai 1919 zur Schweiz. Aber diese lehnte dankend ab.[4] Denn „die Vorarlberger Betreiber eines Schweizanschlusses [machten sich] durch ihr selbstverleugnendes Buhlen um Aufnahme so verdächtig wie ein Brautwerber, dessen Gedanken ums Bankkonto der Umworbenen kreisen, während er von Liebe redet. Wo aber die Liebe übers Konto geht, kann ein Bettler nicht landen."[5] Der Staatsvertrag von Saint-

Germain im September 1919 klärte das dann ohnedies. Was freilich wie erwähnt Tirol und Salzburg nicht davon abhielt, noch nachträglich Volksabstimmungen für einen Anschluss an Deutschland abzuhalten.

Tirol war schwer verunsichert durch den Verlust von Südtirol an Italien und Salzburg hatte durch seine lange, wenngleich auch nicht besonders geliebte Zugehörigkeit zu Bayern keine Berührungsängste mit den Nachbarn. Erst 1816 war das unter bayerischer Herrschaft stehende Land Salzburg an das Kaisertum Österreich übertragen worden. Seine Hochblüte hatte Salzburg in der Barockzeit als selbständiges Fürsterzbistum unter den mächtigen und auch selbstherrlichen Fürsterzbischöfen Wolf Dietrich, Markus Sittikus und Paris Lodron.[6] Aber die Gemeinsamkeiten mit Bayern gehen auf das Ende des 7. Jahrhunderts zurück, als der aus Worms stammende fränkische Missionar Rupert das Salzburger Gebiet missionierte und mit St. Peter in der Stadt Salzburg das bis heute noch aktive älteste Kloster nördlich der Alpen gründete.

Tirol hat eine nicht weniger stolze Geschichte, mit ebensolchen Wurzeln in Bayern. Nach baierischen Siedlungstätigkeiten im 7. Jahrhundert und einer Klostergründung in Innichen 769 durch den letzten Baiernherzog Tassilo III. gelangte das Gebiet mit der Absetzung Tassilos durch Karl den Großen unter fränkische Herrschaft. Ab 1363 gehörte Tirol zu den habsburgischen Ländern, mehrmals mussten Angriffe aus Bayern abgewehrt werden, auch gegen die Venezianer musste man sich verteidigen. Im Frieden von Pressburg (1805) musste Österreich Tirol (und auch Vorarlberg) an Bayern abtreten, aber in den Schlachten am Bergisel gegen die Franzosen gewann man wieder die Freiheit – und verlor sie erneut. Andeas Hofer konnte die Teilung zwischen Bayern und Italien nicht verhindern. Nach dem Wiener Kongress (1814–1815) war Tirol wiedervereint bei Österreich. Viel Feind', viel Ehr'. So viel Kampf um Eigenständigkeit hatte aus Tiroler Sicht nie etwas mit Wien zu tun. Man

Plakat zur Volksabstimmung in Ödenburg (Sopron). Das Resultat: Ödenburg bleibt bei Ungarn.

war kaisertreu, aber Tiroler. Warum hätte das bei der Gründung der Republik plötzlich anders sein sollen?

Die westlichen Bundesländer hatten eine historisch verwurzelte Abneigung gegenüber der Zentrale in Wien. Die ist bis heute spürbar. In der Ersten Republik kam auch die ideologische Kluft zwischen den christlichsozial-konservativ geprägten Ländern und dem „roten" Wien dazu. Das alles führte, verstärkt von der Angst um die Lebensfähigkeit, im Frühjahr 1921 zu den überwältigenden Abstimmungsergebnissen: In Tirol stimmten 98 Prozent für den „Zusammenschluss mit dem Deutschen Reich, in Salzburg sogar 99 Prozent.[7]

Auch aus Bayern waren Lockrufe an die österreichischen Bundesländer zu vernehmen. 1918 hatte der bayrische Landtagsabgeordnete Georg Heim (Bayerische Volkspartei, BVP) vorgeschlagen, „Bayern solle aus dem Deutschen Reich austreten und mit den stammesverwandten Ländern Österreichs – Tirol, Salzburg und Oberösterreich, eventuell noch Vorarlberg – einen eigenen Staat bilden".[8]

Da wäre kaum noch etwas für

Jetzt heißt es: Hilf, wer helfen kann, doch Niemand will uns hören,
Drum schließt Euch frisch an Deutschland an, dort, wo wir hingehören!

Plakat zur Volksabstimmung in Salzburg 1921: 99 Prozent stimmen für den „Anschluss".

Österreich übriggeblieben. Eine, wenngleich wie in Salzburg inoffizielle Abstimmung über den Anschluss war auch in der Steiermark geplant, fand aber dann nicht mehr statt. Man kann sich denken, wie sie ausgegangen wäre.

In Kärnten, dem südlichsten Bundesland, war das Anfangsbekenntnis zu Österreich vergleichsweise stark. Nachdem im „Kärntner Abwehrkampf" die einfallenden Truppen des jungen SHS-Staates nur teilweise zurückgeworfen werden konnten (siehe Kap. 12, „Zur eigenen Verteidigung gezwungen", S. 154), kam es gemäß dem Vertrag mit den Siegermächten am 10. Oktober 1920 zu einer Volksabstimmung. Dabei stimmten in der größeren, bis knapp davor auch noch von SHS-Truppen besetzten „Zone A", 59 Prozent der Bevölkerung für

115

die Zugehörigkeit zu Österreich. Dies, obwohl in diesem Landesteil südlich der Drau rund 70 Prozent der Bevölkerung slowenischsprachig waren. Durch dieses klare Bekenntnis zu Österreich musste in der nördlicheren „Zone B", die auch Villach und Klagenfurt umfasste (das Gebiet hatte laut Volkszählung damals weniger als 10 Prozent slowenischsprachigen Anteil), nicht mehr abgestimmt werden. Dennoch hatte Kärnten mit seiner slowenischsprachigen Minderheit lange ein Problem. Der „Ortstafelstreit", der im Herbst 1972 zum „Ortstafelsturm" eskalierte, prägte über Jahrzehnte die Kärntner politische Szene. Landeshauptmann Jörg Haider (FPÖ/BZÖ) wusste diese Kontroverse geschickt für sich zu nutzen und noch 2017 zögerte die ÖVP, ob man die slowenische Minderheit in der Verfassung explizit erwähnen solle. In seiner Frühgeschichte war Kärnten, bevor es um das Jahr 1000 zu einem eigenen Herzogtum wurde, auch Bestandteil des Herzogtums Bayern bzw. des Fränkischen Reiches gewesen.

Und so wie im Süden musste auch im Osten die Zugehörigkeit zu Österreich erst mit einem Waffengang und einer Volksabstimmung geklärt werden. Deutsch-Westungarn war bis 1918 Bestandteil der Ungarischen Reichshälfte der Monarchie. Der überwiegend deutschsprachig besiedelte Landstreifen, der gar keinen eigenen Namen hatte, sollte gemäß Friedensvertrag von Saint-Germain zu Österreich kommen. Wer den Namen „Burgenland" erfunden hat, ist nicht klar. Karl Renner soll ihn als Zwischenruf in Paris bei einem Empfang aufgeschnappt und dann in die Verhandlungen eingebracht haben.[9] Das neue Ungarn wollte sich mit dieser Gebietsabtretung nicht abfinden. Ungarische Freischärler marschierten ein und mussten erst von österreichischer Gendarmerie und Zollschutzwache zurückgeschlagen werden. Vereinzelt wurde sogar an eine Eigenstaatlichkeit Westungarns gedacht. In Oberwart wurde zwei Monate vor der Volksabstimmung der Staat „Leitha-Banat" *(Lajtabánság)* ausgerufen, der aber mangels Lebensfähigkeit nach ein paar Wochen wieder verschwand.[10] Im Dezember 1921 sollte in der größten Stadt Ödenburg und acht weiteren Gemeinden eine Volksabstimmung über deren Zugehörigkeit entscheiden. Diese aber gerät „zur Farce. Tausende Ungarn werden von ferne her in die Stadt gebracht, und ihre Stimmen werden mitgezählt. Proteste der Österreicher bleiben ohne Wirkung."[11] Ödenburg fiel an Ungarn. So entstand ein kleines neues Bundesland, das sich mit Eisenstadt erst eine neue Hauptstadt geben musste.

„Im Burgenland wie in Kärnten feiert man und freut sich, bei Österreich zu sein."[12] Zu dem Zeitpunkt ist die Verfassung der Republik Österreich bereits beschlossen. Dies ist nicht unwichtig bei der Beantwortung der (für die Realverfassung freilich bedeutungslosen) Frage, ob die Bundesländer nun die Republik „gegründet" haben oder ihr beigetreten sind, wenngleich dieser Diskurs heute ein überwiegend rechtstheoretischer ist.

Jedenfalls haben die Länder parallel zur Debatte um die Bundesverfassung ihre eigenen Landesverfassungen beschlossen, zumeist (so vorhanden) in Anlehnung an die Landesordnungen aus der Monarchie und in Abstimmung mit der Bundesregierung. Denn dass die neue Republik eine föderale sein sollte, war unbestritten. Gerangelt wurde um das Ausmaß der föderalen Rechte. Aber da waren die überregionalen Parteibande bei Christlichsozialen und Sozialdemokraten stärker als die Regionalinteressen, um sich nicht in den Rücken zu fallen. So ist diese Republikgründung in einem wechselseitigen Aufeinanderzugehen erfolgt. Weder wären die Länder so kühn gewesen, um sich in dieser Zeit auch noch einzeln als unabhängig zu erklären, um dann aus eigener Souveränität heraus einen Bundesstaat mit übergestülpter Zentralgewalt zu formen (nur in Tirol hatte man zwecks Erhalt der Landeseinheit sogar die Eigenstaatlichkeit in Betracht gezogen[13]), noch hat sich die neue Bundesregierung die Länder „einverleibt". Der Innsbrucker Föderalismusforscher Peter Bußjäger

Plakat zur Volksabstimmung in Kärnten am 10. Oktober 1920. In der Zone A bringt das Plebiszit eine klare Stimmenmehrheit für Österreich.

nennt es einen „Verfassungsmythos", dass die Republik aus den Ländern begründet worden sei. Es sei eine parallele Staatsgründung gewesen, mit Initiativen von oben und Beiträgen der Länder. „Natürlich wurde in Wien die Republik Deutschösterreich proklamiert. Aber es sind [...] die Beitrittserklärungen der Länder [nicht zu vernachlässigen], die ja ausdrücklich auch damals von Wien aus erbeten worden sind."[14] Bußjäger bezog sich dabei auf eine Aufforderung von Karl Renner, die später von Ignaz Seipel als pure Taktik zur politischen Einigung beurteilt wurde.[15]

Dennoch beziehen sich die mächtigen Länder indirekt noch heute auf diese Beitrittserklärungen, wenn sie gegenüber dem Bund die Muskeln spielen lassen.

Sie sind zumeist in den Landesverfassungen enthalten. Besonders pathetisch ist das Vorwort der Tiroler Landesordnung: „Der Landtag hat in Anerkennung des Beitrittes des selbständigen Landes Tirol zum Bundesstaat Österreich, in Anerkennung der Bundesverfassung, im Bewußtsein, daß die Treue zu Gott und zum geschichtlichen Erbe, die geistige und kulturelle Einheit des ganzen Landes, die Freiheit und Würde des Menschen, die geordnete Familie als Grundzelle von Volk und Staat die geistigen, politischen und sozialen Grundlagen des Landes Tirol sind, […] beschlossen: …"[16]

Die Länder ordneten sich also in einem dezentralen Gefüge einer Zentralmacht unter, die aber kein Zentralstaat ist.[17] Genauso kompliziert ist demgemäß auch seither der politische Alltag. Hans Kelsen konnte dieser Art von Föderalismus, die ja eigentlich eine Mischform ist, nichts abgewinnen. Er machte seine Verfassungsentwürfe aufgrund des politischen Auftrags des Staatskanzlers. „Formulierungen wie ‚Die Republik Österreich ist ein Bund der selbständigen souveränen Länder'[18] [entsprachen] weder seiner Bundesstaatstheorie noch seiner Normvorstellung."[19] Kelsen ahnte vielleicht schon das spätere politische Gezerre in einem dezentralisierten Einheitsstaat, in dem sich historisch starke Länder einer Bundesregierung unterordnen, um von dieser Teile der Souveränität wieder zurückzukommen. So dürfen die Länder, obwohl die Außenpolitik Bundeskompetenz ist, in ihren Angelegenheiten mit Nachbarstaaten auch Staatsverträge abschließen. Aber der Bund muss zustimmen.[20] Souveränität sieht anders aus. Dennoch unterhalten die Bundesländer heute auf dieser Basis sogar eigene „Vertretungen" bei der EU in Brüssel.

In anderen föderalistisch aufgebauten Ländern haben die Gliedstaaten wesentlich mehr Kompetenzen als in Österreich. Das gilt für die Kantone der Schweiz, für die Bundesstaaten der USA und auch für die Bundesländer in Deutschland, die aber zumeist wesentlich größer sind als jene in Österreich. Jedenfalls gilt für Staatsrechtler der österreichische Föderalismus als vergleichsweise sehr schwach – im Gegensatz zur Wahrnehmung der Bevölkerung.

Der Vorarlberger Landeshauptmann und spätere Kurzzeit-Bundeskanzler Otto Ender (1875–1960) war Wortführer einer „Föderation nach dem Muster der Schweiz". Er forderte: „Alle Kompetenzen den Ländern, ausgenommen jene, die dem Staate übertragen werden."[21] Sein Wunsch wurde nicht erfüllt und die Novellierungen der Verfassung in der Ersten Republik haben sogar noch weitere Machtverschiebungen zum Bund gebracht.

1934 wurde die Zweite Kammer des Parlaments, der schon von Anfang an schwache Bundesrat, zu einem „Länderrat" mit nur noch beratender Funktion degradiert. Mehr brauchte eine Diktatur ohnedies nicht. Otto Ender hatte sich zum ständestaatlichen Zentralisten gewandelt, und mit dem „Anschluss" an das Deutsche Reich war es mit den Landtagen und dem Föderalismus auch vorbei.

Die Grenzen der Länder wurden neu gezogen und statt der Landeshauptleute gab es nur noch „Gauleiter". Das Burgenland wurde aufgelöst und zwischen Niederösterreich und der Steiermark aufgeteilt, Vorarlberg wurde mit Tirol zusammengelegt, das Kleine Walsertal ging von Vorarlberg an Bayern, der Bezirk Lienz von Tirol an Kärnten, das Ausseerland von der Steiermark an das nunmehr „Oberdonau" genannte Oberösterreich. Niederösterreich wurde zu „Niederdonau" und die Grenzen von Wien wurden weiter gezogen, im Oktober 1938 entstand „Groß-Wien".[22] Und Österreich wurde zur „Ostmark". Die Nazis wollten selbst da Geschichte schreiben, auch wenn diese schon 1000 Jahre alt war.

Sieben Jahre später konnten sich die erniedrigten Länder wieder erheben. Als am 27. April 1945 vor dem Parlament die Wiederherstellung der Republik proklamiert wurde, wurde in vielen Teilen Österreichs noch gekämpft. Wien war seit zwei Wochen von den Nazis befreit, die Russen hatten das Kommando. Aus Sozialdemokraten und Revolutionären Sozialisten hatte sich die „Sozialistische

Auch in Tirol dominiert die Propaganda für einen Brückenschluss mit Deutschland.

Partei Österreichs" formiert, mit Adolf Schärf als Vorsitzendem. Vier Tage danach war im Wiener Schottenstift auch die Christlichsoziale Partei wiedererstanden, mit tatkräftiger, aber diskreter Unterstützung der katholischen Kirche,[23] als „Österreichische Volkspartei" und mit Leopold Kunschak als erstem Obmann. Und Karl Renner, inzwischen fünfundsiebzig, war bereits zum zweiten Mal in seinem Leben mit der Bildung einer provisorischen Regierung beschäftigt. Die Sowjets hatten ihn dazu motiviert, wohl mit dem Hintergedanken Stalins, mit ihm leichtes Spiel für eine kommunistische Machtübernahme in Österreich zu haben.[24]

Aber anders als 1918 war diese Republikgründung als Befreiung und Wiedergeburt empfunden worden. Jetzt erst konnte sich Österreich langsam als eigene Nation erleben. Nahezu alle waren gewillt, das Österreich wiederherzustellen, wie es vor den Jahren der Diktatur war, aber mit wirklicher Demokratie. Das war mühsam, Kontakte zwischen den östlichen und westlichen Bundesländern waren noch kaum möglich.

Am Tag nach Hitlers Selbstmord, am 1. Mai 1945, setzte die Provisorische Staatsregierung die Verfassung von 1929 wieder in Kraft. (Ein Jahr später wollten die Alliierten, dass Österreich eine ganz neue Verfassung ausarbeitet, aber ÖVP und SPÖ lehnten das glatt ab.) Nach und nach konstituierten sich die provisorischen Landesregierungen.

Wegen des überproportionalen Anteils der Linken, vor allem der Kommunisten in der Provisorischen Regierung gingen die westlichen Bundesländer auf Distanz zu Wien. Eine Spaltung des Landes mit der Bildung einer westösterreichischen (Gegen-)Regierung mit Sitz in Innsbruck oder Salzburg stand im Raum.[25] Aber die großen Parteien agierten besonnen. Im Spätsommer 1945 beschlossen die westlichen Bundesländer bei zwei Konferenzen in Salzburg,[26] mit der sogenannten „Renner-Regierung" in Wien zusammenzuarbeiten, aber unter Bedingungen: Auch Vertreter der westlichen Bundesländer sollten in die Regierung aufgenommen werden und es sollte möglichst bald freie Wahlen geben.

Die Regierung Renner erkannte bald, dass sie bloß eine der sowjetischen Zone war. Die anderen Mächte hatten sie nicht anerkannt. So kam es, mit Zustimmung der Alliierten, zu drei Länderkonferenzen in Wien, unter Teilnahme aller Bundesländer und der Provisorischen Regierung. Bei der ersten und entscheidenden, am 24. und 25. September 1945, schwor man sich dann auf die Einheit Österreichs ein. Es wurden Ländervertreter in die Regierung aufgenommen und eine Wahl wurde noch im selben Jahr geplant.

Bei dieser Konferenz im Niederösterreichischen Landhaus haben in der Tat die Länder diese neue Republik in ihrer Einheit wiedererstehen lassen. In einem ORF-Radio-Interview erinnerte sich der oberösterreichische Landeshauptmann Heinrich Gleißner 1965 an diese Sitzung: „Die Voraussetzung war – nach all dem, was wir erlebt haben, vom Jahr 1918 bis 1945 – der einmütige Wille, uns durch nichts trennen zu lassen. Die Bundesländer zusammen gaben die eindeutige Erklärung ab, dass es für sie nur ein Österreich gibt."[27]

Bei den weiteren Länderkonferenzen wurde die Nationalratswahl vorbereitet, unter anderem mit einem Beschluss, dass ehemalige Mitglieder der NSDAP, der SA und der SS kein Wahlrecht haben sollten. Die erste Nationalratswahl am 25. November 1945 brachte eine Mehrheit der ÖVP. Leopold Figl wurde Bundeskanzler und Karl Renner wurde erster Bundespräsident der Zweiten Republik.

Dieser eigentliche Gründungsakt der Zweiten Republik durch alle Bundesländer und alle großen Parteien gemeinsam zeigt wie so oft: Vieles, was diese Republik heute ausmacht, wurde erst im zweiten Anlauf beherzt in Angriff genommen und ist erst im zweiten Versuch gelungen. Das Verhältnis zwischen Ländern und Bund war erst die „Liebe auf den zweiten Blick, von der man auch sagt, dass sie dauerhafter sei".[28]

Diese Liebe, der Föderalismus, gilt seither als das starke einigende Band der Republik. Aber wie bei jeder langen Liebe schleichen sich Gewohnheiten ein, manchmal auch schlechte. Und keiner weiß, wie man sie wieder loswerden soll.

In der Politik nennt man diese Gewohnheiten „Realverfassung" – siehe oben. Nach 1945 konnten die Länder ihr Selbstbewusstsein nicht nur auf eine zum Teil bis ins Mittelalter reichende Geschichte stützen, sondern auf eine Art Patenschaft der Republik. Das stärkt den Rücken.

Die Spielregeln, angefangen von der Verfassung, wurden im Wesentlichen von der Ersten Republik übernommen – nur mit neuem Geist erfüllt. In den ersten Jahrzehnten, auch noch lange nach dem Staatsvertrag, dominierten Zusammenarbeit und Vertrauen, zumindest Respekt, es galt der Imperativ der Regierungserklärung vom 29. April 1945: „Vertagt allen Streit der Weltanschauungen, bis das große Werk gelungen ist."

Der Wettbewerb um Macht und Kompetenzen zwischen Bund und Ländern trat erst nach und nach zutage. Rechtlich waren die Länder auch nach 1945 nicht stärker gestellt als vor 1934. Ihren heutigen Status haben sie sich langsam, aber beharrlich erkämpft.

Laut Verfassung hat dort, wo es ums Eingemachte geht, immer noch der Bund das Sagen. Er hat sich die wesentlichen Aufgaben vorbehalten: die legistische Steuerhoheit, die Landesverteidigung, die Gerichtsbarkeit, die Polizei. Viele Regelungen sind jedoch ausschließlich den Ländern überlassen, wie die Raumordnung, die Bauordnung, der Jugendschutz, der Brandschutz und vieles mehr. Die daraus erwachsenden regionalen Unterschiede sind für die Bürger nicht verständlich und nachvollziehbar. Niemand kann vernünftig begründen, warum ein Jugendlicher unter 16 in Wien, Niederösterreich, Kärnten und Tirol bis ein Uhr früh ausgehen darf, in Salzburg und der Steiermark dagegen nur bis 23.00 Uhr.[29]

Das mag absurd sein, aber teuer wird es z. B. bei der Bauordnung. Es gibt nämlich nicht nur die neun Bauordnungen der Länder, sondern jede Menge weiterer Gesetze mit Baubestimmungen und unzählige Richtlinien des Österreichischen Instituts für Bautechnik (OIB), mit Normen, vom Schallschutz über die Barrierefreiheit bis zur Drückkraft einer Türschnalle. Damit es ja nicht zu einfach wird, gelten diese OIB-Richtlinien aber nicht in allen Bundesländern in den gleichen Versionen.[30] Und überdies können auch die 15 Statutarstädte (Städte mit erweitertem Stadtrecht) eigene Zusatzbestimmungen erlassen. Ein Albtraum für jede Ausschreibung, jede Vertragsgestaltung und jede Planung. Architekten, Planungsbüros und Baufirmen verursacht das Kopfweh und Kosten.

Und ganz verworren wird es beim Schulwesen. Da liegt die Gesetzgebung beim Bund, aber die Pflichtschullehrer sind Angestellte des Landes, bezahlen muss sie jedoch der Bund, der aber bekommt von den Ländern dafür nicht einmal genaue Zahlen und Auskünfte, geschweige denn ein Mitspracherecht … „Ein kompliziertes Durcheinander", nennt das, noch milde ausgedrückt, Peter Bußjäger.[31] Diverse Begriffe fördern zusätzlich die Verwirrung, als wären sie bewusst geworfene Nebelgranaten der Kompetenzverteilung. So ist ein Landesgericht eine Bundesbehörde und auch die Landesschulräte sind Behörden des Bundes.

Föderalismus ist teuer, heißt es dazu oft. Das ist allerdings nicht beweisbar, da es keine exakten Vergleichsdaten mit identen Berechnungsmethoden zu anderen, nicht föderalistisch aufgebauten Staaten gibt. Aber es kann nicht billiger sein, wenn jedes Bundesland seine eigene Vertretung in Brüssel hat, wenn jedes Bundesland extra über die Einhaltung von Bauordnung und Baurichtlinien wacht, wenn jedes Bundesland seine eigene Schulverwaltung betreibt, wenn jedes Bundesland jeweils eigene Experten unterhält und bezahlt, um wieder unzählige unterschiedliche Landesgesetze mit Normen und Verordnungen vorzubereiten und deren Einhaltung zu kontrollieren, um nur ja die Eigenständigkeit unter Beweis zu stellen. Es sind politische Schrebergärten, die mangels echter, großer Kompetenzen von den Landespolitikern mit Zähnen und Klauen verteidigt werden.

So empfinden es die Bürger vor allem, wenn alle vier bis sechs Jahre der Finanzausgleich[32] verhandelt wird. Das sind die Wochen der langen Messer zwischen Finanzminister und Landeshauptleuten. Da geht es um die Verteilung der Steuereinnahmen des Bundes auf die Länder und Gemeinden, womit aber auch deren Verpflichtungen festgelegt werden. De facto ist das immer auch eine Neuverteilung der Kompetenzen, die mit Verträgen im Verfassungsrang (sogenannte §-15a-Verträge) abgesichert werden müssen, natürlich unter Berücksichtigung der Einnahmen aus Abgaben und Gebühren, die Länder und Gemeinden direkt erzielen (dürfen). Der fiskalische Föderalismus ist sehr schwach ausgeprägt. „Im internationalen Vergleich liegt Österreich unter denjenigen Ländern mit der geringsten Abgabenautonomie, sowohl auf Landes- als auch auf Gemeindeebene", heißt es in einer vom Finanzministerium beauftragten Expertise.[33] Anders ausgedrückt: „Im Prinzip funktioniert die Republik wie ein Alleinverdienerhaushalt. Einer bringt das Geld nach Hause und muss damit den Rest der Familie versorgen. Ohne die Segnungen des Finanzausgleichs könnte kein Kreisverkehr eröffnet, kein Bezirkshauptmann bezahlt und kein Feuerwehrhaus gebaut werden."[34] Das ist natürlich nicht im Sinne der machtbewussten Landeshauptleute.

Die vielen kleinen, immer neuen Regelungen im Finanzausgleich haben im Lauf der Zeit zu einem selbst für Experten intransparenten, undurchdringlichen Paragraphendschungel geführt. Auch 2015 wurde nur an Schräubchen gedreht, aber nichts am Gesamtsystem geändert. Schon die Einigung über eine Kostenteilung beim Bau von Eisenbahnkreuzungen wurde bejubelt.

Regelmäßig kommt dabei der Vorschlag hoch, den Ländern doch mehr Selbständigkeit und auch Steuerkompetenzen einzuräumen. Man kann annehmen, dass der Umgang mit „selbst eingenommenem" Geld zu mehr Sparsamkeit animieren würde. Andererseits würde das die vorhandene Zersplitterung auch noch auf das Steuerwesen ausdehnen, mit noch mehr Bürokratie. Wenn international tätige Konzerne dafür gescholten werden, dass sie Erträge steuerschonend zwischen Staaten mit unterschiedlichen Steuersätzen verschieben, wäre das dann auch schon innerhalb des kleinen Österreich ein Thema? Der Teufel sitzt im Detail, und deshalb wird nichts geschehen und die Länder werden sich wohl auch weiterhin an die Möglichkeiten krallen, die sie haben.

Und die liegen vor allem im hinhaltenden Widerstand, analysiert der Verfassungsrechtler Heinz Mayer: „Österreich [hat] einen sehr schwach ausgeprägten Föderalismus und [...] das ist aber auch gleichzeitig das Problem des Föderalismus, weil er so schwach im Gestalten ist. Weil sie so wenige Kompetenzen haben, verlagert sich die Tätigkeit der Bundesländer im Wesentlichen aufs Verhindern. Der Föderalismus ist in Österreich eigentlich vor allem dadurch wahrnehmbar, dass er sehr vieles verhindern kann, dass er aber sehr wenig selbst gestalten kann."[35]

Gefühlte Jahrzehnte ist über Änderungen im Schulsystem nur geredet und geredet worden, sonst nichts. Bei der Mindestsicherung für sozial Schwache hatten der Bund und Wien auf eine bundeseinheitliche Regelung gedrängt, vor allem, um die Sogwirkung in die Großstadt wegen höherer Unterstützungen zu bremsen (bereits jetzt leben 56 Prozent der Mindestsicherungsbezieher in der Bundeshauptstadt, Tendenz steigend). Es war nicht zu machen, Flüchtlingskrise hin, Zuwanderung her, trotz monatelangen Tauziehens im Jahr 2016 bleibt nach Alleingängen von Oberösterreich und Niederösterreich der Fleckerlteppich. Die Leistungen pro Haushalt und Monat differieren zwischen 322 Euro im Burgenland und 809 Euro in Tirol.[36]

Ähnlich, wenngleich nicht immer so spektakulär scheitern viele andere Harmonisierungsversuche. Man kann doch nicht so einfach die Bauordnungen angleichen, was macht man dann mit den eigenen Kompetenzen? Und den entsprechenden Beamten?

Niemand regt sich mehr wirklich über das machtpolitische Seilziehen zwischen Bund und Ländern auf. Die Österreicher sind es schon gewohnt, mit einem Dschungel an unterschiedlichen Vorschriften und Regeln zu leben.

Sie sind es gewohnt, dass es nicht nur fein säuberlich für jedes Bundesland eine eigene Gebietskrankenkasse gibt, sondern dazu noch diverse Sonderkrankenkassen (die einen für Bauern, Beamte und Gewerbe eher ÖVP-nahe, die anderen für Eisenbahner und Bergbau eher SPÖ-nahe), und dass es über den insgesamt 22 Kassen natürlich einen Hauptverband der Sozialversicherungsträger gibt, alle natürlich jeweils mit Direktorium und Stäben für die Verwaltung, dafür aber mit gewaltigen Leistungsunterschieden, je nachdem, wo das berufliche Schicksal einen Versicherungsnehmer hingespült hat. In Niederösterreich bekommt man für eine Kontaktlinse 162 Euro ersetzt, in Salzburg 1.300 Euro. Ob Rollstuhl oder Zahnersatz – es gibt in Österreich vierzehn verschiedene Leistungs- und Honorarkataloge.

Sie sind ein Land gewohnt, in dem es irrwitzig komplizierte Regeln beim öffentlichen Vergabewesen gibt, wo aber ein Gewerbeschein für Maniküre noch nicht gestattet, auch Fußnägel zu lackieren, und wo ein guter Hotelier gleich sechs Gewerbescheine braucht, um seinen Gästen diverse Dienstleistungen und Services anbieten zu können. 2017 wurde das 158-jährige Regelwerk etwas entstaubt und der Zugang zu diversen Gewerben erleichtert, aber viel Skurriles bleibt. Wenn ein Wirt bei einem Feuerwehrfest Bratwürstel auf einem gasbetriebenen Griller anbietet, darf er das in Tirol im Freien machen, in Oberösterreich nicht. Die gewerbliche Gasverordnung ist nämlich in jedem Bundesland anders geregelt.[37]

Sie sind es gewohnt, dass es in Österreich zum Brandschutz „neun Bundesverordnungen, acht Landesgesetze, zwei Landesverordnungen und 86 Normen und Richtlinien" gibt, dazu in Wien noch weitere „493 brandschutzrelevante Normen und Richtlinien".[38] Weil niemand mehr durchblickt, hat die Hofburg auch nach dem Großbrand von 1992 noch immer keine vollständige Brandschutzausstattung. Der Rechnungshof schreibt sich die Finger wund, denn der Irrsinn macht korrekte Vergabeverfahren bei Bauvorhaben fast unmöglich, die Mehrkosten gehen in die Millionen.

Aber munter werden immer mehr Verordnungen erfunden. Eine „Gepäckschnurverordnung" des Sozialministeriums für das „Inverkehrbringen von elastischen Gepäckschnüren", kurz GPSV, sieht unter § 2, Abs. 2 allen Ernstes vor, dass eine Gepäckschnur „nicht reißen darf".

Ein Land, das dies zulässt, kann auch zu keiner gestrafften, entrümpelten Verfassung kommen, auch wenn alle Rechtsexperten (und hinter vorgehaltener Hand auch so manche Politiker) eingestehen, dass das viele Klein-Klein der Kompetenzverteilungen überholt ist. Der ehrgeizige Anlauf mit dem unter Bundeskanzler Schüssel initiierten Österreich-Konvent ist gescheitert, nicht zuletzt aus der Angst der Länder vor einem Machtverlust. Denn, wie es der ehemalige Präsident des Verfassungsgerichtshofes Ludwig Adamovich drastisch ausdrückt: „[...] es gibt schlechterdings keine Materie, mit Ausnahme vielleicht vom Volkstanzwesen und den Trachtenkapellen, bei der man nicht behaupten kann, dass sie besser bundeseinheitlich geregelt wäre".[39]

In der Tat sind die Bundesländer als Hort der regionalen und lokalen Identität nicht zu unterschätzen. In den Ländern fokussiert sich der Begriff „Heimat" ganz anders als in Wien. Abgesehen davon hatte dieses Wort über Jahrzehnte auch eine parteipolitische Konnotation, nachdem es von den Nazis schlichtweg für ihre Propaganda missbraucht worden war. Im Bundespräsidentschaftswahlkampf 2016 hat Alexander van der Bellen das vermeintliche Monopol der Rechten auf diesen Begriff neutralisiert. Jedenfalls wird in Wien unterschätzt, welche Bedeutung für die regionale Verankerung das historisch gewachsene Brauchtum in den Ländern darstellt – vom Aperschnalzen über das Hundstoa-Ranggeln bis zum Glöcklerlauf.

Die Landeshauptleute von heute sind Nachfolger der alten Landesfürsten: Wolf Dietrich von Raitenau, Fürsterzbischof von Salzburg.

Die Bräuche sind oft viele Jahrhunderte alt und werden in der Hauptstadt wie fremde Inszenierungen, bisweilen sogar als touristische Folklore gesehen. Umgekehrt gibt es in Wien kaum Vergleichbares, allenfalls die Wienerlieder, deren raunzerische Melancholie wiederum im Westen unverstanden bleibt.

Wien ist auch das einzige Bundesland ohne Tracht und hat auch als einziges Land keine Landeshymne. Man braucht auch keine, man hat den Donauwalzer, den Radetzkymarsch und singt „Wien, Wien, nur du allein".[40] Auch Niederösterreich beschloss seine Landeshymne erst 1965, lange vor dem Auszug der Landesregierung aus Wien in die erst 1986 geschaffene Landeshauptstadt St. Pölten, aber erst lange nach der formalen Trennung von Wien im Jahr 1922. Die Geschichte dieses Bundeslandes ist eine besonders verwobene, im wahrsten Sinne. Ideologisch hatte sich das katholisch-bürgerliche Niederösterreich vom roten Wien, dem Spielfeld der Sozialdemokratie, schon lange entfernt,[41] aber faktisch konnte sich das Umland der dominanten Hauptstadt lange nicht verselbständigen. Auch hinsichtlich der Hauptstadt zeigt sich, dass zwischen Formalem und Realem Welten liegen können.

Es ist beileibe kein österreichisches Phänomen, dass sich kleine Regionen im Widerstand zu ihrer übergeordneten Struktur üben. Als Gegentendenz zur Globalisierung nimmt auch unter dem Dach der EU der Regionalismus zu. Abspaltungsinteressen gibt es bei den Basken und Katalanen ebenso wie im Norden

Italiens, in Großbritannien oder im Streit zwischen Flandern und der Wallonie in Belgien. Im Herbst 2016 erkämpfte das Wallonische Regionalparlament durch eine mehrere Wochen dauernde Blockade der Zustimmung Belgiens zum Handelsabkommen CETA zwischen Kanada und der EU gewisse Zugeständnisse. Überall fürchten die gewachsenen kleinen Einheiten, unter die Räder der ökonomischen Vereinheitlichung zu kommen. Sie müssen trachten, ihre Eigenheiten zu erhalten. In Österreich geschieht das durch die vielzitierte Realverfassung. Das Selbstbewusstsein der Länder steht in direkter Wechselwirkung zu dem der Landeshauptleute. Deren Liste in der Zweiten Republik ist voll mit politischen Schwergewichten. In der Zeit des Wiederaufbaus waren die Organisatoren gefragt, wie Johann Steinböck (NÖ, 1949–1962), Heinrich Gleißner (OÖ, 1945–1971) oder Josef Krainer sen. (Steiermark, 1948–1971). Dann kamen die großen Patriarchen, wie Eduard Wallnöfer (Tirol, 1963–1987), Josef Krainer jun. (Steiermark, 1980–1996) oder Andreas Maurer (NÖ, 1966–1981). Die faktische Machtfülle und extrem lange Amtszeiten führten bald zu der Bezeichnung „Landesfürsten" oder gleich „Landeskaiser". Wallnöfer amtierte 24 Jahre, Herbert Keßler (Vorarlberg, 1964–1987) und Krainer sen. 23 Jahre, und auf 21 Jahre brachte es Theodor Kery (Burgenland, 1966–1987). Besondere Popularität genossen auch Helmut Zilk (Wien, 1984–1994) oder Jörg Haider (Kärnten, 1989–1991, 1999–2008). Frauen sind mit Waltraud Klasnic (Steiermark, 1996–2005), Gabi Burgstaller (Salzburg, 2004–2013) und Johanna Mikl-Leitner (NÖ, seit 2017) nach wie vor die Ausnahme.

Rekordhalter ist bislang Erwin Pröll (NÖ, 1992–2017) mit fast 25 Jahren. Knapp nach ihm gab auch Josef Pühringer (OÖ, 1995–2017) seinen Rückzug bekannt. Die mächtigen Landeshauptleute gelten auch innerhalb ihrer Parteien als Königsmacher bei der Demontage oder Kür der Bundesparteichefs. Erwin Pröll zog in der ÖVP häufig die Fäden, Freund und Feind waren überrascht, als er 2016 mitten im Präsidentschaftswahlkampf seine Nachfolgerin aus der Regierung holte und einen neuen Innenminister installierte. Bundesparteiobmann Reinhold Mitterlehner musste zur Kenntnis nehmen, was Josef Pühringer bei seinem Rücktritt so ausdrückte: „Die Stärke der ÖVP liegt in den Ländern."[42] Und in der SPÖ kommt an Michael Häupl (Wien, seit 1994) kein Parteiobmann vorbei.

Die Zeit für Amtsträger mit absolutistischem Machtgehabe scheint dem Ende zuzugehen, mit einer neuen Generation wird sich auch bei den Landeshauptleuten das Amtsverständnis wandeln. Aber professionelle Beobachter sehen diese Säule der österreichischen Innenpolitik nicht gefährdet: „Die Macht der Länder ist unberührt. Es gibt ein gewisses Vakuum und eine Unsicherheit, wo sich die Neuen erst in dieser Rolle finden müssen, gar keine Frage, aber man darf sich da nicht täuschen. Rein von der Realverfassung her in Österreich ist es so, dass die Länder weiterhin den Durchgriff haben, bis in den Nationalrat."[43]

1 Text: Franz Karl Ginzkey, Melodie: Ludwig van Beethoven

2 Interview mit Univ.-Prof. Heinz Mayer in: Moritz Moser, Die Verfassungen der österreichischen Länder und ihre Autonomie im Vergleich. Diplomarbeit, Universität Wien, 2010, S. 135

3 Fr. Emser, Vorarlberg in seinen Beziehungen zur Schweiz. In: Vorarlberger Wacht, 11. Jänner 1919, S. 3

4 Tobias G. Natter (Hg.), Kanton Übrig. Als Vorarlberg zur Schweiz gehören wollte. Vorarlberger Landesmuseum, Bregenz 2008

5 Werner Dreier/Meinrad Pichler: Vergebliches Werben, Mißlungene Vorarlberger Anschlußversuche an die Schweiz und an Schwaben (1918–1920). Bregenz 1989, S. 9

6 Vgl. Hubert Nowak: Lesereise Salzburg, Die kleine Stadt als Weltbühne. Wien 2016, S. 44 ff.

7 Gottfried Franz Litschauer/Walter Jambor, a. a. O., S. 323

8 Rolf Steiniger, Anschlusspläne Österreichs und österreichischer Bundesländer nach 1918. In: Historisches Lexikon Bayerns: https://www.historisches-lexikon-bayerns.de/Lexikon/Anschlusspläne_Österreichs_und_österreichischer_Bundesländer_nach_1918 (abger. 9. 2. 2017)

9 Vgl. Die Entstehung des Landesnamens „Burgenland", in: http://www.burgenland.at/land/geschichte/ (abger. 9. 2. 2017)

10 Vgl. Geschichte der Stadt Oberwart, in: http://www.oberwart.gv.at/index.php?option=com_content&task=view&id=59&Itemid=226 (abger. 9. 2. 2017)

11 Hugo Portisch, Österreich I. A. a. O., S. 151

12 ebd.

13 Vgl. Moritz Moser, a. a. O., S. 54

14 Interview mit Univ.-Doz. Peter Bußjäger, in: Moritz Moser, a. a. O., S. 141 f.

15 Vgl. Ignaz Seipel, Der Kampf um die Österreichische Verfassung. Wien 1930, S. 166

16 Tiroler Landesordnung 1989 (LGBl. Nr. 61/1988), Präambel; zit. n. Moritz Moser, a. a. O., S. 73 f.

17 Vgl. Theo Öhlinger, Zur Entstehung, Begründung und zu Entwicklungsmöglichkeiten des österreichischen Föderalismus. In: Universität Salzburg (Hg.), Aus Österreichs Rechtsleben in Geschichte und Gegenwart. Berlin 1981, S. 324 ff.

18 Diese Formulierung findet sich im Dritten Entwurf, Art. 1 K-E III.

19 Moritz Moser, a. a. O., S. 23

20 Art. 16, Abs. 1 B-VG

21 Otto Ender, Die Verfassung unserer Föderation. In: Reichspost, 27. Jg, Nr. 2020. Jänner 1920, S. 2

22 Vgl. Gesetz über Gebietsveränderungen im Lande Österreich (Gebietsänderungsgesetz), dRGBl. I. 1333/1938

23 Robert Kriechbaumer, Liebe auf den zweiten Blick – Die Länder und der Bund 1945. In: Robert Kriechbaumer (Hg.), Liebe auf den zweiten Blick, Landes- und Österreichbewußtsein nach 1945. Wien/Köln/Weimar 1998, S. 24

24 Vgl. Manfred Jochum, Die Zweite Republik in Dokumenten und Bildern. Wien 1982, S. 5 ff.

25 Vgl. Manfred Jochum, Die Zweite Republik. A. a. O., S. 23

26 20. August und 18. September 1945

27 ORF-Dok.-Archiv, zit. n. Manfred Jochum, Die Zweite Republik. A. a. O., S. 24

28 Robert Kriechbaumer, a. a. O., S. 46

29 Details unter: https://www.help.gv.at/Portal.Node/hlpd/public/content/174/Seite.1740220.html

30 https://www.oib.or.at/de/inkrafttreten-2015; (abger. 16. 2. 2017)

31 Zit. n. Moritz Moser, a. a. O., S. 142

32 Details unter: https://www.bmf.gv.at/budget/finanzbeziehungen-zu-laendern-und-gemeinden/finanzbeziehungen-zu-laendern-u-gemeinden.html

33 EcoAustria – Institut für Wirtschaftsforschung, Abgabenhoheit auf Länder- und Gemeindeebene, Endbericht. Wien, März 2015

34 Rosemarie Schwaiger, Finanzausgleich: Riesensummen fließen an Länder und Gemeinden. In: Profil, 14. Mai 2015

35 Zit. n. Moritz Moser, a. a. O., S. 133

36 Bedarfsorientierte Mindestsicherung 2015, Quelle: APA/Sozialministerium

37 Sepp Schellhorn, Gewerbeordnung: „Kaiser Franz Joseph war ein Wirtschaftsliberaler". In: Trend Nr. 40/2016

38 Die Presse, 2. Juni 2016, S. 9

39 Interview mit Univ.-Prof. Ludwig Adamovich, in: Moritz Moser, a. a. O., S. 160 f.

40 Text und Melodie von Rudolf Sieczyński, 1913

41 Vgl. Philipp Blom, Die zerrissenen Jahre. A. a. O., S. 248 f.

42 Josef Pühringer, in: ZiB 2, 9. Februar 2017

43 Thomas Hofer, Politikberater, in: ZiB 2, 10. Februar 2017

10

Lagerdenken

„Ohne Partei bin ich nichts!"
Fred Sinowatz[1]

Quatschbude, Affentheater, Irrenhaus. Viele wenig schmeichelhafte Bei-namen hat das Parlament im Laufe der Zeit schon erhalten. Der Volksmund ist brutal. Und dennoch ist es das Herz der Demokratie, das Zentrum aller Ent-scheidungsprozesse in der Republik.

Zumindest in der Theorie.

In der Praxis haben sich im Laufe der Jahrzehnte Vorgangsweisen entwickelt, durch die das Parlament oft nur noch ein Haus zum Abnicken längst anders-wo durchgeführter Willensbildung wurde. Formal liegt die Gesetzgebung beim Hohen Haus, aber die Entwicklung der dort zu beschließenden Gesetze kann im Vorfeld viele Paten haben und ist nicht nur auf die Debatten im Nationalrat an-gewiesen. Die Mehrheit lenkt, meist von der Regierung aus. Dort bestimmen die Parteien laut ihrem Regierungsübereinkommen. So sagt es die Verfassung. Die Parteien sind also die Ideengeber der Staatsführung. Je nach Stärkeverhältnis bestimmen sie die Richtung des Staates.

Dieses Verhältnis hat sich im Lauf der Jahrzehnte weit über alle Lebensbe-reiche ausgedehnt. (Fast) alles in diesem Land hat eine (partei-)politische Kon-notation. Während in der Ersten Republik eine nervöse, misstrauische, gegne-rische und feindselige Frontstellung herrschte, kam es in der Zweiten Republik zu einer offenherzigen, fast partnerschaftlichen Aufteilung der Republik. Das gehört dir und das gehört mir. Und keinen hat das gestört. Es waren auch de facto nur zwei Kräfte, zwei ideologische Denkschulen, zwei Parteien, die das Land aus dem Kriegselend und der Besatzungszeit in die Selbständigkeit, in die Freiheit, in die wirtschaftliche Prosperität, zu internationalem Ansehen und in die Mitgliedschaft bei der UNO, der EFTA und der EU geführt haben.

Im Hintergrund wurde ein immer dichteres Netz von Einflüssen in alle Ecken und Winkel des Landes gesponnen, ein vielfältiges System von lockeren und informellen bis zu dicht eingebundenen Vorfeldorganisationen, über die bis heute Informationen bezogen und verteilt werden. Eine herausragende Rolle spielt dabei die Sozialpartnerschaft. Dieses ausgeklügelte System für einen friedlichen und geordneten Interessenausgleich zwischen Arbeitern und Angestellten einerseits und den Arbeitgebern andererseits hat sich zu einer schon viel kritisierten „Nebenregierung" verselbständigt. Die Sozialpartner gelten als „die letzten Dinosaurier der Zweiten Republik", als Zentrum des Machtapparates der Republik Österreich sind sie seit 2008 sogar in der Bundesverfassung verankert. Wenn die Spitzen von Regierungsparteien (oder künftigen Partnern) um ein Koalitionsprogramm ringen, ja selbst

Allianz für das „Vaterland": Engelbert Dollfuß und Heimwehrführer Starhemberg. Plakat aus dem Jahr 1934.

wenn zwischendurch, bei einer der vielen Koalitionskrisen eine Neuverhandlung vieler Punkte ansteht, wie im Jänner 2017, werden die Spitzen der Sozialpartner ganz offen zu den Verhandlungen beigezogen oder gleich damit beauftragt.

„Die Sozialpartner brauchen keine Lobby, weil sie selbst in Regierung und Parlament sitzen; sie bestellen sich Gesetze und Verordnungen; sie legen fest, wer wie lange arbeitet, wie viel dabei verdient wird und ob Gebietskrankenkassen Hüftoperationen zahlen. Kanzler gehen, Sozialpartner bleiben. So viel Macht bringt keine gute Nachrede."[2] Vor allem auch deshalb, weil sie als letzter Hort der großen Lager gelten – links und rechts, rot und schwarz, sozialistisch und bürgerlich. Die Sozialpartnerschaft gilt als Grund dafür, dass im Öster-

Ignaz Seipel als sicherer Steuermann an Bord der „Austria": Plakat der Christlichsozialen zur Nationalratswahl 1923.

reich der Zweiten Republik kaum offene Verteilungskämpfe mit großen Streiks und Demonstrationen auftraten. Der soziale Friede wurde durch das Miteinander-Reden austariert. Durch ein „Miteinander-Mauscheln" und Abtauschen, wie andere meinen. In einem Klima der „Windstille" (© Anton Pelinka).

Die Erste Republik war von Konfliktunfähigkeit gekennzeichnet. Die Zweite von Konfliktvermeidung.[3] Man wollte Konflikte gar nicht erst entstehen lassen, um sie ja nicht offen austragen zu müssen. Wenn in einer Koalition über Themen diskutiert wird, berichten die Medien, in der Regierung würde schon wieder gestritten. Dass Parteien mit unterschiedlichen Positionen um eine gemeinsame Linie bisweilen erst ringen müssen, ist zunehmend verpönt. Das verleitet zur Lähmung. Wenn sich die vier Sozialpartner (ÖGB, AK, Wirtschaftskammer und Landwirtschaftskammer), die Lobbyingorganisationen mit zum Teil sehr gegensätzlichen Interessenslagen und politischen Ansichten, nicht einigen, dann geht eben gar nichts. Eine solche Phase hat Österreich erst vor kurzem erlebt. Eine „wirtschaftspolitische Malaise", urteilte *Die Presse* über die Regierung Faymann. „Früher hatten wir eine Regierung und (in Form der Sozialpartner) eine

Nebenregierung, die diese vor sich hergetrieben hat. Jetzt haben wir keines von beiden mehr."[4]

Auch wenn die Parteien selbst oder die Sozialpartner nicht immer so aktiv sind, wie die Umstände und die Wähler es verlangen würden – die Republik gilt nach wie vor als sauber aufgeteilt zwischen Sozialdemokraten und Christlichsozialen, zwischen SPÖ und ÖVP, zwischen Rot und Schwarz. Die Blauen – und zuletzt auch die Grünen – haben nur partiell Zugang zu den Futtertrögen der realen Macht. Das hat sich zwar erst in der Zweiten Republik manifestiert, aber die Wurzeln dafür reichen, wie so oft, weit zurück.

So verworren und vielfältig, so bunt und chaotisch, so instabil und unberechenbar die Parteienlandschaft zur Zeit der Monarchie noch war, so starr und ideologisch fixiert wurden die großen Fraktionen in den Jahrzehnten danach. Im Reichsrat vor dem Ersten Weltkrieg vervielfältigte das Sprachen- und Nationalitätengewirr das Chaos an politischen Zielsetzungen (siehe Kap. 4, „Übungsschritte der Demokratie", S. 40). Die großen Tendenzen waren die Autonomie-Bestrebungen in den Kronländern und dem gegenüber das Interesse, das Reich zusammenzuhalten. Zentrifugal- und Zentripetalkräfte rangen, stritten und rauften (manchmal sogar wirklich) miteinander im Reichsratsaal, obwohl das Sagen ohnedies in der Hofburg lag. Mit der Industrialisierung und der Organisation der Arbeiterschaft kamen zwei weitere Kraftlinien dazu. Der soziale Verteilungskampf zwischen Wirtschaft und Proletariat legte sich über das ohnehin schon dissonante Parteienorchester.

Mit dem Zerfall der Habsburgermonarchie hatten die Zentrifugalkräfte gesiegt, mit der Abdankung des Kaisers war der (zunehmend machtlose) Dirigent der Dissonanz abgetreten. Man musste nicht mehr darüber diskutieren, ob in Lemberg (heute: Lwiw, Westukraine) behördliche Eingaben in Deutsch oder auch in Polnisch gemacht werden dürfen oder welche Schulbücher in Teplitz (heute: Teplice, Tschechische Republik) verwendet werden dürfen. Man musste sich „nur noch" darüber einigen, wie das Land für ein Überleben zu organisieren sei. Damit waren die Kraftlinien Wirtschaft und Arbeiterschaft angesprochen, die „Besitzenden" und die „Arbeitenden". Die Fundamente für die Lager waren gelegt.

Die Bauern, zwar nur selten reich, aber immerhin Besitzende und traditionell am Land sehr religiös, waren natürliche auf der Seite der „Christlichsozialen Partei" (CSP), die Beamten und Bildungsbürgerlichen, wie Lehrer, Ärzte oder Anwälte, überwiegend auch. Alle, die weniger zu verteidigen hatten, sondern sich ihren Platz in der Gesellschaft erst erobern mussten, wie z. B. Frauenrechtlerinnen, sahen ihren Boden überwiegend in Kreisen der Sozialdemokraten. Deren erste Zielgruppe waren aber die Arbeiter, folgerichtig nannten sie ihre politische Organisation auch „Sozialdemokratische Arbeiterpartei" (SDAP). Je radikaler, desto näher war man bei den Kommunisten. Aber das

Radikale entspricht ja selbst in Krisenzeiten nicht dem österreichischen Wesen. Demgemäß spielten die Kommunisten auch nur zeitweise eine gewisse, aber nie eine bedeutsame Rolle. Viel stärker war da schon das deutschnationale Element. Die Sehnsucht nach dem Anschluss ging durch alle Parteien, das allein hätte also somit noch kein Potential für ein eigenes Lager gehabt, entsprechend zersplittert traten diese Vertreter auch auf. Sie konnten das Thema besonders für sich zuspitzen und zudem die Religionsskeptischen bis Antiklerikalen sammeln. Bei der Wahl 1919 traten nicht weniger als 17 Parteien unter dem gemeinsamen Dach „Deutschnationale Parteien" an. Sie konnten somit zusammen eine entsprechende Größe und Bedeutsamkeit erreichen. Die Liberalen, die religiösen Freidenker sowie die staatspolitisch unabhängig Denkenden hatten schon damals wenig Nährboden im Land gefunden. Das sollte auch bei Wiederbelebungsversuchen in der Zweiten Republik so bleiben.

Bei allen fünf Wahlen der Ersten Republik traten immer auch diverse Kleinparteien an, zum Teil nur regional, wie die Bauernpartei, sie blieben aber letztlich ohne Bedeutung. Interessanter waren da schon die wechselnden Allianzen. So waren nicht nur die Großdeutschen ein Sammelbecken verschiedener Gruppen. Die Großdeutsche Volkspartei (GDVP) wechselte aus diesem Lager 1920 zu den Christlichsozialen. Mit dieser GDVP gemeinsam hat bis 1923 der Landbund kandidiert, der daher 1927 selbständig antrat. Zu diesem Zeitpunkt waren aber Christlichsoziale und Deutschnationale zu einer Einheitsliste zusammengeschlossen (und haben 48 Prozent der Stimmen erreicht). Drei Jahre später traten die Christlichsozialen wieder alleine an und unterlagen den Sozialdemokraten. Dafür hatte sich im ganz rechten Spektrum der „Schober-Block" gebildet, ein Becken für die Großdeutschen, den Landbund und diverse

Das dritte Lager der 1920er-Jahre: Wahlplakat der Großdeutschen Volkspartei.

Kleinparteien. Dazu hatten sich die Heimwehren, die ursprünglich als bürgerliche „Selbstschutzformationen" an die Christlichsozialen angelehnt waren, verselbständigt, sind als „Heimatblock" angetreten und haben auch acht Mandate erreicht.[5]

Wahlplakat der Sozialdemokraten.

Das politische Klima war also sehr wechselhaft und unübersichtlich. Grob gesprochen haben sich Christlichsoziale und Sozialdemokraten mit Wahlergebnissen zwischen jeweils 35 und 45 Prozent immer an der Spitze gehalten. Die Deutschnationalen haben von zunächst fast 21 Prozent (1919) kontinuierlich stark abgebaut, um 1930 gar nicht mehr zu kandidieren. Aber da wurde deren Ideologie von Schober-Block und Heimatblock weitergetragen, mit durchaus größerer Zustimmung. Aus dem deutschnationalen Lager gab es gegen Ende der Ersten Republik „eine deutliche Erosion zum faschistischen Lager, wobei dieses aber auch von den Christlichsozialen Stimmen gewinnen konnte".[6]

Prägend für diese Zeit war der Kampf der großen Parteiführer gegeneinander, insbesondere jener von Otto Bauer und Ignaz Seipel. Aber auch andere Politiker dieser Zeit gelten bis heute als Fahnenträger der jeweiligen Ideologie. Darunter natürlich Karl Renner, der nach der Gründung der Zweiten Republik Chef der provisorischen Regierung und wieder „Staatskanzler" wurde, weiters Ferdinand Hanusch, der Begründer der österreichischen Sozialpolitik, oder der Schutzbundorganisator Julius Deutsch. Auf der anderen Seite werden von der ÖVP hoch in Ehren gehalten: der Journalist und Seipel-Berater Friedrich Funder, der Gründer der christlichsozialen Arbeiterbewegung Leopold Kunschak oder der Sozialwissenschaftler und Mann des Ausgleichs, Ernst Karl Winter. (siehe auch Kap.: 13, „Symbole braucht das Volk", S. 170).

Austromarxismus und politischer Katholizismus waren die beiden Pole. Mit zunehmender Radikalisierung blieb die Mitte auf der Strecke. Die Parteien kämpften zum Teil mit harten Bandagen gegeneinander.[7] Negativwahlkämpfe nennt man das heute. Die Gegner wurden schlechtgemacht, das schürte das Misstrauen gegen „die anderen" und sollte die eigenen Reihen festigen.

Das tiefe Misstrauen zueinander steigerte sich in die Militarisierung der Lager. Nach dem Großen Krieg waren in mehreren Bundesländern milizartige

Verbände entstanden, bewaffnet aus Beständen der früheren k. u. k. Armee. Sie waren Ortswehren, Kameradschaftsvereinigungen oder Bürgergarden und vereinigten sich bald als der Christlichsozialen Partei nahestehende Heimwehr. Zunächst sollten nur deren Veranstaltungen geschützt werden, bald aber wollte man auch einem möglichen Angriff der Arbeiter Paroli bieten. Man fürchtete die gewaltsame Errichtung einer linken Diktatur des Proletariats. Die Industrie finanzierte ab 1922 daher großzügig diese paramilitärische Organisation, mit monatlich hundert Millionen Kronen.[8] Ihre führenden Köpfe waren Ernst Rüdiger von Starhemberg und Emil Fey.

Demgegenüber entwickelte sich bei der Sozialdemokratischen Arbeiterpartei, auch aus Schutzorganisationen für Veranstaltungen, der Republikanische Schutzbund. Unter Führung von Julius Deutsch in Wien sah er sich, wie schon der Name ausdrückt, zum Schutz der sozialen Errungenschaften der Arbeiterschaft berufen. Die neuen Arbeiterrechte, wie 8-Stunden Tag, Arbeitslosenversicherung, Kollektivverträge und Gewerkschaften, sollten auch mit Waffengewalt verteidigt werden können.

So standen die beiden Organisationen einander bald klar feindselig gegenüber. Streng militärische Hierarchien, gute Ausrüstung und Aufmärsche in (wenn auch nicht immer einheitlichen) Uniformen verstärkten die Frontstellung. Und der Staat duldete diese paramilitärischen Verbände. Die Regierung bestand ja aus den beiden Parteien, die diese Verbände förderten.

Damit nahm die Eskalation ihren Lauf. Die Heimwehr, im Streben nach Wiedererlangung der alten Größe Österreichs und häufig auch in Uniformen der Monarchie, vertrat immer mehr faschistisches Gedankengut, der Antisemitismus war längst salonfähig und politisches Mittel der Propaganda. Hass und Neid gegenüber den (besitzenden) Juden waren nicht zuletzt ein Resultat der Wirtschaftskrise. Ab den 1930er-Jahren traten auch die Nationalsozialisten gewaltbereit in Erscheinung. Selbst innerhalb der Lager war man sich nicht mehr einig, insbesondere bei den Christlichsozialen, da sich die Heimwehr immer mehr verselbständigte und radikalisierte. Mit dem Korneuburger Eid (18. Mai 1930) wurde sogar der moderate niederösterreichische Landesführer und spätere Bundeskanzler Julius Raab in die absurd strenge Pflicht genommen. Auch er hat geschworen: „Wir wollen Österreich von Grund aus erneuern! [...] Wir wollen nach der Macht im Staate greifen und zum Wohl des gesamten Volkes Staat und Wirtschaft neu ordnen. [...] Wir verwerfen den westlich-demokratischen Parlamentarismus und den Parteienstaat!"[9] Mit dem Einsatz von „Gut und Blut" strebte man nach einer „neuen deutschen Staatsgesinnung".

Der politische Gegner sah darin ein „Fascistisches Gelöbnis" (sic!) und einen „Prozeß des Zerfallens der christlichsozialen Partei".[10] Womit er nicht Unrecht hatte, obwohl bei der Wahl im darauffolgenden November die Heimwehr in Wien und Niederösterreich noch gemeinsam mit der christlichsozialen CSP kandidierte und die „Hitlerbewegung" dabei erst drei Prozent erreichte.

Aber die Morgendämmerung des Faschismus war eingeleitet.

Die Wirtschaftslage verschlechterte sich. Der Außenhandel Österreichs sackte ab, die Finanzschulden der Republik stiegen stark an, die Zahl der Arbeitslosen nahm enorm zu.[11] Und die Radikalisierung. Es war eine Krise der politischen Kultur. Und mehr als das. Bundeskanzler Dollfuß verwandelte Österreich in einen autoritären Ständestaat, er hatte sich das faschistische Italien zum Vorbild genommen, der frühere Kriegshetzer gegen Österreich, Benito Mussolini, finanzierte auch die Heimwehr. Die Demokratie war ausgelöscht. Die Nationalsozialisten machten sich immer mehr breit, auch mit terroristischen Aktionen. „Die österreichische NSDAP war [...] zu einer Landesorganisation der deutschen NSDAP geworden. Der Führer Adolf Hitler war auch der oberste Führer der österreichischen Parteiorganisation."[12]

Gewalttätige Bildsprache: Wahlplakat der Christlichsozialen.

1934 kam es zum Bürgerkrieg. Ausgehend von Linz, wo sich die Schutzbündler ihrer von Dollfuß befohlenen Entwaffnung widersetzten und das Feuer eröffneten, griffen die Kämpfe schnell auf mehrere Städte über. Polizei, Bundesheer und Heimwehr hatten bald die Oberhand, nach drei Tagen und mehr als 300 Todesopfern war der Spuk vorbei. Aber um welchen Preis! Standrecht und Todesstrafe waren von Dollfuß wieder eingeführt, viele sozialdemokratische Funktionäre waren verhaftet, Otto Bauer und Julius Deutsch in die Tschechoslowakei geflüchtet.

Breiter kann man sich die Kluft zwischen zwei Parteien nicht vorstellen, die noch bis 1920 in einer Koalition gemeinsam das Land zu entwickeln versucht hatten. Und vor allem zweier Parteien, die dasselbe nach 1945 in einem jahrzehntelangen engen Schulterschluss neuerlich schafften, in Koalitionen, die

ADOLF HITLER

spricht in Wien am 9. April 1938

Wiener!
Niederösterreicher!

Wir sind an diesem Tage alle um unseren Führer!

Propaganda für den „Anschluss": Am Vorabend der Volksabstimmung vom 10. April 1938 spricht Hitler in Wien.

manchen bald schon als viel zu eng und verschlungen erschienen. Die Versöhnung und die enge Zusammenarbeit in der Zweiten Republik sind nur mit der maßlosen Überhöhung des Wahnsinns durch das Hitler-Regime erklärbar, und mit der Tatsache, dass Österreich ausgelöscht war und keine der Parteien mehr existierte.

Denn als die Nazis immer mehr nach Österreich griffen, wollten alle sie abwehren, Christlichsoziale wie Sozialdemokraten. Aber sie agierten nicht gemeinsam, die Wunde zwischen ihnen war längt so groß, dass die Parolen der NSDAP leichtes Spiel hatten. Der Naziterror steigerte sich von provokanten Auftritten über die 1000-Mark-Sperre aus Deutschland (1933) bis zum Putschversuch und zur Ermordung von Engelbert Dollfuß.

Im christlichsozialen Lager machte dieser Mord den Antidemokraten Dollfuß fast zu so etwas wie einem Märtyrer, allen Protesten der Linken gegen den Austrofaschismus zum Trotz. Noch viele Jahrzehnte danach hatte die ÖVP ihre liebe Not, wie sie es denn mit dem Dollfuß-Porträt in ihren Klubräumlichkeiten im Parlament hält. Denn immerhin hatte sich die Diktatur unter Dollfuß gegen eine noch schlimmere Diktatur gestemmt, wenn auch vergeblich. Erst im Sommer 2017, mit Beginn der Renovierung des Parlaments, wurde das Bild „aus Platzgründen" dem Museum Niederösterreich übergeben, womit diese Affäre ein unspektakuläres Ende fand.

Nach dem Mord fanatischer Nazis an Dollfuß wurden die Attentäter Franz Holzweber und Otto Planetta im Schnellverfahren verurteilt und hingerichtet, Kurt Schuschnigg wurde Bundeskanzler und betrieb eine strikt großdeutsche Politik, bis zum bitteren Ende. Die Christlichsoziale Partei wurde zur „Vaterländischen Front", militärisch gestützt auf das Bundesheer, die Polizei und die

Heimwehren. Der Schutzbund, der bis zu 80.000 Mitglieder hatte, wurde ebenso verboten wie die Kommunistische Partei und die NSDAP. Illegal blieb der Schutzbund freilich bestehen.

Gegen Klerus und Kronen: Wahlplakat der Sozialdemokraten 1919.

Das Ziel von Dollfuß war es gewesen, die Sozialdemokraten auszuschalten. Nur wenige versuchten sich als Brückenbauer, wie der Wiener Vizebürgermeister Ernst Karl Winter, aber auch der scheiterte bald. „Winter war im katholischen Lager selbst nur Außenseiter."[13]

Was danach kam, ist bekannt. Mussolini ließ Österreich fallen und wechselte auf Hitlers Seite, Österreich war außenpolitisch isoliert. Auch Schuschniggs Versuch, eine Machtübernahme aus Deutschland auf diplomatischem Weg zu verhindern, blieb ohne Erfolg. Aus der jahrzehntelangen Deutschtümelei war blutiger Ernst geworden: Faschismus, „Anschluss", Krieg.

Nach Millionen Toten waren die Österreicher von der Sehnsucht nach einem Anschluss geheilt, aber Deutschtümelei blieb noch lange ein Attribut des „Dritten Lagers", dessen Ideologieköcher das Nationale bis heute nicht abhandengekommen ist. Der liberale Flügel hat sich in Österreich generell, aber auch im als „Verband der Unabhängigen" (VdU) auftretenden Lager nie durchsetzen können, im Gegensatz zum nationalistisch agierenden Element, das auch hierzulande in den letzten Jahren erstaunlich viel Widerhall fand.

Vor dem Zweiten Weltkrieg waren die beiden großen Parteien einander in biblischem Hass gegenübergestanden. Genau nach dem Bibelwort „Wer nicht mit mir ist, ist gegen mich" (Matthäus 12, 30).[14] Nach 1945 konstatierten einander die Parteien uneingeschränkt wechselseitig nach Grillparzer: „In deinem Lager ist Österreich!"[15]

Welch ein Wandel! In den ersten Jahren nach dem Krieg hatte man die gemeinsamen Ziele Unabhängigkeit und Wiederaufbau. Die Konkurrenz bei den Wahlen bestand überwiegend darin, wer wie viel dabei mitreden dürfe, aber nicht in grundlegenden Differenzen. Da blieb wenig Raum für Gehässigkeiten und Verachtung, wie sie später immer wieder vorkamen. 1980 hatte Nationalratspräsident Anton Benya (SPÖ) vergessen, sein Mikrofon auszuschalten, wodurch die Abgeordneten sein „Halt's die Gosch'n da unten!" deutlich vernehmen konnten. Der Wiener Bürgermeister Michael Häupl (SPÖ) grantelte 1999 in Richtung der anderen Parteien über „all die mieselsüchtigen Koffer, die so herumrennen", und Nationalratspräsident Andreas Khol (ÖVP) meinte 2006, er könne „die Roten Gfrieser im ORF nicht mehr sehen".

Man zog – meistens zumindest und jedenfalls am Anfang – an einem Strang. Bis 1970 war die ÖVP voran, zuletzt sogar in einer Alleinregierung, dann mit Bruno Kreisky die SPÖ, auch wieder allein, bis nach kurzem SPÖ-FPÖ-Zwischenspiel wieder eine Große Koalition kam, diesmal unter roter Führung. Ab da nahmen die Erosionserscheinungen der „Großparteien" zu, heute ist das Wort Große Koalition nur noch aus dem historischen Bezug zu rechtfertigen.[16] 1945 hatten ÖVP und SPÖ gemeinsam noch 94,4 Prozent der Wählerstimmen erreicht, bei der Nationalratswahl 2013 waren es gerade einmal 50,8. Tendenz in Umfragen danach: weiter sinkend. Dennoch spricht man nach wie vor von den großen „Lagern". Bis 1983 verstand man darunter ohnedies nur links und rechts, rot und schwarz, SPÖ und ÖVP. Die wenigen Blauen waren irgendwie halt auch da. Als Fred Sinowatz 1983 eine SPÖ-Koalition mit den Freiheitlichen einging, hatten diese bei der Wahl gerade einmal fünf Prozent erreicht. Bis heute spricht man bei der FPÖ vom „Dritten Lager", meint damit aber im Nachhall immer irgendwie auch diejenigen, die nicht dazugehören, die nicht bei den Großen dabei sind, nicht bei denen, die entscheiden und führen. Der 1949 erstmals angetretene VdU versuchte sich von Anfang an als Alternative zu ÖVP und SPÖ zu präsentieren. Das Auffangbecken für ehemalige Nationalsozialisten distanzierte sich zwar von Kriegsverbrechern, nur „anständig" gebliebene Ex-Nazis hätten da eine Heimat, so Mitbegründer Herbert Kraus. Diesen Stallgeruch wurde die seit 1956 als FPÖ agierende Partei jedoch bis heute nicht los. Aber auch die anderen Parteien umwarben bald die „Ehemaligen". Seit Franz Vranitzkys Doktrin von 1986, samt einem Parteitagsbeschluss, wonach die SPÖ niemals eine Koalition mit den Freiheitlichen eingehen werde, bezeichnen diese das als undemokratische „Ausgrenzung". Und auch wenn die FPÖ 1999 unter Jörg Haider 27 Prozent erreichte und nach einem Absacken bei der Wahl 2013 wieder auf über 20 Prozent steigen konnte, und auch wenn 2016 der FPÖ-Kandidat Norbert Hofer bei der Bundespräsidentenwahl sogar mehr als 46 Prozent für sich gewann – beim Wort „politische Lager" sind in Österreich immer noch überwiegend zwei gemeint, rot und schwarz. Ganz zu schweigen davon, dass bei den Grünen, immerhin auch schon seit 1983 im Parlament, niemand auf die Idee käme, von einem „Vierten Lager" zu sprechen.

Das ist aber kein österreichisches Phänomen, das kennt man in vielen Ländern:

In Deutschland gab es über Jahrzehnte de facto nur das bürgerliche Lager der Christlichsozialen „Schwesterparteien" (CSU in Bayern und CDU in allen anderen Bundesländern) sowie der sozialdemokratischen SPD. Dazwischen war die FDP, im Gegensatz zur österreichischen FPÖ wirklich eine liberale, freidemokratische Partei, die bei Koalitionsbildungen häufig ein bedeutendes Zünglein an der Waage bildete, aber immer eine Kleinpartei blieb. 2013 flog sie sogar gänzlich sowohl aus dem bayrischen Landtag als auch aus dem Bundestag. Das de facto Zweiparteienschema wurde erst mit dem Auftreten der Grünen 1983 erweitert, die Grünen gelten als noch eher links als die SPD, bildeten mit dieser auch schon eine Koalition. Eine wirklich linke, kommunistische Partei

Wahlkampf im Medienzeitalter: TV-Konfrontation Bruno Kreisky – Karl Schleinzer, 29. September 1971.

hatte im Westen Deutschlands durch die Teilung des Landes und die Frontstellung zum kommunistischen Ostblock keinen Nährboden (die KPD war nur unmittelbar nach 1945 im Bundestag vertreten). Nach dem Mauerfall 1989 und der Wiedervereinigung ist im Osten aus der kommunistischen SED zunächst die Partei des demokratischen Sozialismus (PDS) hervorgegangen, die sich später mit anderen Gruppierungen als „Die Linke" formierte. Im Osten findet auch die bekennende rechte, ausländerfeindliche „Alternative für Deutschland" (AfD) das Gros ihrer Anhänger. Das Spektrum von links und rechts ist also im ehemaligen Osten deutlicher und breiter, die klassischen Parteien haben sich nach der Wiedervereinigung einfach um ihnen verwandte Gruppierungen im Osten erweitert, aber ansonsten erstaunlich wenig verändert.[17]

In Großbritannien werden die beiden Pole von den Tories *(Conservative and Unionist Party)* und der Labour Party gebildet. Auch dort gibt es im Unterhaus Grüne, Liberale und andere kleinere Parteien, wirklich durcheinandergewirbelt wurde die Parteienlandschaft zuletzt durch die UK Independence Party (UKIP) mit ihrem Erfolg bei der EU-Austrittsabstimmung.

In Italien dominierte bis Mitte der 1990er-Jahre die Democrazia Cristiana mit einem Wähleranteil von um die 40 Prozent, ihr gegenüber standen Kommunisten, Sozialisten und Sozialdemokraten. Danach traten viele neue und kleine Parteien auf den Plan, die auch sonst schon traditionell instabilen Regierungen wechselten in noch kürzeren Abständen, bis sich bei der Wahl 2008 durch Fusionen wieder ein Mitte-links- *(Partito Democratico)* und ein Mitte-rechts-Lager *(Popolo della Libertà)* formierten, was die Stabilität der

Regierungsmehrheiten in Rom aber nur mäßig erhöhte, zumal neuerlich nicht einzuordnende neue Parteien auftreten, wie die 5-Sterne-Bewegung des Komikers Beppe Grillo.

In den USA spielt sich das politische Leben seit dem Bürgerkrieg (1861–1865) in einem Wechselspiel zwischen Republikanern und Demokraten ab. Auch dort gibt es viele weitere, oft nur in einem Bundesstaat auftretende (Klein-)Parteien, sogar ganz legal eine American Nazi Party, aber das Sagen haben letztlich Elefant oder Esel,[18] also die Republikaner oder die Demokraten. Den europäischen Links-Rechts-Raster kann man auf diese beiden Lager nur sehr bedingt anwenden. Die Republikaner kann man wohl, insbesondere mit ihren Auslegern der Tea-Party-Bewegung, als „rechts" bezeichnen, die Demokraten sind dagegen sicher mehr auf sozialen Ausgleich bedacht. Wirklich linksgerichtet oder gar kommunistisch zu sein, erfährt in den USA eine durchgehend breite Ablehnung.

Das Wahlvolk, egal in welchem Land, mag offenbar klare Etiketten. Die Parteien tragen das ihre dazu bei, selbst im EU-Parlament formieren sich die ideologisch verwandten Parteien zu möglichst geschlossenen Fraktionen. Die Gemischtwarenhandlung unserer Tage wird durch versuchte Zuordnung in altbekannte Kategorien möglichst simplifiziert. Die Grünen gelten als links, die Blauen als rechts. Punktum. Das Liberale Forum (LIF, 1993 als Abspaltung von der FPÖ gegründet und bis 2008 im Parlament) wurde buchstäblich gespalten bewertet – als gesellschaftspolitisch links und als wirtschaftspolitisch rechts. Nach Ansicht vieler Kommentatoren damals war das ein Hauptgrund für sein Scheitern. Nur die liberalen Nachfolger des LIF, die Neos (seit 2013 im Parlament und mittlerweile mit dem LIF fusioniert), sind bisher einer solchen simplifizierenden Etikettierung weitgehend entgangen. Die ehemaligen Großparteien haben ab den 1980er-Jahren kontinuierlich abgebaut, ohne freilich ihr politisches Selbstbewusstsein und ihr Machtnetzwerk zu verlieren. Von den ideologischen Naheverhältnissen ist man versucht, die alten Lager nunmehr vielleicht mit Rot-Grün und Schwarz-Blau zu befüllen, in der Praxis hat es aber inklusive der Bundesländer schon fast alle Koalitionsvarianten gegeben. Selbst Rot-Blau ist nicht mehr tabu. Aber die SPÖ würgt schwer an einer Öffnung zur FPÖ. Ein „Kriterienkatalog" sollte nach der Nationalratswahl 2017 das Dilemma einer möglichen SPÖ-FPÖ-Koalition von einer ideologisch-emotionalen auf eine sachliche Ebene bringen.

Wobei diese vorgezogene Wahl im Oktober 2017 von Politikern und Journalisten allgemein bereits als große Zäsur gesehen wird. Zu verbraucht scheinen Themen und Akteure der Großen Koalition. Niemand will sich eine Neuauflage und Verlängerung der gegenseitigen Lähmung vorstellen.

Dennoch: Die alten Lagerzuordnungen bleiben in den Hinterköpfen ein-

Eine neue politische Kraft formiert sich: Madeleine Petrovic, die Klubchefin der Grünen, und der grüne Abgeordnete Alexander van der Bellen bei einem Anti-Atom-Protest in der Französischen Botschaft in Wien, Juli 1995.

gebrannt. Und immer noch wird die Frage gestellt, wer wohin „gehört". Bei der Personalpolitik im Öffentlichen Dienst, bei der Besetzung von Schuldirektionen, bei der Vergabe von Gemeindewohnungen, bei Interventionen um einen Arbeitsplatz – natürlich nicht offiziell, aber es geht immer leichter, wenn der Bewerber oder Bittsteller „einer von uns" ist.

„Which Side Are You On?", fragte die amerikanische Folkmusikerin Florence Reece in einem bis heute populären Protestsong 1931, auf der Seite der Arbeiter oder auf jener der Bosse?[19] Ihr Mann war Gewerkschafter der Minenarbeiter in Kentucky. In einem in Gewalt eskalierten Arbeitskampf der Arbeiter gegen Minenbesitzer und Polizei musste sich jeder deklarieren.

Auch im Österreich der Zweiten Republik „musste" man sich entscheiden, welcher Seite man angehört, klar und deutlich, fürs ganze Leben. Einmal ein Roter, immer ein Roter. Und umgekehrt. Wer sich einmal wo „angelehnt" hat, war und ist punziert. Das gilt bis heute. Die, die sich so gar nicht entscheiden konnten, waren lange suspekt, die, die vielleicht sogar wechselten, galten in den Parteiapparaten als Verräter.

Aber die Zahl derer, die sich so eindeutig deklarieren und wo „anlehnen" wollen, ist zurückgegangen. Insbesondere bei der SPÖ gibt es immer weniger Parteibücher, 1980 hatte die Partei 730.000 direkte Mitglieder, rund 200.000 sind es derzeit. Dazu kommen allerdings die Mitglieder der diversen Vorfeldorganisationen, rund 300.000 allein beim SPÖ-nahen Pensionistenverband. Vergleichsweise stabil dagegen ist die Entwicklung bei der ÖVP. Die nennt keine offiziellen Zahlen. Eine 2006 erschienene Studie bezifferte die ÖVP-Basis mit 780.000 Mitgliedern.[20] Da sind aber auch die Mitglieder der Teilorganisationen, der sogenannten „Bünde", eingerechnet. Man ist als Mitglied des Bauernbundes oder des ÖAAB automatisch vollwertiges Mitglied der Partei, was gar nicht alle wissen. Eine direkte Mitgliedschaft bei der Bundespartei ist möglich, aber selten. Die FPÖ gibt an, rund 50.000 Parteimitglieder zu haben, dieser Wert ist nicht annähernd so stark gestiegen wie die Zahl der FPÖ-Wähler. Die Grünen hatten 2014 gerade einmal 6.500 Mitglieder, die NEOS 2.000.[21] Bei diesen Parteien spielen allerdings informelle Unterstützer und Mitarbeiter eine größere Rolle als bei den traditionellen Parteien.

Immer noch dürfte es in keinem anderen Land Europas eine so hohe Dichte an Parteimitgliedern geben wie in Österreich. Im zehnmal größeren Deutschland haben SPD und CDU je rund 450.000 Mitglieder, die CSU nennt knapp 150.000.[22] Die britische Labour Party hat nicht einmal 200.000 Mitglieder. Mit dem hohen Identifikationsgrad zu österreichischen Parteien haben es diese auch in der Sachpolitik leichter – mit Zuordnungen, was man für welche Gruppe „herausholt", was wem nützt und was wem wehtut und was man womit abtauschen kann. Die Klientelpolitik feiert seit Jahrzehnten fröhliche Urständ', Deals und Junktims waren und sind bis heute an der Tagesordnung. Und wenn es um wichtige Positionen geht, sei es im staatlichen oder staatsnahen Bereich, zählt nach wie vor das Parteietikett – siehe die Bestellung des ÖIAG-Vorstandes im Juni 2015, die Wahl des Rechnungshofpräsidenten im Juni 2016 oder die Wahl des ORF-Generaldirektors im Sommer 2016 durch parteinahe „Freundeskreise". Die Liste ist fortsetzbar.

In der sachlichen Ausrichtung sind mittlerweile die Wertungen „links" oder „rechts" nur noch sehr eingeschränkt gültig. Wirklich links und wirklich rechts ist keine der Parteien, beide Lager bemühen sich aus Gründen der Mehrheitsfindung um ein breites Spektrum, alle buhlen um die „Mitte" und sehen sich als Volksparteien. Die ÖVP sowieso, sie deckt mit ihren Bünden schon traditionell alle wesentlichen Schichten des Volkes ab. Aber auch die SPÖ ist längst über die Kernzone der Arbeiterschaft hinausgewachsen, hinein in die Schicht der Bürgerlichen, der Künstler und der Intellektuellen, seit Kreiskys Einladung, ein Stück des Weges mit ihm zu gehen. Bei der einstigen Kernschicht, der ursprünglich linken Arbeiterschaft, sieht sich die SPÖ sogar mit starken Abwanderungen zur FPÖ konfrontiert.

Jörg Haider nach der Abspaltung des BZÖ von der FPÖ: Werben um enttäuschte Sozialdemokraten.

Die Zahl der Wechselwähler steigt, und mit ihnen suchen die Parteien ihre Orientierung, ihre „lichtung", um mit Ernst Jandl zu sprechen:

manche meinen
lechts und rinks
kann man nicht velwechsern
werch ein illtum![23]

Selbst in der internationalen Politik gelten die alten Schubladen nur noch bedingt. Wladimir Putins Politik in Russland, einst Hort des Kommunismus, trägt viele Züge einer nationalistischen rechten Gesinnung, und in Griechenland bilden selbst rechts- und linksextreme Parteien offenbar ohne Berührungsängste eine Regierungskoalition.

In Österreich sind die nach der Flüchtlingskrise von 2015 von der SPÖ gesetzten Maßnahmen zur Eindämmung der Zuwanderung vielen Fundamentalroten ein Dorn im linken Auge, die ÖVP will nicht nur Wirtschaftspartei sein

Bundeskanzler Wolfgang Schüssel demonstriert Heimatliebe: Plakat der ÖVP zur Nationalratswahl 2006.

und mit ihrer Sozialpolitik auch Arbeitnehmer vertreten, und selbst die rechts eingeordnete FPÖ spielt mit Forderungen wie der nach einer Mindestpension bei Bedarf durchaus auch auf den linken Tasten der Klaviatur.[24] Da pochen die Konservativen auf Reformen und die Linken bremsen und werden zu Konservativen. Die alten Lageretiketten stimmen vielfach nicht mehr. Die Ideologien sind vom Pragmatismus aufgesaugt, aber aufgeben wollen die Ideologen in den Lagern auch nicht.

Die vielen Ein-Personen-Unternehmer sind Selbständige, aber sicher keine Kapitalisten. Vertreten fühlen sie sich von niemandem, von keiner Kammer und keiner Gewerkschaft. Die Wirtschaft fordert flexiblere Arbeitszeiten, viele Arbeitnehmer wollen das auch,[25] man müsste sich nur einigen. Aber die (rot dominierte) Gewerkschaft zögert. Und bei längst notwendigen Reformen im Bildungswesen zeigt die (schwarz dominierte) Lehrervertretung die „Mobilität einer Weinbergschnecke" (© Politikwissenschafter Peter Filzmaier). Die alten Lager haben Angst vor einem Profilverlust durch einen pragmatischen Zugang auf aktuell auftretende Problemstellungen.

Das Streben nach der „Mitte", gemeint ist damit auch, es möglichst vielen recht zu machen, führte in der Tat schon zu einer ideologischen Angleichung, ja Austauschbarkeit. Vielleicht hat man aus der Geschichte gelernt, jedenfalls gelten die Extreme derzeit als unbeliebt. Auch organisatorisch haben sich die einst verfeindeten Lager angeglichen. Bei den Bürgerlichen verschwand das Attribut der „Honoratioren-Partei", bei den Sozialisten verschwand die Distanz zur (Hoch-)Kultur und zum Hedonismus.

Und dennoch – wenn man Details der Wahlergebnisse aus der Ersten mit denen der Zweiten Republik vergleicht, zeigt sich auch eine interessante Konstante: Die Hochburgen der damaligen Parteien, der Sozialdemokraten, Christlichsozialen und Deutschnationalen, sind ziemlich deckungsgleich mit den späteren Hochburgen von ÖVP, SPÖ und FPÖ.[26] Die wirklichen Kernschichten sind inzwischen stark erodiert, die Stammwähler werden weniger. Und manchmal brechen auch traditionelle Hochburgen wie Kartenhäuser zusammen, wie in Graz. In Österreichs zweitgrößter Stadt stellte die SPÖ bis 2003 den Bürgermeister, im Februar 2017 flog sie gänzlich aus dem Stadtsenat. Der Zuwachs der FPÖ geht zumeist auf Kosten der alten Lager, oft auch weil sich ehemalige Stammwähler von ihrer Seite nicht mehr verstanden und vertreten fühlen. FPÖ-Obmann Jörg Haider hat oft auch, natürlich abwertend, von „Altparteien" gesprochen.

Deren Leuchttürme sind geschrumpft, haben sich sonst aber kaum verschoben, auch nicht beim Wandel von der bunten und ethnisch vielfältigen Parteienlandschaft der Monarchie zu jener des ethnisch weitgehend einheitlichen kleinen Österreich. Lager sind wie fix verlegte Gleise. Nur werden sie jetzt weniger befahren. Noch zu Beginn der Zweiten Republik waren die Großparteien Massenorganisationen mit Gewerkschaft oder Kammern, Parteizeitungen, eigenen Sportvereinen und Kulturzirkeln. Den Typus der Massenmitgliederpartei gibt es längst nicht mehr. Aber immer noch gilt: Der ASKÖ ist rot, die „Union" ist bürgerlich, und das kann man auf Autofahrerclubs, Wohnbaugenossenschaften und selbst auf Banken und Versicherungen übertragen. Natürlich nicht offiziell. Doch eingefleischte Parteigänger können das System „von der Wiege bis zur Bahre" in derselben Organisation (oder Parteifamilie) bis heute durchziehen, vor allem in traditionell eng durchwobenen Bundesländern wie dem roten Wien und dem schwarzen Niederösterreich. Und Unternehmer erzählen heute noch, wie bei der Vergabe von öffentlichen Aufträgen (vom Bund genauso wie von den Ländern) genau aufgeteilt war, wer wo zum Zug kommen durfte. Erst die Einführung strenger Vergaberichtlinien durch die EU hat dieses System einigermaßen aufgebrochen.

Das führte zum Vorwurf, die Parteien würden sich mittlerweile alles im Staat nach ihren Bedürfnissen richten. Nährstoffe dafür gibt es viele, von der selbst bestimmten Parteienfinanzierung[27] bis zum Druck auf Medien über Inserate und

Presseförderung. Schon in der Ersten Republik hat die Politik das neue Medium Radio entdeckt: „Man stritt um die Satzungen der RAVAG[28], um politischen Einfluß bzw. um Ausschaltung eines solchen Einflusses."[29] Nicht anders ist es heute.

Da wundert sich niemand mehr, dass die Parteien schlechthin im Wahlvolk zunehmend unpopulär wurden. Bei SPÖ und ÖVP zeigte sich die Erosion im Inneren durch Streit und Obmannwechsel. In der SPÖ wurde Werner Faymann durch den smart wirkenden ÖBB-Manager Christian Kern ersetzt, in der ÖVP sind die Wechsel rasanter. Nach nur etwas mehr als einem Jahr von Wilhelm Molterer übernahm Josef Pröll das Ruder, ihm folgten Michael Spindelegger und Reinhold Mitterlehner, bis 2017, als fünfter Obmann innerhalb von zehn Jahren, Sebastian Kurz an die Spitze gehoben wurde. Der 30-jährige Außenminister versuchte dann auch rasant, die klassische Struktur seiner Partei aufzubrechen und den starken Einfluss von Bünden und Landesorganisationen zurückzudrängen. Nach außen sollte die Modernisierung durch neue Farbcodes und das Vermeiden des alten Parteikürzels vermittelt werden. Als „Liste Sebastian Kurz – die neue Volkspartei" zog man in die Wahl vom Oktober 2017. Schlagartig schnellten die Umfragewerte für die neue bürgerliche Bewegung in die Höhe.

Wobei sich nach dem Vorbild des erfolgreichen Emmanuel Macron in Frankreich auch hierzulande die Parteien generell am liebsten als „Bewegung" sehen. Auch der von den Grünen abgespaltene Abgeordnete Peter Pilz kommt zwar aus der Parteipolitik, rebelliert aber gegen diese. Seine eigene Liste bei der Wahl sollte alles, nur keine Partei sein. Viel früher, 1995, hat übrigens schon Jörg Haider die FPÖ (erfolglos) als „F-Bewegung" zu positionieren versucht.

Jedenfalls, Dynamik ist gefragt. Partei klingt altmodisch, starr, verkrustet. Das Land aber, so fordern viele, brauche endlich Änderungen. Das traut man Jüngeren eher zu. Ein echtes Regieren und Modernisieren. Eine Abkehr vom Lagerdenken als Klientelpolitik, ein Aufbrechen der in die Jahre gekommenen Sozialpartnerschaft als Gralshüter von Partikularinteressen. Vorwärtsgewandt und aktiv, statt brav zu verwalten. Dieser Anspruch freilich wird immer schwerer erfüllbar. Als die großen Parteien noch wirklich groß waren, hatten sie gemeinsam weit mehr als eine für Verfassungsänderungen erforderliche Zweidrittelmehrheit. Heute brauchen große Reformen drei oder mehr Parteien. Die Aufsplitterung der Parteienlandschaft macht ambitionierte Reformpläne leicht zu farblosen Kompromissen. So wächst die Sorge, ob das Land überhaupt noch reformierbar ist.

ÖVP und SPÖ haben im Grunde diese Republik geschaffen. Ein Jahrhundert nach der Gründung stehen einander die großen Lager von früher mit Abneigung gegenüber. Nicht mit Hass wie in der Ersten Republik, aber mit Misstrauen. So ist mit der Nationalratswahl 2017 eine Ära zu Ende gegangen.

1 Rede vor dem SPÖ-Parteitag 1983
2 Gernot Bauer, Überlebenskampf der Politdinosaurier. In: Profil, 4. Juni 2016
3 Vgl. Doron Rabinovici: Literatur und Republik. In: Gerald Lehner (Hg.), „Was wird das Ausland dazu sagen?". Wien 1995, S. 132 f.
4 Josef Urschitz, Sozialpartner: Die pragmatisierten Verwalter des Stillstands. In: Die Presse, 18. September 2015
5 Quelle: Herbert Dachs u. a. (Hg.), Handbuch des politischen Systems Österreichs. Erste Republik 1918–1933. Wien 1995, S. 150
6 Thomas Hoffmann, Die Nationalratswahlen der Ersten Republik, Eine statistische Studie. Dissertation, Universität Wien 2013, S. 236
7 Eine große Sammlung der Wahlplakate der Ersten Republik findet man unter: http://www.oeaw.ac.at/cmc/kds/index.php
8 Vgl. Manfred Jochum, Die Erste Republik. A. a. O., S. 87
9 Zit. n. Walter Kleindel, Österreich, Daten zur Geschichte und Kultur. Wien/Heidelberg 1978, S. 335
10 Arbeiterzeitung, 19. Mai 1930
11 Quellen: Felix Butschek, Statistische Reihen zur österreichischen Wirtschaftsgeschichte. Wien 1993, eigener Entwurf; Roman Sandgruber, Ökonomische Krise und Delegitimierung der Demokratie, in: Günther Schefbeck (Hg.), Österreich 1934, Vorgeschichte – Ereignisse – Wirkungen. Österreich Archiv, Wien 2004, S. 44 f.
12 Wolfgang Neugebauer, in: Günther Schefbeck, a. a. O., S. 74
13 Litschauer/Jambor, a. a. O., S. 340
14 Beim Evangelisten Markus heißt es etwas versöhnlicher: „Wer nicht gegen uns ist, ist für uns." (Markus 9, 40)
15 Franz Grillparzer, Feldmarschall Radetzky. In: Franz Grillparzer, Sämtliche Werke. Band 1, München 1960–1965, S. 318
16 Liste aller Regierungen seit 1945 unter: Bundeskanzleramt, https://www.bka.gv.at/regierungen-seit-1945
17 Vgl. Ulrich von Alemann: Die deutschen Parteien seit 1945; in: Bundeszentrale für politische Bildung, 25. Februar 2015, (http://www.bpb.de/politik/grundfragen/parteien-in-deutschland/42047/parteiensystem-seit-1945)
18 Die Symbole der Parteien gehen auf den amerikanischen Bürgerkrieg (1861–1865) zurück und werden seit Ende des 19. Jh. durchgehend verwendet.
19 Gesamter Text unter: http://unionsong.com/u015.html
20 Wiener Zeitung, 23. 11. 2014
21 Quelle: https://neuwal.com/2014/11/23/entwicklung-und-ueberblick-parteimitglieder-in-oesterreich/
22 Die Zeit, 12. Juli 2016: SPD verliert die meisten Mitglieder (http://www.zeit.de/politik/deutschland/2016-07/parteien-mitgliederschwund-spd-verliert-am-meisten)
23 Ernst Jandl, „lichtung", erstmals veröffentlicht im Lyrikband Laut und Luise. Olten: Walter 1966
24 APA OTS 0174, 4. November 2016, 14:59
25 Studie des Market-Instituts, Ein 12-Stunden-Arbeitstag – warum nicht? (http://www.market.at/news/details/ein-12-stunden-arbeitstag-warum-nicht.html; abger. 1. 2. 2017)
26 Vgl. Thomas Hoffmann, a. a. O., S. 81 ff.
27 2017 insgesamt 209 Millionen Euro (Quelle: APA; Wiener Zeitung, Mehr Geld für die Parteien. 4. Jänner 2017, S. 7)
28 Radio Verkehrs AG, gegr. 1924, ab 1958 ORF
29 Hugo Portisch: Österreich I. A. a. O., S. 247

11

Szenen einer Ehe: Streit, Skandale und Affären

„Es gilt die Unschuldsvermutung."
Stehsatz in vielen Medienberichten der Zweiten Republik

Langjährige Partnerschaften kommen nie ohne Konflikte und Streit aus. Das gilt auch für die Politik. Wenn eine Partei das Gefühl hat, sie selbst sei die Republik, ihr „gehöre" schon das Land und sie habe Einfluss über alle Grenzen der Gesetze und des Anstands hinweg, dann ist das der Boden für handfeste Skandale. Diese brechen in aller Regel erst Jahre später aus, dann aber mit besonderer Heftigkeit.

Den ersten Tiefschlag dieser Art in der Zweiten Republik musste die SPÖ einstecken. Franz Olah, gelernter Klavierbauer und später als Innenminister, ÖGB-Chef und Zweiter Präsident des Nationalrates der starke Mann der Sozialisten, hatte 1964 Gewerkschaftsgeld veruntreut, um die *Kronen-Zeitung* und die FPÖ zu unterstützen. Er wurde aus der SPÖ ausgeschlossen und gründete die rechts-sozial-populistische „Demokratische Fortschrittliche Partei" (DFP), was 1966 die SPÖ zumindest Stimmen kostete und zur ÖVP-Alleinregierung führte. 1969 musste Olah für vier Monate ins Gefängnis.

Vom selben Richter Walter Melnitzky wurde Ende der 1960er-Jahre auch ein prominenter ÖVP-Politiker hinter Gitter geschickt. Walter Müllner, Landeshauptmannstellvertreter in Niederösterreich, hatte als mächtiger Generaldirektor der Energiegesellschaft NEWAG durch geschickte Transaktionen Geld zur Finanzierung seiner Partei abgezweigt.

Ende der 1980er-Jahre wurden die SPÖ und die Republik von einem ganzen Reigen an Skandalen rund um den „Fall Lucona" erschüttert. Viele Jahre lang hatte der grellbunte Society-Löwe Udo Proksch in Wien Hof gehalten. Der ehemalige Schweinehirt hatte es zum Eigentümer der Nobelkonditorei Demel am Wiener Kohlmarkt gebracht. Im dortigen 3. Stock tagte der Club 45, die – wie es Bruno Aigner, Sprecher des späteren Bundespräsidenten Heinz Fischer und SPÖ-interner Kritiker, ausdrückte – „Eiterbeule der Sozialdemokratie". Proksch war mit halb Wien verhabert, durfte sich erlauben, was niemand sonst gewagt hätte, und war der Hofnarr der SPÖ-Granden. „Der Club 45 ist mein Schutzwall gegen die Intrigen, die man gegen mich spinnt", sagte er.[1] Sein „Schutzwall" waren Prominente wie Franz Vranitzky, Fred Sinowatz, Hannes Androsch, Leopold Gratz, Karl Blecha, Heinz Fischer, Helmut Zilk und viele andere.[2] Mit einem Panzer kutschierte er einmal durch Wien, er war ein Waffennarr mit besten Beziehungen zum Bundesheer und scheute sich auch nicht, mit scharfer Munition herumzuballern. Und als er kriminell wurde, taten seine Freunde alles, um wegzuschauen.

Legendärer Spekulant und Finanzjongleur: der „Trillionär" Sigmund Bosel.

1977 wurde der mit einer angeblichen Uranerzaufbereitungsanlage, in Wahrheit aber mit Schrott beladene Frachter „Lucona" hoch versichert von Venedig aus in den Indischen Ozean geschickt – und dort versenkt. Als die Versicherung einen Betrug vermutete und zu recherchieren begann, stand Proksch selbst bei gerichtlichen Ermittlungen und in der Untersuchungshaft im Schutz mächtiger Freunde. Es dauerte lange, bis das Netzwerk platzte, aber es platzte laut. Als Proksch auch noch nach einer Gesichtsoperation auf den Philippinen untergetaucht war, startete in Wien 1988 ein parlamentarischer Untersuchungsausschuss, erstmals medienöffentlich. Und schon nach wenigen Tagen hagelte es Rücktritte: Innenminister Karl Blecha und Außenminister Leopold Gratz mussten gehen, Letzterer wurde auch wegen falscher Zeugenaussage verurteilt, und auch der Generaldirektor für die Öffentliche Sicherheit, Michael Sika, nahm seinen Hut. Der Bericht des

Untersuchungsausschusses ließ an Deutlichkeit nichts übrig und listete auf 54 Seiten penibel eine Unzahl an Gesetzesverletzungen höchster Staatsrepräsentanten auf: „Der Ausschuss hat [...] ein erschütterndes Bild politischen, moralischen und rechtlichen Fehlverhaltens aufgedeckt. Man muss geradezu von einem Sumpf der Freunderlwirtschaft, Kameraderie, Begünstigung und Korruption sprechen, der im Club 45 mit Udo Proksch einen Schwerpunkt hatte und Spitzenpolitiker der SPÖ erfasste …"[3]

1989 wurde Proksch trotz Bart und falschem Pass verhaftet, beim Strafprozess wurde schließlich die Suche nach dem Wrack beschlossen – und als das Schiff tatsächlich am Meeresboden gefunden wurde, war das Urteil nur noch Formsache: Für sechsfachen Mord, sechsfachen Mordversuch (an den Matrosen) und Versicherungsbetrug wanderte Proksch lebenslang ins Gefängnis, wo er 2001 in Graz-Karlau bei einer Herztransplantation verstarb.

Nach dem „Sündenfall" rund um die Lucona wurden die Behörden und Gerichte hellhöriger gegenüber politischen Einflussversuchen. Missbrauch, Lügen und Korruption waren damit aber nicht aus Österreich verbannt. Ex-Finanzminister Hannes Androsch, damals noch „Leider nein"-Millionär, wurde 1988 wegen einer Falschaussage in Zusammenhang mit seiner Steuercausa im AKH-Untersuchungsausschuss zu einer Geldstrafe von 900.000 Schilling (ca. 65.000 €) verurteilt. Der Noricum-Untersuchungsausschuss führte später zu einer gerichtlichen Verurteilung von Karl Blecha.

Aus der Zeit der ÖVP-FPÖ-Koalition ist die sogenannte BUWOG-Affäre nicht restlos aufgeklärt. Seit 2002 gibt es rund um den Verkauf von 60.000 Wohnungen der Bundeswohnbaugesellschaft BUWOG den Verdacht auf illegale Absprachen und Untreue. Der damalige Finanzminister Karl-Heinz Grasser steht nebst anderen im Zentrum von Ermittlungen und einer Anklage. Ein Stehsatz unzähliger Zeitungsberichte lautet: „Es gilt die Unschuldsvermutung." Schuldig gesprochen wurde dagegen der vormalige Innenminister Ernst Strasser. Als EU-Abgeordneter (ÖVP) war er heimlich dabei gefilmt worden, wie er für Geld gegenüber britischen „Lobbyisten" die Einflussnahme auf die EU-Gesetzgebung versprach, 2014 wurde er zu drei Jahren Haft verurteilt.

Und in einer späten Aufarbeitung des politischen Agierens nach Gutsherrenart, wie es der Kärntner Landeshauptmann Jörg Haider gepflogen hatte, wurden im März 2017 dessen Nachfolger Gerhard Dörfler (BZÖ) und andere Funktionäre seiner Partei zu Haftstrafen verurteilt, weil sie Steuergeld ungeniert für Parteizwecke missbraucht hatten. Ebenfalls wegen Untreue verurteilt wurden der Ex-Hypo-Chef Wolfgang Kulterer, der Ex-ÖVP-Landesparteiobmann von Kärnten, Josef Martinz, oder der frühere FPÖ-Generalsekretär Peter Westenthaler. Die Liste ist damit nicht vollständig. Aber die Sensibilität der Öffentlichkeit gegenüber unsauberen Vorgangsweisen von Politikern oder politiknahen Kreisen ist gestiegen. Die schwarz-blaue Regierung stand 2017 zum zweiten Mal im Fokus eines Untersuchungsausschusses im Parlament über den Ankauf der Eurofighter-Abfangjäger. (Siehe auch Kap. 12, „Zur eigenen Verteidigung gezwungen", S. 154)

Im symbiotischen Verhältnis zwischen Parteipolitik und Staat tun sich Politiker mit ihrer Gestaltungsmacht gelegentlich schwer, die Gewaltentrennung der Verfassung zu akzeptieren, vor allem, wenn sich die Kraft der Justiz in Form von Gerichtsurteilen

Demel-Eigentümer, Society-Löwe und Krimineller: Udo Proksch im Kreis seiner Demel-Mitarbeiterinnen.

gegen sie selbst richtet. Der ÖGB-Präsident und frühere Innenminister Franz Olah sah seine Verurteilung wegen Veruntreuung von Gewerkschaftsgeld für die *Kronen-Zeitung* (1969) nur als Hebel gegen seine politische Macht. Hannes Androsch bezeichnet noch immer seine zweite Verurteilung, nämlich die wegen Steuerhinterziehung (1991), als „Politjustiz".[4] Jörg Haider, Kärntner Landeshauptmann, verunglimpfte im Ortstafelstreit den Präsidenten des Verfassungsgerichtshofes als „politisierenden Richter" (2006), auch Uwe Scheuch, Kärntner Landeshauptmann-Stellvertreter, bezeichnete seine Verurteilung wegen Korruption (Zuerkennung von Staatsbürgerschaften gegen Parteispenden als *part of the game*) als Politjustiz und „Schmutzkübelkampagne" (2011). Dementsprechend schlecht ist das Image der Parteien. Keine der Parteien steht derzeit in den Augen der Bevölkerung mehrheitlich für „Anstand in der Politik".[5] Dazu haben auch Aktionismus und Klamauk im Parlament beigetragen, wenn etwa der Grün-Abgeordnete Peter Pilz Müll auf der Regierungsbank deponierte (1988), wenn die Debatte um das Bienensterben mit Sumsi-Plüschtieren verziert wurde (2013) oder die Neos bei der Budgetdebatte rosa Schwimmreifen hinterließen und auszogen (2014). Damit werde „das Parlament lächerlich gemacht", mahnte Bundespräsident Heinz Fischer.[6] Politisch schwergewichtiger war da das Entrollen einer Hakenkreuzfahne im Parlament durch den Grün-Abgeordneten Andreas Wabl wegen Kurt Waldheims Aussagen zu seiner Wehrmachts-Vergangenheit (1987). Die Reaktion im Parlament war heftig, die Waldheim-Debatte im Land sowieso; hat sie doch den bisher schlampigen Umgang der Parteien mit der Nazi-Vergangenheit aufgerollt.

Bis dahin schien niemand ein Problem damit zu haben, wenn mit Leopold Wagner ein hochgradiges Mitglied der Hitlerjugend Landeshauptmann von Kärn-

Die Noricum-Kanone GHN-45: Illegale Lieferungen an die Golfkriegsparteien Irak und Iran von 1981 bis 1983 wurden ab 1985 aufgedeckt.

ten wurde oder mit Theodor Kery (beide SPÖ) ein ehemaliges SA- und NSDAP-Mitglied Landeshauptmann des Burgenlandes war. Warum auch, hatte doch der Übervater der heutigen SPÖ, Bruno Kreisky, nach 1971 gleich vier ehemalige NSDAP-Leute in seine Regierung berufen (Innenminister Otto Rösch, Bautenminister Josef Moser, Verkehrsminister Erwin Frühbauer und Landwirtschaftsminister Hans Öllinger, Letzterer war SS-Mitglied). Man kann heute noch rätseln, ob Kreisky wirklich glaubte, damit „ehemalige Mitglieder der NSDAP und ihre MitläuferInnen für die Vorzüge der Demokratie einzunehmen",7 also zu bekehren, oder ob er in glattem Kalkül „dem nach wie vor vorhandenen dumpfen Antisemitismus vieler Österreicher einen Freibrief"⁸ ausstellte, um auch diese Klientel politisch für sich einzunehmen. Etwa indem er den FPÖ-Chef Friedrich Peter nach der Aufdeckung seiner Waffen-SS-Vergangenheit aufs Heftigste gegen den „Nazi-Jäger" Simon Wiesenthal verteidigte. Aber Kreisky hatte auch den früheren Kommunisten Christian Broda im Kabinett, der auch schon in einer ÖVP-geführten Regierung unter Julius Raab Justizminister war.

Man pflegte einen ideologischen Pragmatismus. In allen Lagern. Irgendwann ging das nicht mehr. Mit der emotional und schmutzig-brutal geführten Debatte um Kurt Waldheim musste sich Österreich insgesamt seiner Rolle im Dritten Reich stellen. Waldheim war als ehemaliger UNO-Generalsekretär weltweit hoch angesehen und wurde 1985, obwohl umstritten, zum Bundespräsidenten gewählt. Sein Fehler war, in seiner Biografie die Tätigkeit als Wehrmachtsoffizier ausgelassen zu haben – und dies dann noch ungeschickter zu verteidigen. Trotz aller Recherchen, von Journalisten bis zu einer internationalen Historikerkommission, wurde ihm nichts nachgewiesen außer einer suspekten „Gedächtnislücke", dennoch war er als Staatsoberhaupt innenpolitisch beschädigt und außenpolitisch isoliert.

Und der Graben zwischen SPÖ und ÖVP war so tief wie nie zuvor in der Zweiten Republik. Waldheim hätte auf Vorschlag der SPÖ ein gemeinsamer Kandidat mit der ÖVP werden sollen, aber die ÖVP war sich ob seiner Popularität seines Sieges sicher und wollte den Triumph alleine haben. ÖVP-Obmann Alois Mock nominierte ihn als Kandidaten seiner Partei. Danach wurde Waldheim, „den sich seine politischen Gegner wegen seiner Biografie als falsches

Opfer ausgesucht haben",[9] zum Kristallisationspunkt einer nationalen Vergangenheitsbewältigung. Mag sein, dass ohne Mocks Brüskierung der SPÖ diese Debatte nicht oder jedenfalls anders stattgefunden hätte.

Trotz des Bruchs zwischen ÖVP und SPÖ kamen noch viele Jahre und Regierungsperioden, in denen die beiden Parteien in einer Großen Koalition zusammenblieben. Bis sich für Wolfgang Schüssel 2000 die Gelegenheit zum Wechsel in eine Koalition mit der FPÖ ergab. Für die Regierung Schüssel (2000 bis 2007) war es ein deklariertes Ziel, die Sozialpartner als Nebenregierung zurückzudrängen. Arbeiterkammer und ÖGB galten Schüssel als natürliche Feinde bei seinen Reformen. Und auch die eigenen schwarzen Sozialpartner hielt er aufgrund ihres großkoalitionär geprägten Wesens für Gegner. Gegen die Pensionsreform des ÖVP-Kanzlers organisierte der ÖGB im Mai 2003 eine der größten Demonstrationen der Zweiten Republik. Schließlich musste Schüssel teilweise kapitulieren und die Sozialpartner an den Verhandlungstisch zurückbitten.[10]

Ab 2007 stellte wieder die SPÖ den Kanzler und gemeinsam mit der ÖVP ließ man die sozialpartnerschaftlichen Nebenregierungs- und Ausgleichsmechanismen wieder in voller Pracht erblühen. Doch wenn einer der Sozialpartner nicht will, dann geht halt gar nichts. Die geschrumpften, ehemals großen Lager sind ausgelaugt, sie arbeiten zusammen in einer Koalition, aber keiner der Partner gönnt dem anderen einen Erfolg. Nicht nur ihre Größe, noch mehr ihre Problemlösungskapazität ist geschrumpft. Kompromisse sind mühsam, aber alle wissen, dass auf absehbare Zeit keine der Parteien alleine regieren können wird. Der Umgang mit Konflikten entspricht dem Verhaltensmuster einer streitbelasteten Ehe. Und die Koalitionspartner der alten Lager können dem auch immer weniger Positives abgewinnen: „Man löst gemeinsam Probleme, die man alleine nicht hätte."[11]

---

1 Zit. n. Hans Pretterebner, Der Fall Lucona. Korneuburg 1987, S. 85

2 Hans Pretterebner, a. a. O., S. 87

3 Bericht des parlamentarischen Untersuchungsausschusses…,1000 der Beilagen zu den Stenographischen Protokollen des Nationalrates XVII.GP, Wien, 27. Juni 1989, S. 36; online: https://www.parlament.gv.at/PAKT/VHG/XVII/I/I_01000/imfname_265268.pdf

4 Interview mit NEWS, 14. April 2013

5 Studie des Market Instituts: Das Image der Parteien, 18. Jänner 2017

6 Salzburger Nachrichten, 23. Mai 2014; http://www.salzburg.com/nachrichten/oesterreich/politik/sn/artikel/heinz-fischer-das-parlament-wird-laecherlich-gemacht-107876/

7 Oliver Rathkolb, in: Margret Wenzel-Jelinek, Kreisky – und kein Nachfolger. Wien 2017, S. 70

8 Anneliese Rohrer, ebd., S. 107

9 Heinz Nußbaumer, Waldheims Pressesprecher, in: Hubert Nowak, Ausgesprochen Österreichisch. Gedanken über Österreich. A. a. O., S. 164

10 Gernot Bauer, Überlebenskampf der Politdinosaurier; in: Profil, 4. Juni 2016

11 Finanzminister Hans Jörg Schelling am 16. Jänner 2017 in seiner Neujahrsrede vor Wirtschafts- und Finanzprominenz im Finanzministerium

Zur eigenen Verteidigung gezwungen

„Sicher ist sicher", sagte der General.
„Todsicher", sagte der Soldat.
Ulrich Erckenbrecht

Keine der Säulen der heutigen Republik ist gleich zweimal so dezidiert von Österreich verlangt worden wie eine eigene Landesverteidigung. Das erste Mal mit dem Anschlussverbot, das zweite Mal mit der Neutralität. Allerdings mit dem Unterschied, dass die sicherheitspolitische Lage nach dem Ersten Weltkrieg wesentlich instabiler war als nach 1945 – in ganz Europa, und besonders im Verliererland Österreich. Aber die damaligen Entscheidungen über die Struktur des Heeres und die parteipolitischen Konflikte der Ersten Republik wirken im Hintergrund bis heute in alle Diskussionen über das Militär nach.

Die Siegermächte wollten ganz sichergehen und Österreich auch militärisch möglichst klein halten. Der Rest der großen k. u. k. Monarchie sollte in Europa nie wieder gefährlich werden. Nur 30.000 Mann durfte die Armee haben, es musste ein Freiwilligenheer sein, eine allgemeine Wehrpflicht, wie sie dann in der Zweiten Republik eingeführt wurde, war 1919 im Friedensvertrag von Saint-Germain ebenso untersagt wie eine Milizstruktur. Diese Knebelung war genau das Gegenteil von dem, was die Sozialdemokraten 1918 geplant hatten, nämlich „zehn Brigaden mit Artillerie, Pionier- und Fliegerkomponente sowie eine Allgemeine Wehrpflicht von 15 Monaten".[1] Sogar die Marinesektion des alten k. u. k. Kriegsministeriums sollte im ersten Staatsamt für Heerwesen[2] weiterbestehen. Die allgemeine Wehrpflicht mit einer starken Miliz sollte eine Verankerung im Volk garantieren. Die militärischen Führungskräfte standen überwiegend den Christlichsozialen näher und waren noch auf den Kaiser vereidigt. Das begründete von der Stunde null an ein jahrzehntelang anhaltendes

Misstrauen der Sozialdemokratie gegenüber dem Heer. Sie fürchteten die Soldaten als „Feinde der Arbeiterschaft", zumal es schon zu Kaisers Zeiten bei Demonstrationen und Kundgebungen zu blutigen Konfrontationen mit Soldaten gekommen war. Otto Bauer wollte „eine wirklich sozialistische Armee, die allen Staatsbürgern offensteht, von wahrhaft republikanischem Geist, und die sich nicht mißbrauchen läßt zur Niederwerfung der Arbeiter".[3] Als hätte Otto Bauer bereits geahnt, dass schon bald innere Konflikte, vom Justizpalastbrand bis zum Bürgerkrieg, das Land belasten würden. In der Koalitionsvereinbarung von 1919 hieß es ganz dezidiert: „Die neue Wehrmacht wird [...] nicht die Wehrmacht einzelner Parteien sein. [...] Die Wehrmacht wird als solche an den politischen Kämpfen nicht teilnehmen."[4] Dabei waren die paramilitärischen Verbände der beiden Lager zu diesem Zeitpunkt noch nicht einmal gegründet.

Man kann sich das nur angesichts des allgemeinen Konfliktklimas nach dem Krieg und eines unkalkulierbaren Willens, politische Auseinandersetzungen auch auf der Straße auszutragen, vorstellen. Überdies gab es mit Kriegsende wesentlich mehr Waffen und Soldaten im Land, als in der kleinen 30.000-Mann-Volkswehr hätten untergebracht werden können – ein fataler Überschuss an militärischem Gewaltpotential. Die Siegermächte untersagten Österreich nicht nur eigene Luftstreitkräfte,[5] sondern auch eine Luftabwehr und sogar den Besitz von gepanzerten Fahrzeugen. Derartiges Kriegsmaterial war aber vorhanden. Man konnte sich ausmalen, wohin das führen würde. Zumal sich aus budgetären Gründen der Normalstand des Heeres bei nur etwa 21.000 Mann einpendelte.[6]

Früher, zu Kaisers Zeiten, hatte die Armee im Frieden aus fast 500.000 Soldaten bestanden. Da diese jetzt „nur" noch Zivilisten sein durften, erlebten sie die neue Republik als Verfall von Autorität und als Gleichmacherei. Besonders gedemütigt und entehrt fühlten sich die Offiziere. Nur 1.500, nicht einmal ein Zehntel von ihnen, durften in das neue Bundesheer übernommen werden. Viele aus dem Rest verstärkten überwiegend die paramilitärische Heimwehr – zum Misstrauen der Sozialdemokraten.

Diese wollten die republikanische Verlässlichkeit des Heeres mit mehrheitlich sozialdemokratisch ausgerichteten Soldatenräten absichern. Das nährte bei den Christlichsozialen die Angst, der Koalitionspartner würde es mit der parteipolitischen Neutralität des Heeres gar nicht so ernst nehmen und dieses vielleicht doch zur Durchsetzung einer kommunistischen, proletarischen Diktatur missbrauchen.

Dazu kam, dass viele Bürger den ehemaligen Soldaten und Offizieren die Schuld an der Niederlage gaben, was die gewaltige Menge an Kriegsheimkehrern zusätzlich verunsicherte und ideologisch entwurzelte. „Unmittelbar nach dem Krieg gibt es eine große Welle, wo die Soldaten diffamiert, beschimpft und angespuckt werden. Gleichzeitig wird die Verbindung zwischen Habsburg, den Offizieren und den Verbrechen des Krieges hergestellt. Das ist vor allem von den Sozialdemokraten entwickelt worden."[7] Dies förderte umgekehrt bei Offizieren und Aristokraten eine bis zum Hass führende Abscheu gegenüber den Sozialdemokraten.

So wurde diese Volkswehr, der Vorgänger des Bundesheeres, unter den denkbar schlechtesten demokratiepolitischen Rahmenbedingungen gegründet, schon damals als großer Zankapfel der Großparteien. Bereits 1920 war die erste Große Koalition zerbrochen und sollte erst 1945 wieder zustande kommen. Für die bis dahin tonangebenden Sozialdemokraten bedeutete dies einen gewaltigen Einflussverlust auf das Militär und alle sicherheitspolitischen Einrichtungen (Polizei, Gendarmerie) – und weiteres Misstrauen.

Die Volkswehr, mangels neuer Uniformen noch in der kaiserlichen Farbenpracht und mit Repetiergewehren aus der k. u. k. Armee, hatte bald ihre ersten Bewährungsproben zu bestehen. Durch ihre starke Limitierung war sie zwar nicht für Kriegseinsätze, sondern nur für Assistenzeinsätze bei Naturkatastrophen oder inneren Unruhen ausgelegt. Sie musste bei den kommunistischen Putschversuchen, insbesondere jenem vom 15. Juni 1919, eingreifen, und als die ohnedies noch unklaren Außengrenzen Österreichs im Süden vom neuen SHS-Staat, dem Königreich der Serben, Kroaten und Slowenen (*Kraljevina Srba, Hrvata i Slovenaca*), bedroht wurden, rückte die Volkswehr zu ihrem ersten Verteidigungseinsatz aus. In mehreren Angriffswellen waren Truppen des SHS-Staates bis ins Gailtal, bis Völkermarkt und ins Klagenfurter Becken vorgedrungen. Die Kärntner Bevölkerung leistete Widerstand, monatelang. Von November 1918 bis Juni 1919 wogte der Kärntner Abwehrkampf hin und her, übrigens unter besonderen Verdiensten der „Kärntner Marinekompanie",[8] bis zu einem (brüchigen) Waffenstillstand. Erst die Volksabstimmung am 10. Oktober 1920 im bis dahin von SHS-Truppen besetzten Gebiet brachte Klarheit über die Kärntner Grenzen. (Siehe Kap. 9, „Der Föderalismus – Segen und Fluch", S. 112) Auch in der Südsteiermark, in Deutschböhmen und im Sudetenland wurde um Grenzgebiete gekämpft (allerdings ohne ähnliche Erfolge für Österreichs Soldaten), bis die Siegermächte in Paris im Jänner 1919 diese Grenzen endgültig festlegten.

Mit dem Rückzug der Sozialdemokraten aus der Regierungsverantwortung, dem Scheitern mehrerer Beamtenregierungen und der Verlagerung der Regierungsmacht zur Koalition von Christlichsozialen und Großdeutschen verschob sich auch die militärische Macht nach rechts. In der zunehmenden Frontstellung zwischen Heimwehr und Schutzbund stand das 1920 geschaffene Bundesheer in der Mitte. Carl Vaugoin, langjähriger christlichsozialer Heeresminister, drängte den sozialdemokratischen „Militärverband" und die Kommunisten zurück, das rechte Lager konnte sich bald auf Heimwehr und Bundesheer stützen. Die Heimwehr hatte inzwischen sogar ein eigenes Fliegerkorps aufgebaut, mit Flugzeugen aus Italien, Deutschland und England, und sogar mit eigenem Hoheitszeichen.[9] Die 1933 gegründete Vaterländische Front sammelte alles, was bereit war, selbst mit Waffengewalt die Linken in die Schranken zu weisen. Kriegsveteranen waren ebenso dabei wie Antisemiten und monarchistische Nostalgiker. Das schon von Ignaz Seipel eingeführte Kruckenkreuz wurde zum neuen Staatssymbol. Das Kreuz mit den Querbalken an den Enden war schon im Mittelalter im ersten Kreuzzug verwendet worden. Eine Art Kreuzzug war offenbar auch hier

Parade vor dem Stephansdom 1931: Heeresminister Carl Vaugoin, Bundeskanzler Otto Ender und Bundespräsident Wilhelm Miklas schreiten eine Ehrenformation des Bundesheers ab.

angedacht, für ein neues, christliches und wieder starkes Österreich. Nährstoff war die ökonomische Krise. Noch immer gab es Hunderttausende Arbeitslose, die Wirtschaft beklagte sich über die Belastungen durch die von den Sozialdemokraten erkämpften Arbeiterrechte.

Der Plan der radikalen Heimwehrführer um Emil Fey gegen die Linken und ihren Schutzbund war, dass „diese so lange provoziert werden (sollten), bis sie sich gewaltsam wehren würden und dieser ‚Aufstand‘ sollte dann durch Militär und Heimwehr niedergeschlagen werden".[10]

Die Gelegenheit dazu sollte bald kommen. Nach dem Ausbruch des Bürgerkrieges in Linz im Februar 1934 mit einem Schusswechsel zwischen Schutzbund und Polizei eskaliert die Situation in Wien. Die Sozialdemokraten rufen einen Generalstreik aus, bewaffnete Schutzbündler besetzen Arbeiterheime und Gemeindebauten. Bundeskanzler Dollfuß erteilt die Zustimmung zum Einsatz des Bundesheeres mit Feldgeschützen.

Eine Aktennotiz der Bundespolizeidirektion Wien listet mit Minutenangaben die Vorgänge vom 12. bis 14. Februar exakt auf. Allerdings getrennt nach Streitparteien. Zuerst werden die „Aktionen des Schutzbundes" genannt, danach die „Gegenaktionen der Polizei" und dann erst die „Gegenaktionen des Bundesheeres". Dadurch wird der Eindruck verstärkt, Polizei und Bundesheer hätten ausschließlich auf Schüsse des Schutzbundes reagiert, was aber nicht an allen

Schauplätzen der Fall war. In der Auflistung[11] heißt es:

12. Februar 1934 13 Uhr 5 Min.: Schutzbund beginnt Angriff aus dem Sandleitenhof.

Exakt wird aufgelistet, wann vom Schutzbund welches Polizeiwachzimmer beschossen wird: Panikengasse, Kreuzgasse, Armbrustergasse, Floridsdorf, Landstraße und viele mehr.

13. Februar 1934 … 6 Uhr 55 Min.: … Schutzbündler schießen aus dem Reumannhof mit Maschinengewehren. [...]

14. Februar 1934 7 Uhr 30 Min.: Bundesheer wird bei der Reichsbrücke vom Goethehof aus beschossen.

10 Uhr 20 Min.: Wachzimmer Heiligenstadt wird aus dem Karl Marxhof heftig beschossen.

Aber unter der Liste der Polizeiaktionen findet man schon am 13. Februar:
9 Uhr 40 Min.: Der Karl Marxhof wird konzentrisch angegriffen.

Und auf der Liste der Bundesheer-Aktionen wird für den 12. Februar vermerkt:

ca. 21 Uhr: … Gemeinsam mit Polizei hartnäckiger Kampf gegen den Reumannhof. …
21 Uhr 47 Min.: Einsatz von Minenwerfern gegen die Barrikaden in der Panikengasse.

Am 13. Februar früh dann die Aktionen, die das bis heute nachwirkende Trauma der Sozialdemokratie gegenüber dem Bundesheer verursachen sollten:

1 Uhr 55 Min.: Eröffnung des Artilleriefeuers auf den Karl Marxhof. [...]
11 Uhr 35 Min.: Gemeinsam mit Polizei Säuberung der Häuser gegenüber dem Reumannhof. [...]
14. Februar 11 Uhr 15 Min.: Erstmalig wird das Artilleriefeuer gegen den Goethehof eröffnet.

Es war ein Krieg um die Wiener Gemeindebauten. Keine Frage: Der Schutzbund war in die Falle gegangen. Vermittlungsversuche aus Kreisen um den gemäßigten Karl Renner waren gescheitert. Es war auf eine Eskalation angelegt und der Schutzbund hat die ersten Schüsse abgegeben. Die Gemeindebauten waren die Hochburgen des „roten Wien", sie waren deren Festungen, ideologisch und militärisch. Dass sich die (bewaffneten) Sozialdemokraten den schweren Geschützen des Bundesheeres beugen mussten, wirkte nach bis weit in die Zweite Republik, in die Staatsvertragsverhandlungen, in die Debatte um die Neutralität, die Wehrpflicht und bis hinein zum Kauf von Abfangjägern. Trotz einer Reihe von SPÖ-Verteidigungsministern – eine vorbehaltlose Freundschaft konnte die SPÖ dem Militär gegenüber bis heute nicht entwickeln. Karl-Marx-Hof, Goethe-Hof, Reumannhof und Co. sind Denkmäler der Verwundungen einer Partei und Monumente einer Konfrontation geworden.

Nach dem Bürgerkrieg schien das Land vordergründig etwas beruhigt. Jetzt ging es darum, die trotz Verbots vorpreschende NSDAP in Schach zu halten und den in Deutschland bereits sichtbaren Machtanspruch abzuwehren. Der ebenfalls verbotene und im Bürgerkrieg geschlagene Schutzbund wollte das auch, aber als Verbündeter kam er für den Ständestaat nicht in Frage. Diese Spaltung Österreichs, aber auch die nicht bewältigte Wirtschaftskrise verhinderten die dafür nötige klare Identität.

Und diese gelang auch deshalb nicht, weil wieder einmal ein Blick nach Deutschland die Österreicher verunsicherte und neidisch machte. Auch Deutschland hatte als Kriegsverlierer im Friedensvertrag strenge Limits für sein Militär aufgebrummt bekommen. Aber seit dort Adolf Hitler die Beseitigung eben dieser Nachkriegsordnung anstrebte, hatte Deutschland durch die Rüstungsindustrie und den Aufbau später kriegswichtiger Infrastruktur Hochkonjunktur. Hitler scherte sich nicht um die Beschränkung auf 100.000 Soldaten. In einem offenen Bruch des Friedensvertrages hatte die Wehrmacht bald viereinhalb Millionen Mann unter Waffen. Und Europa schaute wie gebannt zu. Mussolini schwenkte als Verbündeter Österreichs an die Seite Hitlers. Der Schutz der ohnedies fragilen Souveränität war dahin, nach Hitlers Zusicherung, Österreich in Ruhe zu lassen, war bald die Devise, das kleine Land im Süden „heim ins Reich" zu holen. Das Kruckenkreuz sollte sich dem Hakenkreuz unterwerfen. Deutsche Truppen marschierten ein (12. März 1938), eine „Volksabstimmung" (10. April 1938) musste den Anschluss bestätigen. Und Europa schaute wie gebannt zu. Hitler revanchierte sich für die für Deutschland ebenso wie für Österreich demütigende Nachkriegsordnung auf seine Art und griff zunächst mit dem Einmarsch ins Sudetenland auf die deutschen Gebiete (1. Oktober 1938), etwas später auch auf den Rest der Tschechoslowakei zu. Und Europa schaute wie gebannt zu. Briten und Franzosen gaben danach eine Garantieerklärung für Polen ab, Hitler und Stalin einigten sich auf einen Nichtangriffspakt und teilen sich im Geheimen die Welt schon auf (24. August 1939), wenige Tage später erfolgte der deutsche Angriff auf Polen, ohne Vorwarnung, ohne Kriegserklärung (1. September 1939). Da wollte die Welt nicht mehr zuschauen. Aber da war es zu spät.

Zwei Tage später erklärten Frankreich und Großbritannien den Deutschen den Krieg. Die USA wollten sich heraushalten und erklärten sich in dem Konflikt für neutral, ebenso Japan. Aber der zweite Weltenbrand war nicht mehr aufzuhalten. Die Flammen loderten schon an zu vielen Stellen, im Spanischen Bürgerkrieg (1936–1939) ebenso wie im Pazifik, nach der Invasion Japans in China (Zweiter Japanisch-Chinesischer Krieg, 1937–1945). Hitler marschierte gegen Westen und unterwarf Frankreich. Demonstrativ ließ der einstige Gefreite des Ersten Weltkriegs im selben Salonwagen in Paris den Waffenstillstand unterzeichnen (22. Juni 1940), in dem die Siegermächte den damals Unterlegenen ihre Regeln diktiert hatten. Norwegen, Dänemark und die Niederlande waren besetzt, Italien stürzte sich auf Griechenland, Hitler begann den Luftkrieg um England und rüstete zum Angriff auf die Sowjetunion.

Da sollte dieser Krieg immer noch fast fünf Jahre lang toben. Da sollten noch unzählige Schlachten und Invasionen folgen. Da sollte der Höhepunkt der industriellen Judenvernichtung erst anlaufen, da sollte es brennen von Burma bis Pearl Harbor, von Sewastopol in der Ukraine bis Darwin in Australien, von Brasilien bis Stalingrad, von Casablanca bis in die Normandie, von Bangkok bis Belgrad.

Und an vielen dieser Fronten kämpften und starben auch Österreicher unter dem typisch geschwungenen Stahlhelm der deutschen Wehrmacht. Mit dem „Anschluss" von 1938 wurde das Bundesheer in die Wehrmacht übernommen (nachdem man zuvor politisch Unzuverlässige oder rassisch „Unpassende" entlassen hatte). Die Dienstgrade der österreichischen Soldaten wurden weitgehend anerkannt, sogar die österreichischen Uniformen wurden aus Sparsamkeitsgründen meist weiterverwendet,[12] aber spezielle österreichische Traditionen des Militärs waren ab sofort verboten. Eingliederung und Unterordnung war die Devise. An vielen, auch unehrenhaften Aktionen der Wehrmacht waren auch Österreicher beteiligt. An Erschießungen von Zivilisten und an Deportationen.

Die Betonung der Opferrolle Österreichs gegenüber dem aggressiven Deutschland machte es auch beim Bundesheer, wie in anderen Bereichen, lange schwer, die Verbrechen aufzuarbeiten. „Hitlers willfährige Truppe" war keine „saubere" Wehrmacht, ihr war ein Vernichtungskrieg befohlen und der Befehl wurde ausgeführt.[13] Es wurden Kriegsgefangene ermordet, angebliche Partisanen erschossen und Deserteure hingerichtet, es wurden Zivilisten niedergemetzelt und Judendeportationen unterstützt. Besonders grausam ging die Wehrmacht an der Ostfront zu Werke oder auch am Balkan und in Griechenland. Ein Schuldbewusstsein kam lange nicht auf. Krieg ist nie sauber. Allein schon der Begriff ist zynisch. Als die USA im Zweiten Golfkrieg 1990 zum ersten Mal in der Kriegsgeschichte die staunende Weltöffentlichkeit mit Videos in Echtzeit an den Raketeneinschlägen zur Befreiung Kuwaits von Saddam Hussein teilhaben ließen, wurde auch lange die Mär einer „sauberen" Kriegsführung verbreitet, die präzise nur Rüstungsanlagen, aber sicher keine Zivilisten treffen würde. Erst viel später wurde klar, dass die Videos diese Sauberkeit nur vortäuschen sollten und Bestandteil einer gigantischen medialen Kriegsführung der Alliierten gegen den Irak waren. Und Kriegsverbrechen der *Army* im Wüstenstaat beschäftigen die Amerikaner bis heute.

In Deutschland und Österreich tourte 50 Jahre nach Kriegsende eine große Ausstellung mit dem Titel „Vernichtungskrieg. Verbrechen der Wehrmacht 1941 bis 1944"[14] durch 34 Städte – und sorgte prompt für heftige Kontroversen. Dabei hatte Österreich schon Jahre davor seine „Wehrmachtsdebatte" geführt, nach der un-

Ungarnaufstand 1956: Ein Panzerwagen des Bundesheers bei der Grenzsicherung.

gelenken Verteidigung des Präsidentschaftskandidaten Kurt Waldheim in der Debatte um seine Kriegsvergangenheit im März 1986: „Ich habe im Krieg nichts anderes getan als hunderttausende Österreicher auch, nämlich meine Pflicht als Soldat erfüllt."[15] Der Streit um Waldheim und die Vorwürfe gegen ihn rissen bei vielen ehemaligen Wehrmachtsangehörigen alte Wunden auf, Waldheim selbst war nicht an Kriegsverbrechen beteiligt gewesen, er dürfte aber kraft seiner Position im Stab davon gewusst haben.[16] Es brauchte lange, sehr lange, bis man diesen zweiten Großen Krieg verdaut hatte.

Österreich hatte insofern sogar Glück, als es mit der langen Dauer der Besatzungszeit auch lange über seine Zukunft „nachdenken" konnte. Zehn Jahre Verhandlungen um den Staatsvertrag waren wie eine politisch-ideologische Pufferzone, auch eine für das Bundesheer. In diesen zehn Jahren durfte Österreich noch keine eigene Landesverteidigung aufbauen. Erst 1952, als der Kalte Krieg zwischen Ost und West voll im Gang war, wurde die „B-Gendarmerie"[17] aufgestellt, zum Grenzschutz und zur Hilfe bei Naturkatastrophen, gestützt von den Westmächten und teilweise finanziert aus dem Rentenfonds, hinter dem Rücken der Sowjets. Aber natürlich gab es noch kein Verteidigungsministerium. Die B-Gendarmerie war dem Innenministerium unterstellt, erster Verteidigungsminister wurde 1956 Ferdinand Graf (ÖVP).

Österreich hatte nach dem Krieg keinen Zweifel daran gelassen, dass es sich in der Frontstellung der Siegermächte in Europa dem Westen zugehörig fühlt. Seit bei der ersten Wahl im Dezember 1945 die Kommunisten bei rund 5 Prozent geblieben waren, war den Sowjets klar, dass für Österreich selbst die Befreiung von den Nazis kein Grund für eine Hinwendung nach Osten war. Die

Nationalfeiertag 2016: Angelobung neuer Rekruten auf historischem Boden, dem Wiener Heldenplatz.

Plünderungen und Vergewaltigungen in den Jahren danach verstärkten Angst und Distanz. Demgegenüber zeigte der Westen mit dem als Marshallplan bekannten *European Recovery Program* (ERP) ab 1948 wirtschaftliches Interesse an einem gemeinsamen Wiederaufbau. Beinahe drei Viertel des Landes waren von westlichen Siegermächten besetzt. Es wäre für die Sowjets schon verlockend gewesen, eine fast gerade Grenzlinie ihres Einflussgebietes in Europa auch durch Österreich ziehen zu können, von der DDR über die Tschechoslowakei nach Ungarn – mit Niederösterreich, Wien, dem Burgenland und Teilen Oberösterreichs. Sie beobachteten mit Sorge, wie sich Österreich den NATO-Ländern zuwandte, ja sich zunehmend als Verbündeter der Westmächte sah – nicht militärisch, aber jedenfalls ideologisch. Für den Westen wurde der Abschluss des nunmehr schon seit zehn Jahren in Verhandlung stehenden Staatsvertrages mit Österreich zunehmend eine Bedingung für eine Deeskalation im Kalten Krieg. Auch die Sowjets wollten keinen neuen Waffengang riskieren. Sie hatten ohnedies ihre Pläne in der Schublade, dieses kleine Land im Bedarfsfall zu überrennen. So stimmten sie einem freien, ungeteilten Österreich zu, allerdings unter der Bedingung der Neutralität. Ihnen war es wichtiger, mit Österreich nicht noch ein NATO-Land an der Grenze zu haben. „Der Anreiz für die Sowjets lag also darin, eine neutrale Zone zwischen den NATO-Fronten im Norden und im Süden zu schaffen, die NATO-Länder Deutschland und Italien zu trennen."[18]

Von Anfang an sollte die Neutralität ein Kristallisationspunkt für die neue Identität Österreichs sein, ein bestimmendes Merkmal für Außenpolitik, Verteidigungspolitik und Bundesheer. Aber sie war starken Stimmungsschwankungen der Innenpolitik unterworfen. Die ÖVP war sofort dafür, die Sozialisten waren anfangs dagegen. Sie fürchteten, mit der Neutralität vom Westen abgeschnitten zu werden. Später wurde die SPÖ zum glühenden Verteidiger der Neutralität, so sehr, dass man mit ihr sogar einen Beitritt zu den Europäischen Gemeinschaften (EG) für unmöglich erachtete.[19] Aber bei den Verhandlungen in Moskau 1955 soll Vizekanzler Adolf Schärf (SPÖ) sogar mit der Abreise gedroht haben, sollten die Russen die Neutralität als Bedingung ins Spiel bringen. Sie brachten, die Sozialisten lenkten ein, und Österreich bekam den Staatsvertrag. Zur Gesichtswahrung wurde die „immerwährende Neutralität" nicht mit dem Staatsvertrag, sondern erst am 26. Oktober 1955 „aus freien Stücken" vom nunmehr souveränen Österreich beschlossen, mit der Verpflichtung, man werde „diese mit allen ihm zu Gebote stehenden Mitteln aufrechterhalten und verteidigen".[20]

Das war also die Verpflichtung, selbst für die militärische Landesverteidigung zu sorgen. Die militärische Bündnisfreiheit erforderte ein eigenes Heer. Man konnte – und genau das wollten ja die Sowjets – sich nicht unter den Schutzschirm der großen NATO drücken. Österreich baute daher ab 1956 sein Bundesheer auf, löste die B-Gendarmerie darin auf und sah es prompt einer ersten Bewährungsprobe ausgesetzt:

Am 23. Oktober 1956 lehnten sich die Ungarn gegen die sowjetischen Besatzer auf. Das Denkmal für den verhassten Diktator Stalin in Budapest wurde gestürzt. Als der Volksaufstand viele Städte erfasste, erklärte der frühere kommunistische Regierungschef Imre Nagy den Austritt Ungarns aus dem Warschauer Pakt und die Neutralität seines Landes. Ungarn wollte seine Freiheit wie Österreich. Aber die Sowjets wollten das gar nicht. Die Rote Armee walzte den Aufstand nieder. Mehr als 3.000 Tote blieben auf den Straßen liegen und rund 200.000 Ungarn flüchteten, die meisten davon nach Österreich, die anderen nach Jugoslawien.

Österreich hat von Anfang an seine Neutralität nicht als Verpflichtung zur Meinungslosigkeit oder Positionsfreiheit angesehen – und zeigte prompt Flagge. Schon am 28. Oktober protestierte Österreich als erstes Land überhaupt gegen die Russen, zitierte den sowjetischen Botschafter ins Außenministerium und übergab ihm eine Protestnote. Österreich zeigte Mut mit schlotternden Knien, denn es war nicht ausgeschlossen, dass die Rote Armee, einmal in Fahrt, gleich den alten Plan einer Blockgrenze durch Österreich umsetzen würde. Aber die Sowjetunion wollte keinen dritten Weltkrieg riskieren, die USA freilich auch nicht, weshalb den Ungarn keine militärische Hilfe zuteilwurde. Budapest blieb bis 1989 hinter dem Eisernen Vorhang unter der Knute Moskaus. Gefährlich war es für Österreich in diesen Tagen oft. Unter den Flüchtlingen waren auch ungarische Soldaten, die mussten entwaffnet werden, es mussten aber auch sie verfolgende Sowjets an der Grenze abgefangen werden. Es gab sogar einen Schießbefehl für den Fall von Grenzverletzungen durch sowjetrussische Einheiten, nachdem „von US-Seite irrtümlicherweise der bevorstehende Einmarsch der Sowjets angekündigt wurde".[21]

Österreich, das noch nicht im Wohlstand schwamm, nahm die rund 180.000 Flüchtlinge zunächst alle auf. Aber es gab auch da, so wie in der Flüchtlingskrise von 2015, bald das Gefühl der Überforderung, zum Teil auch Ablehnung. Und die Europäische Solidarität war schon damals wenig ausgeprägt. Erst nach mehreren Appellen an die internationale Staatengemeinschaft von Innenminister Oskar Helmer und Staatssekretär Bruno Kreisky (beide SPÖ) nahmen auch die Schweiz, Schweden, Dänemark und die USA Flüchtlinge aus Ungarn auf, nur rund ein Zehntel von ihnen blieb in Österreich.

Für das Bundesheer war die Ungarn-Krise ein Signal, dass es trotz der Neutralität durchaus auch ernst werden könnte mit der Landesverteidigung. Trotzdem wurde die militärische Schlagkraft in all den Jahrzehnten nur halbherzig ausgebaut. Sie war von Anfang an Gegenstand eines parteipolitischen Gezerres. Im Gegensatz zur Ersten Republik war nun eine Allgemeine Wehrpflicht vorgesehen. Ihre Dauer war schon der erste Streitfall der Koalition: Die ÖVP wollte zwölf Monate, die SPÖ nur sechs. Der typisch österreichische Kompromiss: neun Monate für jeden männlichen Staatsbürger. Das hielt bis 1971, bis zur SPÖ-Alleinregierung.

Generationen von Offizieren beklagten zu geringe Budgets. Die „Heeresgliederung 56" hatte mindestens 60.000 Soldaten vorgesehen, erreicht wurde in den Jahren danach durchschnittlich knapp die Hälfte. 1960 hätte man zwar schon auf eine durchaus ansehnliche Masse von 100.000 bereits ausgebildeten Reservisten zurückgreifen können, aber für eine Mobilmachung hätten 10.000 Kraftfahrzeuge und mehrere Tausend Offiziere und Unteroffiziere gefehlt.

Die Neutralität „nach Schweizer Vorbild" war im Materiellen immer eine Selbstlüge. Österreich sah im Neutral-Sein per se schon einen Schutz vor Angriffen – wenngleich Politiker und Offiziere von geheimen Aufmarschplänen der großen Blöcke wussten. Aber weil man sich ohnedies so machtlos fühlte, blieben auch die Anstrengungen bescheiden. 1960 wendete Österreich für die Landesverteidigung pro Kopf und Jahr 264,- Schilling auf – die Schweiz dagegen das Fünfeinhalbfache und Schweden das Siebeneinhalbfache.[22]

„Die Schweiz ist immer davon ausgegangen, daß ihre Luftwaffe so stark sein sollte wie die französische und die deutsche gemeinsam. Sie haben dieses Niveau lange Zeit gehalten. Auch jetzt befinden sich ca. 400 Luftfahrzeuge in der Schweizerischen Luftwaffe. – Wir haben sechs Draken", beklagte sich Hugo Portisch 1999.[23] (Mit Stand Oktober 2016 gab die Schweizer Luftwaffe offiziell einen Bestand von 165 Flugzeugen und Helikoptern an, ohne Drohnen.[24]) Tatsächlich hat Österreich 1985 zwar 24 Saab-Draken gekauft, aber gebrauchte, 20 Jahre alt. Und nie waren alle gleichzeitig einsatzbereit. Neues Gerät wollte Österreich lange nicht beschaffen. Schon 1960 waren in Schweden 15 gebrauchte Jagdbomber gekauft worden. Die Saab 105 OE waren lang über die berechnete Lebensdauer hinaus, bis über die Jahrtausendwende, als Schul- und Aufklärungsflieger im Dienst. Einige dieser Oldtimer sind heute noch zu Ausbildungszwecken im Einsatz.

Die Offiziere sahen sich in einer permanenten Mangelverwaltung. In der Erkenntnis, dass man das Land militärisch allein nie verteidigen könnte, wurde 1962 die „Umfassende Landesverteidigung" proklamiert. Neben der Katastro-

Zankapfel zwischen den Parteien von Anfang an: zwei Eurofighter „Typhoon" der Österreichischen Luftwaffe während der Flugshow „Airpower 13", 2013.

phenhilfe sollten in Krisen- und Neutralitätsfällen zum Schutz der Souveränität auch zivile Behörden mitwirken, schon in den Schulen wurde das gelehrt. Von den USA wurde der moderne Kampfpanzer M-60 gekauft, man verfolgte die Strategie eines möglichst hohen „Eintrittspreises". Und insgeheim hoffte man immer, dass die NATO einen Einmarsch der Sowjets in Österreich schon nicht zulassen würde.

1970 eroberte Bruno Kreisky für die SPÖ das Kanzleramt. „Sechs Monate sind genug", war sein Versprechen an die jungen Männer im Wahlkampf gewesen. Jetzt konnte die SPÖ ihre Forderung von 1956 umsetzen. Wenngleich nur teilweise. Denn auf Druck der FPÖ, die die sozialistische Minderheitsregierung im Parlament stützte, mussten nach den sechs Monaten noch 60 Tage Waffenübungen absolviert werden. Aber der linke Flügel der SPÖ und die sozialistische Jugend hatten einen Erfolg.

Doch die Welt war immer noch im Kalten Krieg, und Österreich, mit Wehrdienstverkürzung, dazwischen. Generalmajor Emil Spannocchi, später legendärer Armeekommandant, entwickelte die nach ihm benannte Doktrin. Invasoren sollten in guerillaartiger Manier in einer flächendeckenden „Raumverteidigung" von der Milizarmee bekämpft werden. Wieder war das Ziel die Abschreckung durch einen möglichst hohen Eintrittspreis, aber die mit der „Heeresgliederung 72" angestrebte Größe der Bereitschaftstruppe wurde wieder nicht erreicht. Die

Verteidigungsbudgets lagen mit gerade einmal etwas über einem Prozent des BIP immer weit unter denen anderer neutraler Länder. Später sank das Budget für das Bundesheer noch weiter: 2016 waren es nur noch 0,55 Prozent des BIP, für 2017 wurden 0.7 Prozent geplant.[25]

Als nach dem Fall der Berliner Mauer 1989 der kommunistische Ostblock zusammenbrach, konnte Österreich aufatmen: Gut is g'angen, nix is g'schehn. Denn Österreich wäre trotz seiner Neutralität überrannt worden. Sowjetische Planungsoffiziere erzählten das später ganz offen. „Das war alles vorbereitet. Die sowjetischen Truppen wären vorgestoßen südlich von Wien in Richtung Westen, mit dem Ziel, möglichst bald die bayrische und oberitalienische Grenze zu erreichen. Die tschechischen Truppen wären vom Norden heruntergekommen und hätten Wien vom Westen her genommen, in einem Einkreisungsmanöver. Die meisten militärisch und strategisch relevanten Ziele habe man mit taktischen Atomwaffen angezielt. Wien nicht, denn man wollte nicht einen strahlenden Trümmerhaufen erobern. [...] Auch die NATO wäre im ersten Moment in Österreich einmarschiert, keine Frage, hätte den Brenner sofort besetzt. [...] Die Neutralität hätte uns im Kriegsfall also überhaupt nichts genützt."[26] Österreichs Geheimdienste und Politiker wussten das in groben Zügen natürlich immer. Aus der Schnittstelle zwischen Ost und West ergab sich schon seit Metternichs Zeiten, dass die Spitzen des Staates Zugang zu vielen vertraulichen Informationen erhielten. Auch heute bekommen Außenminister und Verteidigungsminister jeden Montag ein streng vertrauliches Briefing über die neuesten Erkenntnisse des Heeres-Nachrichtenamtes (HNaA), des österreichischen Auslandsgeheimdienstes. Und man hört, wenn auch nur hinter vorgehaltener Hand, dass dieser Nachrichtendienst weltweit außerordentlich gut vernetzt und entsprechend der österreichischen Sicherheitsstrategie[27] gemeinsam mit dem Heeresabwehramt bis hin zur Verteidigung gegenüber Cyber-Attacken im internationalen Vergleich recht gut aufgestellt ist.

Man weiß daher auch um die eigenen Schwachstellen. Und diese waren und sind, vor allem wenn es um das Bundesheer geht, in der Zweiten Republik immer ein beliebter Zankapfel der Parteien.

1988 stritt man über den Draken, wegen seines Lärms. 1991, während der Jugoslawienkrise, war man dann stolz auf die Einsätze zur Grenzsicherung. Danach sollten die Draken noch sehr beliebt bei den Österreichern werden, nicht zuletzt wegen ihres ästhetischen Erscheinungsbildes. Und weil Österreich endlich auch tolle Flugzeuge herzeigen konnte. Bei der Bestellung der Nachfolgeflieger begann der Zwist von neuem. In der SPÖ gab es traditionellerweise immer ein Naheverhältnis zum früheren sozialdemokratischen Musterland Schweden. Aber die Regierung Schüssel entschied sich nicht mehr für ein Modell aus dem neutralen Schweden, sondern für zunächst 24, dann nur 18 neue, aber teure, auch in der NATO benützte „Eurofighter Typhoon"[28] des EADS-Konzerns (heute Airbus). Prompt versprach die SPÖ im Wahlkampf 2006 darauf einen Ausstieg aus dem Kaufvertrag. Unter Bundeskanzler Alfred Gusenbauer stellte sich heraus, dass man nur auf 15 Stück reduzieren konnte.

Streng geheim handelte Verteidigungsminister Norbert Darabos eine Vertragsänderung aus.[29] Die angebliche Verbilligung war eine Leistungsreduktion, für die zudem Millionen an Stornogebühren fällig wurden. Es war zunächst billiger, weil ältere und teils sogar gebrauchte und schlechter ausgestattete Modelle dabei waren, die danach aber durch höhere Betriebskosten und überteuerte Ersatzteilrechnungen sogar teurer wurden.[30] Zudem wurden jahrelang Gerüchte und Gerichte, Staatsanwaltschaft und Parlament wegen Korruptionsvorwürfen bemüht. 2017 glaubten Staatsanwälte aus München und Wien nachweisen zu können, dass Bestechungsgeld aus dem Airbus-Konzern abgeflossen sei – nicht aber, wohin das Geld gegangen sein soll. Der Aufregungspegel stieg erneut, Urteile lassen auf sich warten.

Selbst ein zweiter Untersuchungsausschuss im Parlament im Sommer 2017 zeigte nur, dass Beamte und Politiker offenbar schlechter verhandeln als ein Rüstungskonzern und dass sogenannte Gegengeschäfte bestenfalls als Beruhigungspillen gegen die Schockwirkung hoher Beträge taugen. Wirklich überrascht war schließlich niemand, als Verteidigungsminister Hans Peter Doskozil (SPÖ) im Juli 2017 verkündete, als Nachfolger der bald auszumusternden Eurofighter werde es keine Eurofighter mehr geben. Prompt war die Spekulation eröffnet, dass damit die Saab Gripen gemeint sein könnten. Allerdings – da war schon wieder ein Wahlkampf eröffnet.

Der wahre Konflikt hinter dem vordergründigen tagespolitischen Gezänk war immer die Frage: Wie selbständig und neutral kann und muss Österreich wirklich sein und wie kann und muss es sich an stärkere Partner anlehnen?

Wegen der Neutralität hat sich Österreich nur zögerlich den europäischen Wirtschaftsverbänden angenähert. Die EFTA (Europäische Freihandelszone, seit 1960) war noch unbedenklich, mit der EWG (Europäische Wirtschaftsgemeinschaft) wagte man 1973 ein Freihandelsabkommen, erst 1989 schickte Außenminister Alois Mock das Beitrittsansuchen nach Brüssel. Man hatte Signale, dass die Signatarmächte im Staatsvertrag kein Hindernis mehr für einen EU-Beitritt sehen würden. Denn die großen Blöcke hatten beileibe andere Sorgen: Noch im selben Jahr fiel mit der Berliner Mauer der Eiserne Vorhang (9. November 1989), und die Welt hielt den Atem an, ob das alles friedlich ablaufen würde. Der Beitrittswille Österreichs (Beitrittsverhandlungen ab 1. Februar 1993) befeuerte die Debatte über die Neutralität. Würde sie nun obsolet werden?

1994 erfolgte der Beitritt Österreichs zur „NATO-Partnerschaft für den Frieden". Diese umfasst derzeit 41 Staaten, auch andere Neutrale, wie die Schweiz und Schweden. Für viele Länder in Osteuropa war dieser Zugang zu internationalen Militärstandards eine Vorstufe für eine Vollmitgliedschaft bei der NATO. Auch das wurde in Österreich hitzig diskutiert. Als ab 1999 in der EU immer stärker die Debatte über eine gemeinsame Verteidigungspolitik aufkam, schien die Neutralität dieser im Weg zu stehen und wurde von der ÖVP zunehmend in Frage gestellt. Der damalige ÖVP-Chef Wolfgang Schüssel wollte sie zunächst durch ein „Friedensangebot" ersetzen, später warf er sie als „alte Schablonen" mit den Lipizzanern und den Mozartkugeln in einen Topf.[31] Der ÖVP-EU-Abgeordnete Othmar Karas forderte gar, man müsse „mit der Neutralitätslüge aufräumen", denn die Neutralität sei „de facto ein sicherheitspolitisches Konstrukt des 19. Jahrhunderts und keine […] Antwort des 21. Jahrhunderts".[32] Die ehemals von der Neutralität begeisterte ÖVP stellte diese also in Frage und war auf NATO-Kurs, während die ursprünglich gegen die Neutralität eingestellte SPÖ zu deren Verteidigerin wurde.

Damals war die ÖVP auch für ein Ende der Allgemeinen Wehrpflicht, die man sich in der Ersten Republik vergeblich gewünscht hatte. Ein Berufsheer wäre „professioneller", billiger (und besser in die NATO zu integrieren), hieß es auch aus der FPÖ. Aber die SPÖ war dagegen. Die Wehrpflicht sei „in Stein gemeißelt", sagte Minister Darabos (SPÖ) noch am 3. Juli 2010, um nur Tage später von seinem mächtigen Parteikollegen, dem Wiener Bürgermeister Michael Häupl, zu erfahren, dass die SPÖ eine Volksabstimmung zu deren Abschaffung wolle.[33] Diese kam dann auch 2013, SPÖ und Grüne plädierten für ein Berufsheer, ÖVP und FPÖ wollten die Wehrpflicht. Es wurde ein „Debakel für die SPÖ",[34] fast 60 Prozent der Österreicher stimmten für die Wehrpflicht. Aber nicht nur deswegen, weil sie diese staatspolitisch so geschätzt hätten, sondern auch weil mit dem gleichzeitig abzuschaffenden Wehrersatzdienst das Sozialsystem in Spitälern und Pflegeheimen zusammengebrochen wäre.

So blieb es bei der Wehrpflicht – und einem Scherbenhaufen in der Verteidigungspolitik der Großen Koalition. Die Liebe der Sozialdemokraten zum Bundesheer ist damit nicht größer geworden. Mit dem Argument, dass es im gemeinsamen Europa kein militärisches Bedrohungsszenario mehr gebe, wurden unter den Ministern Norbert Darabos (2007–2013) und Gerald Klug (2013–2016) Kasernen verkauft und Waffen verschrottet.

Neuerdings erreichte Hans Peter Doskozil, ebenfalls SPÖ, wieder eine Erhöhung des Bundesheer-Budgets. Aber nicht, weil die SPÖ ihre historische Distanz zum Militär plötzlich vergessen und überwunden hätte, sondern weil es in Zeiten eines unpopulären Ansturms von Flüchtlingen opportun scheint, dieser Bedrohung auch mit verstärktem Grenzschutz zu begegnen.

Eine Fortsetzung der Bundesheer-Debatte folgt. Ganz sicher.

1 Martin Prieschl, Das erste Heer der Ersten Republik, in: Bundesheer Truppendienst, Folge 309, Ausgabe 3/2009; (http://www.bundesheer.at/truppendienst/ausgaben/artikel.php?id=868)

2 Beschluss der Provisorischen Nationalversammlung für Deutsch-Österreich vom 30. Oktober 1918 über die grundlegenden Einrichtungen der Staatsgewalt, StGBl. 1/1918, § 13

3 Zit. n. Hugo Portisch, Österreich I. A. a. O., S. 168

4 Zit. n. Hugo Portisch, Österreich I. A. a. O., S. 169

5 Mit der Einrichtung von Polizeifliegerstaffeln wurde dieses Verbot allerdings bald umgangen, im Geheimen wurden auch Piloten ausgebildet.

6 Vgl. Walter Kleindel, a. a. O., S. 322

7 Gerhard Jagschitz in: Krisen, Morde, Bürgerkriege, TV-Dokumentation ORF, 25. Juni 2014

8 Vgl.: Martin Prieschl, Das erste Heer der Ersten Republik. A. a. O.

9 http://www.insigniamag.com/heim.html

10 Martin Prieschl, Der Republikanische Schutzbund, in: Bundesheer Truppendienst, Folge 314, Ausgabe 2/2010; (http://www.bundesheer.at/truppendienst/ausgaben/artikel.php?id=982)

11 Zit. n. Walter Kleindel, a. a. O., S. 346

12 Manfried Rauchensteiner, Manfred Litscher (Hg.), Das Heeresgeschichtliche Museum in Wien. Graz, Wien 2000; S. 79

13 Felix Römer, Hitlers willfährige Truppe; in: Der Spiegel, 12. Dezember 2008

14 2001 wurde eine zweite Wanderausstellung „Verbrechen der Wehrmacht. Dimensionen des Vernichtungskrieges 1941–1944" in mehreren deutschen Städten gezeigt.

15 Kurt Waldheim in: ORF Pressestunde, 9. März 1986

16 Vgl. Hans Rauscher, „Ich habe im Krieg nichts anderes getan als meine Pflicht erfüllt" (Rückblick auf die Affäre Waldheim). In: Der Standard, 27. Februar 2016 (derstandard.at/2000031874110/Ich-habe-im-Krieg-nichts-anderes-getan-als-meine-Pflicht)

17 Wofür der Buchstabe „B" genau stehen sollte, ist nicht mehr klar. Vgl.: https://de.wikipedia.org/wiki/B-Gendarmerie

18 Hugo Portisch, Österreich an der Schwelle zum 21. Jahrhundert. A. a. O., S. 37

19 Als Hindernis für einen EG-Beitritt galt damals insbesondere das im Staatsvertrag enthaltene Verbot einer „wirtschaftlichen Vereinigung mit Deutschland".

20 Bundesverfassungsgesetz vom 26. Oktober 1955 über die Neutralität Österreichs, Artikel 1, BGBL 211/1955

21 Albert Bach, Die Entwicklung der österreichischen Streitkräfte der 2. Republik bis zur Heeresreform der Regierung Kreisky, o. J. (vermutl. 1995), S. 4 (http://www.bundesheer.at/facts/geschichte/pdfs/entw_bach.pdf)

22 Vgl. Albert Bach, a. a. O., S. 6

23 Hugo Portisch, Österreich an der Schwelle zum 21. Jahrhundert. A. a. O., S. 46

24 Quelle: Schweizer Luftwaffe, https://saf.hermannkeist.ch, (abger. 1. 2. 2017)

25 Quelle: https://www.parlament.gv.at/PAKT/BUDG/; Vergleiche der Militärausgaben von Ländern weltweit (tw. geschätzt) unter: http://www.laenderdaten.de/militaer/ausgaben_bip.aspx oder: http://www.indexmundi.com/g/g.aspx?c=au&v=132&l=de

26 Hugo Portisch, Österreich an der Schwelle zum 21. Jahrhundert. A. a. O., S. 39 f.

27 Bundeskanzleramt Österreich, Österreichische Sicherheitsstrategie. Wien, Juli 2013

28 Gemeinschaftsproduktion Deutschland, Spanien, Italien und Großbritannien. s. auch: https://de.wikipedia.org/wiki/Eurofighter_Typhoon, (abger. 2. 2. 2017)

29 Der Darabos-Deal, http://www.airpower.at/news07/0627_eingespart/index.html, (abger. 2. 2. 2017)

30 APA, 26. 2. 2017; Ö1-Morgenjournal 27. Februar 2017: Eurofighter: Fantasierechnungen für Ersatzteile, (http://oe1.orf.at/player/20170227/460879), abger. 29. 2. 2017; Kurier 22. Februar 2017: Nach Darabos-Deal Jets teurer statt billiger.

31 Rede von Bundeskanzler Schüssel zum Nationalfeiertag am 26. Oktober 2001 im Nationalrat; Quelle: Nationalrat, XXI. GP, Stenographisches Protokoll, 97. Sitzung, S. 138

32 Interview mit der APA, 16. Jänner 2011

33 Eine Liste einander immer wieder widersprechender Aussagen zur Wehrpflicht von SPÖ und ÖVP von 1998 bis 2011 erschien im Standard, 10. Februar 2011; online unter: http://derstandard.at/1297215966933/SPOe-und-OeVP-im-Wortlaut-Fuer-mich-ist-die-Wehrpflicht-in-Stein-gemeisselt

34 Kurier, 20. Jänner 2013

13

Symbole
braucht das Volk

Da bin i her, da g'hör i hin.
Rainhard Fendrich, I am from Austria

Als im Jahr 2011 viel über die Textänderung der Bundeshymne diskutiert wurde, mit der dann gendergerecht ab dem darauffolgenden Jänner neben den Söhnen auch die großen Töchter der Heimat Erwähnung fanden, gab es Stimmen, man möge doch gleich eine neue Hymne schaffen. So wirklich in die Herzen gebohrt hat sich diese Bundeshymne nie. Wohl weniger wegen des Textes von Paula von Preradović, eher wegen der Melodie. Die hat nichts Schmissiges, wie die Hymne der Spanier, nichts grandios Opernhaftes wie die der Italiener, nichts Bedeutungsschweres wie Frankreichs Marseillaise und schon gar nichts so Geschichtsträchtiges wie die Hymne Deutschlands.

Bei der deutschen Hymne bekommen die Österreicher immer noch nostalgische Zuckungen, selbst wenn sie jung und stramme Republikaner sind. War sie doch bis 1918 die Hymne der Habsburgermonarchie und auch noch danach, mit Unterbrechungen und textlichen Variationen, bis 1945 das musikalische Staatssymbol Österreichs. Bei der so prominenten Melodie von Joseph Haydn weiß man sogar, wann und wo sie komponiert wurde, nämlich rund um den Jahreswechsel 1796/97 im 1. Bezirk in Wien. Viele Größen von Beethoven über Johann Strauß bis Tschaikowsky haben sich ihrer in Bearbeitungen angenommen.

Bei der jetzigen Bundeshymne ist man nicht einmal sicher, von wem sie stammt. Lange glaubte man, sie sei von Wolfgang Amadeus Mozart, weil der diese Melodie im Anhang zu seiner „Freimaurer-Kantate" (C-Dur, KV 623) veröffentlichte. Das hätte der Nationalstolz ja vertragen, aber wahrscheinlich stammt sie von Johann Baptist Holzer, den kaum jemand kennt. Holzer, geboren in Korneuburg, war Freimaurer und dürfte die Melodie gegen 1800 als sogenanntes Kettenlied

(„Lasst uns mit geschlungnen Händen …“) für das freimaurerische Ritual geschrieben haben.[1] In seiner Loge „Zur wahren Eintracht“ war Mozart häufig
zu Gast,[2] wodurch der Salzburger zu den Noten gekommen sein dürfte, um sie
seinem letzten vollendeten Werk beizufügen und die Nachwelt irrezuleiten.

Unter Nennung des vermeintlichen Komponisten Mozart ist die Melodie der
österreichischen Bundeshymne bei deutschen Freimaurern als bis heute in der
Kette gesungenes „Bundeslied“[3] mit dem Text „Brüder, reicht die Hand zum
Bunde!“ beliebt. 1904 veröffentlichte Odeon-Record eine Schallplatte mit dem
Titel „Bundeslied (Mozart)“ (sic!), gespielt von Mitgliedern des Leipziger Ge-
wandhausorchesters.[4] Erst viel später ordnete die Forschung die Komposition
Johann Holzer zu.

Auch Joseph Haydn war Freimaurer (sogar Logenbruder von Holzer), und
so verwundert es nicht, dass auch seine später so berühmte Hymnenmelodie zu
„Gott erhalte“ in einem alten deutschen Gesangbuch für Freimaurer als Lied
zur Eröffnung der Loge angeführt ist, freilich mit anderem Text („Steig in dieser Feierstunde“).[5] Geschaffen wurde sie freilich ohne jeden freimaurerischen
Hintergrund. Sie war ein Auftragswerk, ein „Nationallied“ sollte sie werden, mit
dem Kaiser Franz II. den unter der Marseillaise kämpfenden napoleonischen
Truppen etwas entgegensetzen konnte. Sie wurde jedoch kein Kampflied, sondern eine in C-Dur gesetzte Huldigung an den Kaiser, die pünktlich zu dessen
Geburtstag am 12. Februar 1797 fertig wurde. Ab da war sie die „Kaiserhymne“.
1918 hatte sie ausgedient. Vorläufig.

Die neu gegründete Republik brauchte natürlich eine neue Hymne. Karl Renner höchstpersönlich griff zur Feder und schrieb „Deutschösterreich, Du herrli-
ches Land“, das vom oberösterreichischen Komponisten Wilhelm Kienzl vertont
wurde. Ab 1920 war sie die inoffizielle Hymne. Durchsetzen konnte sie sich aber
nicht. Nicht nur, weil sie auch nie offiziell proklamiert wurde. Zu pathetisch
war die Melodie, zu kitschig der Text über „Hirten und Lämmer“ und „Herzen
so sonnig“. Der Refrain mit „Wir lieben dich, wir schirmen dich“ widersprach
schlicht der Wirklichkeit. Niemand liebte dieses alleingelassene Land damals.
Den Christlichsozialen und Deutschnationalen war sie auch zu sehr mit dem
Sozialdemokraten Karl Renner verbunden, und so kehrte man bald wieder zur
Haydn-Melodie zurück, die ja noch nicht vergessen war. Im Gegenteil: Schon
1919 hatte der aus Maribor stammende Priester und Heimatdichter Ottokar
Kernstock dazu einen neuen Text geschrieben. Diese „Deutschösterreichische
Volkshymne“ „Sei gesegnet ohne Ende“[6] wurde (leicht abgeändert) 1929 von
der Regierung Schober zur ersten offiziellen Bundeshymne der Republik er-
klärt. Dass darin trotz des Anschlussverbots „Deutsche Arbeit“ und „Deutsche
Liebe“ besungen wurden, entsprach dem politischen Zeitgeist. Dass Kernstock
mit der NSDAP sympathisierte und 1923 für deren Ortsgruppe Fürstenfeld das

Hakenkreuzlied[7] schrieb, störte damals niemanden. Später ehrten mehrere Städte den ideologischen Wegbereiter des Nationalsozialismus mit Straßennamen, darunter Wien, Klagenfurt, Villach, Feldbach und Leibnitz. Die Straße in Wien wurde 1993 in Jägerstätterstraße umbenannt.

Es war kein Zufall und nicht nur Nostalgie, dass man mit der Kernstock-Hymne die alte Kaiser-Melodie wiederbelebte. Das war glattes politisches Kalkül: Denn während die junge Republik sich 1918 von den Symbolen der Monarchie trennen musste, um einen Neustart zu signalisieren, hatte sich Deutschland der „österreichischen" Haydn-Hymne bemächtigt. August Heinrich Hoffmann von Fallersleben (auch ein Freimaurer) hatte schon 50 Jahre davor sein „Lied der Deutschen" zu der bekannten Melodie geschrieben, die Weimarer Republik erhob diese Kombination 1922 zu ihrer Hymne. Als auch in Österreich ab 1929 diese alte Melodie wieder erklang, hatte man zumindest musikalisch den Anschluss geschafft.

Mit einer Melodie allein war man aber bald nicht mehr zufrieden. Ab 1936 hängte man oft an die Hymne noch das nach dem ermordeten Engelbert Dollfuß benannte Lied der Jugend („Ihr Jungen, schließt die Reihen gut!") von Rudolf Henz an. Ab 1938, als der „Anschluss" auch politisch und militärisch erfolgt war, wurde der Text der deutschen Hymne übernommen (Deutschlandlied: „Deutschland, Deutschland, über alles"), in der über der Grenze schon lange gebräuchlichen Kombination mit dem politischen Kampfgesang der SA, dem Horst-Wessel-Lied („Die Fahne hoch! Die Reihen fest geschlossen!").

Letztlich war somit, wenngleich mit wechselnden Texten und stark veränderter politischer Konnotation, die alte Haydn-Hymne bis 1945 das musikalische Staatssymbol Österreichs. 1946 wurde der Text von „Land der Berge" mit Johann Holzers „Bundeslied" zur Hymne verbunden.

Ähnlich unbeständig und unsicher agierte die Erste Republik auch mit dem Staatswappen: Vom Doppeladler der Monarchie musste man sich ja trennen, und wie bei der Hymne versuchte sich auch da Karl Renner als Amateurdesigner. Er skizzierte ein Wappen ohne jede Tradition, mit zwei gekreuzten Hämmern, in schwarz-rot-goldener Anbiederung an Deutschland. Ein halbes Jahr hatte es Gültigkeit, dann wurde es von protestierenden Bürgern, Künstlern und Abgeordneten hinweggefegt. Das alte Wappentier, der Adler, musste wieder her. Natürlich nur noch mit einem Kopf, und „aufgeladen" mit Symbolen des nun herrschenden Volkes: mit einem Hammer für die Arbeiter, einer Sichel für die Bauern und einer Mauerkrone für das Bürgertum. Aber immerhin mit stolz ausgebreiteten Flügeln, und in der Mitte mit einem rot-weiß-roten Schild. So wurde es im Parlament 1919 beschlossen. Es hielt nicht lange. 1934 ließ ausgerechnet der Ständestaat die Symbole für die Stände, also Hammer, Sichel und Mauerkrone, wieder entfernen, dafür bekam der Adler wieder zwei Köpfe, in

Anlehnung an die alte Monarchie, die das doppelköpfige Wappentier (in vielen Variationen) schon seit dem 15. Jahrhundert für das römisch-deutsche Königs- und Kaiserhaus verwendet hatte. Diese historische Rückbesinnung war typisch für den Austrofaschismus, der unter Dollfuß und Schuschnigg auch ganz bewusst die Nähe zu den alten monarchistischen Ideen suchte, in Anknüpfung an die Größe des Habsburgerreichs, die man gerne wieder gehabt hätte. Man grüßte mit „Front heil!", wie im Krieg. Auf Fahnen und Münzen wurde sehr häufig das Kruckenkreuz eingesetzt, nicht als offizielles Staatssymbol, aber als jenes der Vaterländischen Front. Die starke Einbeziehung der christlichen Tradition war Teil ihres Konzepts: Die Kreuzritter hatten das Kruckenkreuz Ende des 11. Jahrhunderts zum Symbol des Königreiches Jerusalem erkoren.

Sportler als Katalysatoren des Nationalbewusstseins: Matthias Sindelar (1903–1939), Kapitän des legendären „Wunderteams"

Aber im Dritten Reich war das alles kein Thema mehr, die Nazis verboten alles Österreichische zugunsten des Hakenkreuzes. Und nach dem Krieg wurde mit den Staatssymbolen verfahren wie mit der Verfassung – man griff auf die Erste Republik zurück. Und so kam der einköpfige Adler mit Hammer, Sichel und Mauerkrone wieder zu Ehren, ergänzt mit den gesprengten Ketten. Seither steht dieses Wappen außer Streit – so sehr, dass sogar ein Abgleiten in die Karikatur nur Schmunzeln und keine Staatskrise auslöste: 2016 hisste ein Baumeister in Obertrum bei Salzburg Fahnen, die den Bundesadler mit Bananen in den Fängen zeigten. Die Ironie eines Künstlers in Anspielung auf die chaotischen Vorgänge um die Wiederholung und Verschiebung der Bundespräsidentenwahl wurde zum Verkaufshit via Internet, aber die Republik ertrug das gelassen. Der Baumeister erhielt eine Anzeige, aber das Verfahren wurde eingestellt.[8]

Kaum in irgendwelchen Diskussionen stand hingegen die rot-weiß-rote Fahne. Sie ist gewissermaßen das Kontinuum in der österreichischen Geschichte. Das legendenumrankte Bindenschild geht schon auf den Babenberger Leopold V. und seinen vom blutgetränkten weißen Schlachtgewand abgenommenen Gürtel zurück. Auch das Haus Habsburg setzte diese Farbkombination immer in seinen verschiedenen Wappen ein, selbst unter dem Doppeladler. Rot-Weiß-Rot stand immer schon für das Kernland Österreich. Die Fahne der Monarchie war zwar schwarz-gold und nach deren Ende votierten die Sozialdemokraten auch bei der Flagge kurz für das Schwarz-Rot-Gold der deutschen Nachbarn, und der Deutschnationale Georg von Schönerer versuchte auch mit dem Schwarz-Weiß-Rot des Norddeutschen Bundes den Anschluss der Farben. Aber ohne Erfolg. Die ganz alte Kombination war stärker. Schon bei der Proklamation der Republik am 12. November 1918 sollte die rot-weiß-rote Fahne vor dem Parlament gehisst werden, wurde aber von revolutionären Rotgardisten ihres weißen Streifens beraubt. So wurde zwar nur ein roter Fetzen hochgezogen, aber die neue Fahne mit Rot-Weiß-Rot war dennoch ab diesem Augenblick das Symbol der Republik.

Unsicher wie bei der Hymne und dem Wappen war die junge Republik freilich darin, wie sie sich selbst in Hinkunft feiern solle. Zu Kaisers Zeiten war dessen Geburtstag der zentrale Feiertag der Monarchie. Der 18. August als Geburtstag Franz Josephs hatte als Festtag die kurze Zeit seines Nachfolgers Karl ebenso überstanden wie für Monarchisten und Nostalgiker die Jahrzehnte danach. Aber als offizieller Feiertag taugte er nicht mehr, also wurde von der Provisorischen Nationalversammlung der 12. November als Staatsfeiertag festgelegt. Wohlgemerkt als Staatsfeiertag, nicht als Nationalfeiertag. Man fühlte sich auch nicht als selbständige Nation. Ein Nationalbewusstsein hat sich erst nach dem Zweiten Weltkrieg in den Köpfen der Österreicher verankert. 1934, unter Engelbert Dollfuss, wurde der 1. Mai zum Staatsfeiertag erklärt, aber nicht wegen seiner Bedeutung als Tag der Arbeit, sondern zum Unterstreichen der an diesem Tag beschlossenen ständestaatlichen Maiverfassung.

Obwohl man sich nach dem Zweiten Weltkrieg langsam als Nation zu begreifen begann, dauerte es noch lange, bis man das in einem Feiertag zum Ausdruck brachte. 1955 wurde am 25. Oktober der erste „Tag der Fahne" gefeiert, aus Freude über den Abzug des letzten Soldaten der Alliierten. Tags darauf beschloss der Nationalrat die Immerwährende Neutralität, daraufhin verschob man den „Tag der Fahne" auf den 26. Oktober. Arbeitsfrei war er noch nicht. Erst zehn Jahre später wurde der 26. Oktober zum Nationalfeiertag erklärt, noch lange blieb er im Volksmund aber der „Tag der Fahne". Noch heute wird der Begriff des Staatsfeiertages für den 1. Mai häufig mit dem des Nationalfeiertages im Oktober verwechselt. Vermutlich ist auch das eine Folge dessen, dass sich die kleine Republik nicht aus ihrer politischen Geschichte heraus als gefestigte Nation zu definieren vermochte, wie das bei vielen Nationen der Fall ist. Die radikale Verkleinerung von einem Weltreich zu einem Kleinstaat taugte nicht zu Heldenepen.

Skiheld Toni Sailer, umlagert von Autogrammjägerinnen nach einem Empfang im Wiener Rathaus, Februar 1956.

Vielmehr hat das Land sein Selbstbewusstsein erst allmählich aus der Gewissheit geschöpft, dass man wirtschaftlich doch bestehen konnte und dass man auch als kleines Land der Kultur in der Welt einen Ruf hatte. Und nicht zu vergessen der Sport: Es zählt schon, wenn „eine(r) von uns" auf einem Podest steht, die Hymne erklingt und die Fahne hochgezogen wird.

Manchmal wurde das auch überstrapaziert. Als Österreichs Aushängeschild und dreifacher Weltmeister Karl Schranz 1972 von den Olympischen Spielen in Sapporo ausgeschlossen wurde, kochte die Volksseele. Schranz hatte nach Meinung des IOC gegen die strengen Werbebestimmungen für Amateure verstoßen, Österreich sah sich um eine sichere Olympiamedaille betrogen. Und die Regierung Kreisky spielte auf dem Klavier der Volksmeinung. Hunderttausend Menschen säumten die Straßen, als der heimgekehrte Sportler im Dienstwagen von Sportminister Fred Sinowatz zum Ballhausplatz gefahren wurde. Die nationale Empörung und Solidarität deckten zu, was manchen auch unheimlich erschien: Da fährt jemand im offenen Auto auf den Heldenplatz und die Menge jubelt ihm zu. Und dann winkt dieser Held von einem Balkon den Massen zu. Immerhin war es nicht der Balkon der Hofburg, sondern jener des Bundeskanzleramtes …

Ein Idol und jubelnde Massen: Karl Schranz auf dem Balkon des Bundeskanzleramtes 1972.

Einer Umfrage von 1972 zufolge werteten damals 92 Prozent der Österreicher den Ausschluss von Schranz als ungerecht.[9] So viel nationale Einmütigkeit erlebte das Land kaum jemals sonst.

In der Ersten Republik hatte sich nur ein kleiner Kreis um den Soziologen und Historiker Ernst Karl Winter ernsthaft um die Schaffung einer österreichischen Identität bemüht. Der engagierte Katholik Winter glaubte an die Ideale der Monarchie, propagierte aber mit der „Österreichische Aktion" (gemeinsam mit dem Publizisten Alfred Missong, dem Soziologen August M. Knoll und dem Juristen Hans Zeßner-Spitzenberg) die Eigenständigkeit des neuen Kleinstaates. Die Gruppe blieb damit ziemlich isoliert, zu übermächtig waren die Anschlussbestrebungen Richtung Deutschland. Auch bei Versuchen zur Versöhnung der verfeindeten politischen Lager blieb dem späteren Wiener Vizebürgermeister der Erfolg versagt. Knapp vor dem „Anschluss" emigrierte er mit seiner Familie in die USA, von wo er erst 1955 wieder zurückkehrte.

Winter stand mit seinen Ideen damals gegen den Mainstream, seine Visionen der Eigenstaatlichkeit fanden zu jener Zeit kaum einen Nährboden. Die Historiker sind sich einig, dass Österreich erst in der Zweiten Republik zu sich gefunden hat. Ein Lied wie „I am from Austria" des Liedermachers Rainhard Fendrich[10] wäre – egal in welchem musikalischen Umfeld – in der Ersten Republik nie denkbar gewesen. Seit den 1990er-Jahren wird es wie eine inoffizielle Nationalhymne rauf und runter gespielt, von Lagerfeuern bis zu Wahlkampfveranstaltungen. So gut wie jeder kennt den Text. Fendrich beginnt mit der Vergangenheit:

Dei' hohe Zeit ist lang vorüber
und auch die Höll' hast hinter dir,
vom Ruhm und Glanz ist wenig über

Doch wie Sehnsucht nach vergangener Größe klingt das nicht, denn schon wenige Zeilen später dreht sich der Text zu einer offenen Liebeserklärung:

i steh' zu dir bei Licht und Schatten,
jederzeit.

Dieses Bekenntnis zum Österreicher-Sein enthält nicht einmal die offizielle Bundeshymne. Dass diese Zeilen bis heute so oft mitgesungen werden, liegt nicht nur an der ins Ohr gehenden Melodie, sondern auch an der offenkundigen Akzeptanz des Inhalts. Und am Zeitpunkt ihrer Entstehung. Immerhin waren 45 Jahre seit dem Zweiten Weltkrieg vergangen. Das war genau die Zeit, als sich Österreich am Höhepunkt seines neuen Selbstbewusstseins sah.

Die Wirtschaft florierte und man hatte sich an den sozialen Frieden gewöhnt. Der Sport hatte sich vom Instrument des Nationalismus zum Katalysator des Nationalstolzes entwickelt. In der Ersten Republik waren die Sportvereine politisch zugeordnet, unter den Nazis war der Volkssport eine ideologische Schule, der Wehrsport die Vorstufe zur militärischen Ausbildung. Eine Fußballnation war Österreich nie, an die Siegesserie des Wunderteams Anfang der 1930er-Jahre konnte nie mehr angeschlossen werden. Das wurde in der Zweiten Republik durch die Erfolge der Skination Österreich kompensiert. Zweimal konnte man Olympische Winterspiele ausrichten (1964 und 1976) und mit Stars von Toni Sailer bis Franz Klammer, von Annemarie Moser-Pröll bis Renate Götschl, von Hermann Maier bis Marcel Hirscher kann man den Deutschen etwas entgegenhalten.

Dennoch definiert sich der Nationalstolz der österreichischen Bevölkerung immer weniger über den Spitzensport. Umfragen zufolge stehen im Langzeitvergleich[11] die schöne Landschaft, sauberes Wasser und die Berge unangefochten im Zentrum der Heimatliebe. Auch auf die gute Küche und die soziale Sicherheit ist man stolz. Hingegen ist nur noch ein Fünftel der Österreicher besonders auf die sportlichen Leistungen stolz, das waren vor 20 Jahren noch doppelt so viele. Im mittleren Niveau der Skala stehen gleichbleibend das Brauchtum und die Neutralität.

„Hand in Hand mit der zunehmenden Wertschätzung eines gemeinsamen Europas hat sich auch das Nationalbewusstsein der Österreicher/innen vertieft", fassen die Autoren die Studienergebnisse zusammen. Nur noch 21 Prozent der Bevölkerung sind „stolz auf die Geschichte des Landes". Das waren 1996 noch 44 Prozent. Vergangenheit und politischer Alltag stehen also nicht mehr im Zentrum des nationalen Selbstbewusstseins. Eher im Stadium der Selbstverständlichkeit. Man hat ja schon sieben Jahrzehnte inneren und äußeren Frieden hinter sich.

„Ich bin der Überzeugung, dass der Kleinstaat, wie er nach dem Ersten Weltkrieg entstanden ist, erst 1955 mit dem Staatsvertrag das erste Mal überhaupt akzeptiert wurde", sagte der Historiker Gerhard Jagschitz in einem Fernsehinterview.[12] Noch drastischer hatte es 1954 der Historiker Heinrich Benedikt formuliert: „Die Gemeinschaft des Leidens unter Hitler hat das Österreichbewusstsein gestärkt, die österreichische Nation geschmiedet."[13] Auch im linken Lager war das unumstritten. 1960 schrieb der Trotzkist Josef Hindels: „In den Jahren der deutschen Feudalherrschaft entstand aus Qual und Elend, aus Blut und Tränen ein österreichisches Nationalbewusstsein, das es in dieser Intensität weder im habsburgischen Altösterreich noch in der Ersten Republik gegeben hat."[14]

Der größte Völkermörder aller Zeiten als Geburtshelfer des neuen Österreichbildes? In gewisser Weise ja, denn viele Staatsmänner der ersten Jahre hatten unter dem Naziterror gelitten, ob sie nun katholisch oder sozialdemokratisch, kommunistisch oder liberal waren. Das verband. Dass ausgerechnet Karl Renner, der 1938 öffentlich für den Anschluss aufgetreten war, das Land in die ersten Schritte der Selbständigkeit führen sollte, wirkt heute befremdend. Das Kalkül der Sowjets ging aber nicht auf, eine linke Achse von Sozialisten und Kommunisten war nicht tragfähig, und mit den knappen Mehrheiten für die populären ÖVP-Politiker des Wiederaufbaus, Julius Raab und Leopold Figl, war das Miteinander das Gebot der Zeit. Das prägte das Land in der Zweiten Republik, biswelen bis zur Trägheit der Großen Koalitionen. (Siehe auch Kap. 10, „Lagerdenken", S. 128 ff.)

Dennoch ist es bis Ende der 1960er-Jahre kaum gelungen, das Nationalbewusstsein zu festigen. Der „Tag der Fahne" hat wenig bewirkt, im Wiederaufbau lag man Jahre hinter Deutschland zurück. In den 1960er/70er-Jahren begann sich das mit dem sozialen und ökonomischen Fortschritt zu ändern. Man schaute wieder mehr nach außen. Bei der Niederschlagung des Prager Frühlings durch die Sowjets 1968 hat Österreich mit seiner klaren Haltung und Informationspolitik Flagge gezeigt.

SYMBOLE BRAUCHT DAS VOLK

Österreich hielt, wenngleich das trügerisch war, die Neutralität für einen Schutzschild. Zudem war sie ab 1955 ein wesentliches Unterscheidungsmerkmal zu Deutschland. „Plötzlich waren wir anders als die Deutschen. Die hatten noch keinen Freiheit, hatten noch keinen Staatsvertrag, noch keine Wiedervereinigung. Die waren de facto bis zum Jahr 1990 besetzt, und wir waren schon frei und hatten eine eigene Identität."[15]

Bruno Kreisky setzte dann auf eine aktive Neutralitätspolitik. Er verließ den Pfad der nationalen Introvertiertheit, mischte sich aktiv in internationale Fragen ein, von der Nahostpolitik

Kultur als Ikone des Nationalbewusstseins: Klaus Maria Brandauer als „Jedermann" bei den Salzburger Festspielen (1983–1989).

bis zu seiner Achse mit dem ebenfalls neutralen Schweden. Im Kalten Krieg war der neutrale Boden für internationale Organisationen wie UNO, OPEC und UNIDO Goldes wert. Kreisky wollte Wien sogar als Sitz der UNO-Generalversammlung anbieten, wenn die USA die UNO einmal vor die Türe setzen sollten. Daran krallt sich das Nationalbewusstsein heute nicht mehr. Aber Wien kann immer noch seine Rolle als Vermittler in heiklen Konflikten ausspielen, zuletzt 2016 bei den Verhandlungen um ein Ende der US-Sanktionen gegen den Iran. Diese Rolle wurde zur Selbstverständlichkeit.

Ebenso jene als Land der Kultur. Salzburger Festspiele, Staatsoper, Burgtheater wurden zu Ikonen des Nationalbewusstseins, auch bei jenen, die noch nie eine Vorstellung besucht haben. Statt politischer Größe war die kulturelle Größe als Aushängeschild gefunden. Ganz neu war das freilich nicht, der Mythos der walzergeschwängerten Musikstadt Wien wurde im 19. Jahrhundert entwickelt, mit Melodien von Johann Strauß, Carl Michael Ziehrer & Co. ging man schon zur Jahrhundertwende bei Weltausstellungen von San Francisco bis Mailand auf Sympathiefang. Der Donauwalzer wurde die stabile, unpolitische Hymne Österreichs. Heute kennt man von Amerika bis China die Alpenrepublik als Land von „Sound of Music". Während viele Österreicher dieses Musical bzw. den Film gar nicht kennen und als Kitsch ablehnen, kommen alljährlich der Schauplätze wegen Zigtausende Touristen nach Salzburg. Zudem sind Opernball und Neujahrskonzert weltweite Exportschlager.

Zu einem echten, unverkrampften Nationalbewusstsein gehört auch der korrekte Umgang mit der eigenen Geschichte. Und ihren Schattenseiten. Das wurde in der Zweiten Republik erst schmerzhaft gelernt. Während sich die Sozialdemokraten plagten, die Rolle der Monarchie und der Habsburger ohne Angst zu betrachten, hatten die Schwarzen ihre liebe Not darin, den Ständestaat als das zu werten, was er war: eine Diktatur. Und alle ließen die Rolle als Opfer der Nazis noch lange bereitwillig zu. Erst mit der Affäre Waldheim wurde das Geschichtsbild von den Schuppen des Zudeckens und des Verzerrens befreit. „Verzweifelte Abgesänge auf den Faschismus" waren in Österreich „nicht zu vernehmen".[16]

Mit Pathos hat sich die Bevölkerung nie zu dieser Republik bekannt. In der Ersten Republik sowieso nicht und in der Zweiten war der Pragmatismus Träger der Identität. Pathos kann auch verblenden. Vielleicht ist das die Lehre der Österreicher aus der Vergangenheit und den Irrwegen. Durch seine Geschichte als völkerübergreifende Monarchie war Österreich kein gewachsener klassischer Nationalstaat wie etwa Frankreich. Österreich kann sich nicht als Sprachnation definieren, über die Zugehörigkeit zu einer Sprachgemeinschaft, sondern als Staatsnation, über das politische Gemeinwesen. „Der Prozess der österreichischen Nationswerdung ist gleichzeitig der Prozess der Herauslösung aus einer anderen, der deutschen Nation."[17]

Ein Riesenwirbel war die Folge, als Jörg Haider 1988 die österreichische Nation als „ideologische Missgeburt" bezeichnete, wobei er zwischen Volkszugehörigkeit und Staatszugehörigkeit unterschied. So genau wollte es aber niemand wissen, die Volksseele war schon verletzt. Die Österreicher hatten sich da schon längst als eigene Nation begriffen. Als „verspätete Nation", so ein anderer Befund.[18] Immerhin. Man steht zu diesem Land, vertraut den Institutionen und zahlt seine Steuern. Um das Gemeinwesen zu gestalten, „erweist sich das Modell des demokratischen Nationalstaates, eines übersichtlichen, historisch gewachsenen Systems, eben immer noch als das tauglichste".[19] Historisch gewachsen ist eben relativ.

Das kleine Kernland des einstigen Vielvölkerstaates sieht sich heute im Zentrum eines gemeinsamen Europa – und in der Angst, dass auch dieses schon wieder zu zerfallen droht. Die nationalen Egoismen rundum nehmen zu. Mit dem Scheitern des Kommunismus im Osten glaubte man 1989 an das Ende aller Konflikte im Kontinent. Die Rolle des „In between" hatte ausgedient, vielleicht hat auch deshalb 1994 die Mehrheit für den Beitritt zur EU gestimmt. Dennoch hält sich die EU-Euphorie in Grenzen. Sämtliche Umfragen seit dem Beitritt zeigen eine solide, aber keineswegs überwältigende Mehrheit pro Europa. Denn in der europäischen Entwicklung kann man nur sehr beschränkt mitmischen. Und der große Identitätsstifter der Zweiten Republik, die Neutralität, ist nach wie vor emotional hoch aufgeladen (wie das Hin und Her in der Verteidigungspolitik anschaulich zeigte), aber schon sehr von ihren ursprünglichen völkerrechtlichen

Inhalten entleert. Man hält sie fest, weil man nicht weiß, ob man sie nicht doch wieder einmal braucht.

Die vielen Schläge in der Geschichte sitzen doch tief. Aber dennoch ist das Land nicht mehr auf der Suche. Es ist angekommen – in sich selbst, in der Normalität eines europäischen Staates.

1 Vgl. Peter Back-Vega, Die Maurerey und die Musik. Katalog zur gleichnamigen Ausstellung im Freimaurermuseum Schloss Rosenau, 2015

2 Vgl. Heinz Sichrovsky, Mozart, Mowgli, Sherlock Holmes – Die königliche Kunst in Musik und Dichtung der Freimaurer. Wien 2013

3 Quelle: Internationales Freimaurer-Lexikon von Eugen Lennhoff und Oskar Posner (1932; http://freimaurer-wiki.de/index.php/Bundeslied)

4 Odeon Record No. 4353, Leipzig 1904

5 Gesangbuch für Freimaurer, Zusammengestellt und arrangirt von Br. Friederich Erk. Düsseldorf 1853, 12. Aufl.: Baedeker, Essen 1909

6 Erstmals veröffentlicht im Gedichtband Der redende Born, Wien 1922

7 Vgl. https://ottokarkernstock.at/das-hakenkreuzlied-von-ottokar-kernstock/

8 APA 0347 2016-10-10/14:33

9 Sport ORF.at, 21. Jänner 2012: 100.000 huldigen Schranz in Wien; (http://sport.orf.at/stories/2102386/2102384/)

10 Rainhard Fendrich, I am from Austria. Aus dem Album „Von Zeit zu Zeit", 1989; http://fendrich.at/musik/texte/i/i-am-from-austria/

11 Market-Institut, Stolz der Österreicher im Langzeitvergleich, Umfrage B1444, Oktober 2016

12 Gerhard Jagschitz, in: Krisen, Morde, Bürgerkriege, TV-Dokumentation ORF, 25. Juni 2014

13 Heinrich Benedikt, Geschichte der Republik Österreich. Wien 1954, S. 12

14 Josef Hindels, in: Die Zukunft, Heft 1/1969, S. 11

15 Hugo Portisch, Österreich an der Schwelle zum 21. Jahrhundert. A. a. O., S. 44 f.

16 Karl-Markus Gauß, Verklärer und Verächter, in: Gerald Lehner (Hg.), „Was wird das Ausland dazu sagen?". A. a. O., S. 18

17 Peter Ulram, Österreichs Nationalbewusstsein heute, in: Hans Rauscher (Hg.), Das Buch Österreich. Wien 2005; S. 583

18 Oliver Pink: Nation, in: Rainer Nowak/Norbert Mayer (Hg.), Zur Schräglage der Nation. Wien 2017, S. 51

19 Ebd., S. 55

14

... und auf jedem Gipfel steht ein Kreuz

He Geist! Wo geht die Reise hin?
William Shakespeare, Ein Sommernachtstraum

Österreich versteht sich als katholisches Land. Die Mehrheit der Bevölkerung ist katholisch, aber der Vorsprung schmilzt seit Jahrzehnten (siehe Tabelle Religionsbekenntnisse, Seite 196). Und von einem überwiegend stark gläubigen Katholizismus kann man auch bei den Getauften und Bekennenden nicht sprechen. Anhand der regelmäßigen Kirchenbesuche lässt sich der Grad des Praktizierens des Glaubens ablesen. Dieser Erosionsprozess hat zunächst in den Städten begonnen. In ländlichen Bereichen mit geringerer Anonymität hat man noch länger die Teilnahme an den kirchlichen Aktivitäten gepflegt, trotz geschmolzener innerer Überzeugung. Mittlerweile dürfte sich das eingependelt haben. Man lebt seinen Glauben so, wie man es selbst will, und nicht mehr so, wie es das Umfeld erwartet.

Man mag das als späten Erfolg der Aufklärung sehen, denn selbst noch lange Zeit nach Voltaire & Co. war Religion nicht einfach etwas höchst Privates, sondern sehr von öffentlichem Interesse. Das neue liberale Denken konnte die brutalen Zeiten von Reformation und Gegenreformation, von Hexenprozessen und Vertreibungen nicht beenden oder vergessen machen. Voltaire[1] wurde wegen seiner Kritik am intoleranten, dogmatischen und absolutistischen Anspruch der katholischen Kirche von dieser als Atheist abgestempelt. Der Philosoph verdammte ihren weltlichen Machtanspruch, aber er bekannte sich zu Gott und verlangte auch ein kirchliches Begräbnis. Diese Haltung zur Kirche und ihren Institutionen war damals revolutionär, heute entspricht sie einem Großteil der katholischen Bevölkerung Österreichs, wohl auch ganz Europas.

Seit der Reformation hatte in Europa das Prinzip gegolten: Cuius regio, eius religio. Der Landesherr durfte nach dem Augsburger Religionsfrieden für sein Gebiet den Untertanen eine Religion vorgeben. Auch wenn sich ab Joseph II. zunehmend die individuelle Religionsfreiheit durchsetzte, so war der katholische Glaube nicht nur unbestrittene Hausreligion der Habsburger geblieben, sondern auch deren Legitimation zum Herrschen „von Gottes Gnaden". Österreich hatte damit zwar keine Staatskirche im eigentlichen, juristischen Sinn, aber eine sehr deutlich und gewollt sichtbare Beziehung zwischen der Staatsführung und der Religion. Kaiser Franz Joseph war etwa nicht nur als Privatmann Teilnehmer an kirchlichen Riten, wie etwa bei den Fronleichnamsprozessionen vor dem Stephansdom, sondern auch Akteur: „Am Gründonnerstag in der Karwoche reichte er, in Galauniform mit scharlachroten Hosen und weißem Rock, zwölf alten Männern (aus dem Armenhaus, Anm.) die Holzschale voll Suppe und wusch ihnen dann eigenhändig die Füße. [...] Der Kaiser zog seine weißen Handschuhe aus, kniete nieder und [...] goß Wasser aus einem gravierten Zinngefäß über die vorgestreckten Füße, während ein Priester das Wasser wieder in einem Silberbecken auffing. Am Ende der Reihe erhob sich der Kaiser. Der diensttuende Kämmerer schüttete frisches Wasser über seine Hände und reichte ihm auf einem silbernen Tablett ein Linnentuch. Schließlich hängte der Kaiser jedem der alten Männer ein weißes Seidensäckchen um den Hals, das dreißig Silberkronen enthielt, und die zwölf wurden hinausgeleitet."[2] Eine solche Szene kennt man heutzutage nur vom Papst.

Kein Wunder, dass in diesem Umfeld noch lange keine wirkliche Trennung von Kirche und Staat erfolgen konnte. Dies dürfte damals von der überwiegenden Mehrheit aber auch nicht als Problem empfunden worden sein. Es gab schon in der Monarchie mehrere staatlich anerkannte Religionsgemeinschaften. Mit der Übernahme der Verwaltung von Bosnien-Herzegowina (und der späteren Annexion ohnedies) waren rund 600.000 muslimische Einwohner Bosniens zu einem Teil der Monarchie geworden. 1912 wurde der Islam auch formal anerkannt, wenngleich nur jener nach hanafitischem Ritus. Für die gar nicht wenigen Moslems in der Armee gab es sogar eigene Imame, ihre Kaisertreue stand genauso wenig in Zweifel wie die ihrer jüdischen Kameraden.

Der Islam galt als eine Religion wie jede andere auch und stand nicht wie heute im Verdacht, von radikalen islamistischen Kräften als politisches Instrument der Unterwerfung sogenannter Ungläubiger und ganzer Staaten und Regionen missbraucht zu werden. Seit dem Staatsgrundgesetz von 1867 verhielt sich der Staat gegenüber den Religionen neutral. Das Christentum blieb dennoch privilegiert, etwa durch das Eherecht oder im Schulwesen. Daran hatte auch die Aufkündigung des ersten Konkordats mit dem Heiligen Stuhl 1870 nicht nachhaltig gerüttelt. „Die ‚konkordatslose' Zeit währte in Österreich bis zum Jahre 1933. Dies war für die politische Positionierung der katholischen Kirche eine wichtige Periode, in welcher die Kirche sich bemühte, ihren verlorenen Einfluss mithilfe der Christlichsozialen Partei, der Vorläuferpartei der heutigen ÖVP, geltend zu machen. Bis in die Gegenwart wirkt die traumatische Erfahrung mit der Politik von Bundeskanzler Ignaz Seipel (1922–1924 und 1926–1929), einem Prälaten der römisch-katholischen Kirche und Obmann der Christlichsozialen Partei, der in den Wirren der Julirevolte des Jahres 1927 einseitig gegen die Arbeiterschaft Partei ergriffen hatte."[3]

Aus dieser Zeit stammt auch die für die ÖVP bis heute gängige Bezeichnung als „die Schwarzen", wegen ihrer Nähe zu den Klerikalen.

Einen strengen Laizismus hat es in Österreich nie gegeben und gibt es auch derzeit nicht. Frankreich ist eines der Länder mit besonders konsequenter Trennung von Kirchen und Staat. Dort gibt es in den Schulen religionsfreien Unterricht und ein Verbot für Kreuze genauso wie für Kopftücher. Auf islamischer Seite galt die Türkei lange Zeit als Musterbeispiel eines laizistischen Staates. Staatsgründer Kemal Atatürk nahm sich Frankreich explizit als Vorbild, doch seine Linie ist vom Regime unter Recep Tayyip Erdoğan längst ausgehebelt und mit dem Ziel, einen streng islamischen Staat zu schaffen, ins Gegenteil verkehrt worden. In Deutschland regeln Konkordate und andere Staatskirchenverträge das Verhältnis des Staates zu den Religionsgemeinschaften. Diese sind, soweit anerkannt, frei in ihrem Wirken und können eigene Steuern einheben. Im Grundgesetz ist die Religionsfreiheit für alle Glaubensrichtungen garantiert,[4] aus der Tradition heraus ist aber das Christliche sicher im Vorteil. Sonntage und christliche („anerkannte") Feiertage sind geschützt, der Religionsunterricht (unabhängig von der Konfession) ist fixer Teil des Unterrichts.[5] Ein generelles Gebot für das verpflichtende Anbringen von Kruzifixen in Klassenzimmern in Bayern wurde allerdings 1995 vom Bundesverfassungsgericht aufgehoben: „Die Anbringung eines Kreuzes oder Kruzifixes in den Unterrichtsräumen einer staatlichen Pflichtschule, die keine Bekenntnisschule ist, verstößt gegen Art. 4 Abs. 1 GG."[6] In Italien mit einer traditionell starken Nähe zum Katholizismus wurde die Klage einer Mutter gegen Kreuze in Schulklassen von allen Gerichten abgewiesen. Erst der Europäische Gerichtshof für Menschenrechte bezeichnete das als mit der Religionsfreiheit unvereinbar.[7] Umgesetzt wurde das Urteil in Italien kaum, und auf Antrag der italienischen Regierung hob die Große Kammer des EGMR das Ersturteil wieder auf, mit der Begründung, dass ein Kreuz in der Klasse noch kein prinzipieller Verstoß gegen die Europäische Menschenrechtskonvention sei. Denn, so der EuGH: „Die Entscheidung, Kruzifixe in Klassenzimmern anzubringen, fällt [...] in den Beurteilungsspielraum des Staates, zumal es in der Frage der Präsenz religiöser Symbole in staatlichen Schulen unter den Mitgliedstaaten des Europarats keine Übereinstimmung gibt."[8]

Der Ball liegt also bei den nationalen Regierungen. In Österreich ist das noch komplizierter. Denn da fallen schulgesetzliche Regelungen auch in die Kompetenzen der Länder. Aber generell gilt, gemäß dem Schulvertrag mit dem Heiligen Stuhl von 1962: „In den [...] Schulen, an denen die Mehrzahl der Schüler einem christlichen Religionsbekenntnis angehört, ist in allen Klassenräumen vom Schulerhalter ein Kreuz anzubringen."[9] Der Religionsunterricht ist für alle Schüler gemäß ihrem Religionsbekenntnis verpflichtend, Genaueres regeln für die Landesschulen die Länder.[10]

Jede halbwegs sichtbare Bergspitze in Österreich trägt ein Gipfelkreuz. Aus Ehrfurcht vor der Natur und ihrem Schöpfer und als Landmark. Weil es seit Jahrhunderten so üblich ist. In Gerichtssälen war das Kreuz am Richtertisch generell üblich. Gemäß der Prozessordnung von 1868 war es bei Strafprozessen bis 2008 Bestandteil der „Schwurgarnitur", wenn ein Katholik einen Eid leisten muss. Für Moslems gilt ein Schwur auf den Koran, für Juden einer auf die Thora. In

Die Monarchie anerkannte den Islam: Ein muslimischer und ein katholischer Feldgeistlicher bei den bosnischen Regimentern in Galizien, 1915.

Zivilprozessen ist die Vorschrift nach wie vor in Kraft, hier können Zeugen noch immer gemäß ihrer Religionszugehörigkeit vereidigt werden.

Am Religionsunterricht und der Kruzifixdebatte zeigt sich das gesamte Spannungsfeld zwischen Einräumung weitestgehender Freiheitsgrade für den Einzelnen (bzw. Nichteinmischung des Staates) und dem Interesse einer gewachsenen Gesellschaft, die über Jahrhunderte gelebte (christliche) Wertordnung aufrechtzuerhalten und möglichst keinem Erosionsprozess auszusetzen. Die heftige Debatte in der österreichischen Innenpolitik zu Jahresbeginn 2017, nachdem Außen- und Integrationsminister Sebastian Kurz ein generelles Kopftuchverbot im öffentlichen Dienst gefordert hatte, also in Schulen, bei Gericht und Polizei, zeigte die Schwierigkeit, diese christliche Ordnung gegenüber dem stärker werdenden Einfluss des Islam zu verteidigen und dennoch alle Religionen gleich zu behandeln. Nur in der Theorie wäre in einem durchgängigen Laizismus diese Debatte obsolet. Die Praxis zeigt, dass selbst Frankreich von derartigen Streitthemen nicht verschont bleibt.

Dies ist allerdings auch ein deutliches Zeichen der Tatsache, dass Europa unter dem Begriff „Islam" heute nicht nur eine monotheistische Religion wie andere auch versteht, sondern eine politische Attacke auf sein Wertesystem unter religiösem Mantel. „Nicht 15, sondern geschätzte 30 Millionen Muslime leben bereits in Europa, unter ihnen Feinde der offenen Zivilgesellschaft, Handlanger der islamistisch-türkischen AKP und der Muslimbruderschaft. Dieser organisierte Islam ist zwar nur eine lautstarke Minderheit, hat aber einen verheerenden Einfluss auf die Subkultur der in Europa geborenen islamischen Jugendlichen, die keine Europäer mehr sein wollen." Das schreibt der Journalist Fritz Orter in seiner Streitschrift *Aufwachen!*.[11] Andere Journalisten beklagen demgegenüber ein zu restriktives Vorgehen gegenüber Flüchtlingen: „800 Millionen Europäer haben Angst vor zwei Millionen Flüchtlingen, während elf Millionen Jordanier und Libanesen – mehr oder weniger im Stich gelassen – bisher circa drei Millionen Flüchtlinge beherbergten", argumentiert Jürgen Roth,[12] der meint, diese Angst vor (islamischen) Flüchtlingen würde von nationalistischen und populistischen Kräften in Europa nur geschürt, um in einem unsolidarischen „kalten Staat"[13] die demokratischen Strukturen auszuhöhlen und eigene rechtsgerichtete Interessen leichter durchsetzen zu können. Tatsache ist, dass die kulturelle und politische Integration moslemischer Zuwanderer wesentlich schleppender verläuft als bei Flüchtlingen aus anderen Kulturkreisen. Die ebenfalls überwiegend islamischen Gastarbeiter, die man ab den 1970er-Jahren angelockt hat, waren unauffällig, niemand hat sich um ihre Integration bemüht. Man nahm an, sie würden nach einigen Jahren ohnedies wieder gehen. Aber in den letzten 16 Jahren hat sich die Zahl der Muslime in Österreich glatt verdoppelt.[14] Damals wie heute wollten und wollen sich viele bewusst nicht integrieren und „über 90 Prozent der Imame in Österreich sprechen nicht einmal deutsch".[15]

Jedenfalls – in Europa ist bereits von einem Kulturkampf die Rede. „Wenn wir den Kampf gegen den Islamismus und den Terrorismus ernst meinen, dann muss es auch ein kultureller Kampf werden", sagte in Deutschland SPD-Chef Sigmar Gabriel ganz eindeutig.[16]

Es geht um mehr als um Schulkreuze oder Kopftücher. Es geht um nichts weniger als das Alltagsleben, um das gewohnte kulturelle Umfeld und das vielfältige Brauchtum, das häufig im Christlichen wurzelt und auch von Kirchenfernen hochgehalten wird. Und es geht um das europäische, historisch gewachsene Rechtsverständnis, das definitiv anders ist als jenes der Scharia. „Der politische Islam hat in unserer Gesellschaft keinen Platz", postulierte trocken Außenminister Sebastian Kurz.[17] Die Einvernahmen von 14 verhafteten mutmaßlichen Islamisten im Jänner 2017 in Wien ergab, dass diese offenbar planten, „in Österreich einen Gottesstaat aufzubauen".[18] Ermittlungen wegen staatsfeindlicher Verbindungen folgten.

In Deutschland sind im Frühjahr 2017 Flugblätter aufgetaucht, in denen es heißt: „Der nächste Bundeskanzler mit seinen Ministern müssen Türken sein! Die Kreuze müssen verschwinden." Auch Imame predigen im Schutz der Meinungsfreiheit, aber oft kennen die Behörden nicht einmal die Moscheen, geschweige denn, welche (auch politisch radikalen) Botschaften dort verbreitet werden.[19]

Europa sieht sich in einem Verteidigungskampf der von der Aufklärung geprägten abendländischen Kultur gegenüber einem hierzulande überwunden geglaubten Menschenbild der absoluten Dominanz der Religion. Besonders deutlich zeigt sich das am Frauenbild des Islam, in dem das Kopftuch nicht nur Ausdruck der Selbstbestimmung, sondern auch der Unterdrückung und Diskriminierung ist, was die Debatte in Europa so schwierig macht. Häufig zitiert werden dazu Suren aus dem Koran wie die Sure 4/An-Nisa-34: „Die Männer sind standhafter als Frauen [...] Gebt ihnen (erst) Ratschläge, wenn ihr euch vor ihrem [...] Ungehorsam (Rebellion) fürchtet. Und lasst sie (dann) in ihren Betten allein. Und (wenn sie immer noch nicht gehorchen) schlagt sie." Oder 2/al-Baqara-224: „Die Frauen sind für euch ein Feld. Also nähert euch eurem Feld, so wie ihr wollt." Und auch Belege für den Ansporn zur Gewalt lassen sich im Koran finden: „Und kämpft (tötet sie) so lange, bis keine Hetze mehr vorhanden ist und bis die Religion Allah gehört." (2/alBaqara-193) Oder: „Auch wenn der Krieg euch nicht gefällt, wurde er euch als Gebot auferlegt." (2/alBaqara-216)[20]

Gemäßigte Muslime gehen zu Sätzen wie diesen auf Distanz. Die (trotz Todesdrohungen aus der Familie) vom Islam zum Christentum konvertierte Menschenrechtsaktivistin Sabatina James – ihr Name ist ein Pseudonym – wendet sich in ihren Büchern *Scharia in Deutschland*[21] und *Nur die Wahrheit macht uns frei*[22] nicht nur gegen die Tötungsaufrufe Mohammeds, sondern auch gegen das Kopftuch. Das sei kein religiöses Zeichen, sonst müssten es die Männer ja auch tragen, sondern ein Symbol der Unterwerfung der Frau, ihrer Sexualität und ihrer Selbstbestimmung unter die Herrschaft des Mannes. Letztlich sei es Symbol einer antidemokratischen Haltung. Und sie warnt davor, dass eine grenzenlose Toleranz in Europa gegenüber Islamisten und deren Forderung, auch hierzulande die Scharia einzuführen, gravierende Folgen auf unser Rechtssystem und unsere demokratische Ordnung hätte. „Die Kompatibilität mit der Demokratie ist bei vielen Muslimen eindeutig nicht gegeben. Denn sie akzeptieren Andersdenkende, Andersglaubende, Anderslebende und Frauen nicht als rechtlich gleichgestellte Menschen."[23]

Das christlich geprägte Europa sieht sich also fast überfallsartig in einer Konfrontation der Kulturen. „Der militante Dschihad hat dem Westen den Krieg erklärt. [...] In der neuen Weltunordnung ist die liberale Demokratie in Gefahr und mit ihr die Idee der Menschenrechte ..."[24] Europa muss sich dieser Konfron-

Oberrabbiner Arie Folger in der Synagoge im Wiener Stadttempel.

tation stellen. Und Österreich ist mittendrin. Das stärkt sogar der katholischen Kirche wieder den Rücken. „In den letzten Monaten hat die verstärkte Präsenz der muslimischen Religion vermehrt Menschen dazu bewogen, den Weg zurück zur Kirche zu finden", analysierte in Wien der Dompfarrer von St. Stephan, Toni Faber, den 2016 festgestellten leichten Rückgang an Kirchenaustritten und die Zunahme an Wiedereintritten.[25] Das Phänomen ist gar nicht so neu. Und natürlich hat das die Politik in Europa längst erkannt. Valérie Giscard d'Estaing etwa sprach sich schon im Verlauf seiner Arbeit am Verfassungsentwurf der Europäischen Union gegen den Eintritt der Türkei in die EU aus. „Europa" bedeute notwendigerweise „Christentum", behauptete er. Angela Merkel schlug in die gleiche Kerbe und versuchte, Gott in die Verfassung hineinschreiben zu lassen.[26] In Österreich hat 2003 der damalige Nationalratspräsident Andreas Khol einen wiederholten Anlauf unternommen, einen Gottesbezug in der Verfassung zu verankern, was viele Verfassungsrechtler unter dem Hinweis auf eine Vergleichbarkeit mit der undemokratischen ständestaatlichen Verfassung von 1934 ablehnten.[27]

Zugleich wirkt es für viele auch befremdend und anbiedernd, wenn die Politik auf diesen Zug aufspringt, insbesondere bei Politikern der – von ihren historischen Wurzeln her – agnostischen und antiklerikalen FPÖ. Als eigenartig wurde das besonders kirchenkonservative Auftreten des ehemaligen FPÖ-Mandatars und später aus dem BZÖ ausgeschlossenen Ewald Stadler empfunden.[28] Und dass der FPÖ-Kandidat Norbert Hofer im Präsidentschaftswahlkampf 2016 mit dem Slogan „So wahr mir Gott helfe" warb, wurde weniger als Religionsbekenntnis denn als antiislamische Parole empfunden. Die Österreicher sind, was den offen zur Schau getragenen Katholizismus anbelangt, sehr sensibel.

Vielleicht wird in Österreich diese Debatte auch deshalb so emotional geführt, weil Wien schon zweimal in der Geschichte das europäische Bollwerk gegen den islamischen Ansturm darstellte. Freilich waren die Türkenbelagerungen 1529 und 1683 weniger religiös-missionarisch denn machtpolitisch motiviert. Bei beiden Feldzügen der Osmanen waren auch Christen unter ihren Soldaten. Seit 1541 beherrschten die Osmanen bereits große Teile Ungarns, sie waren auf brutalem Expansionskurs. Daher sah sich 1683 das damalige Europa, das davor im Dreißigjährigen Krieg schon genug innenchristliche Religionskämpfe ausgefochten hatte, als Ganzes gefährdet und verteidigte Wien in einer christlichen Allianz von Polen, Sachsen, Franken, Schwaben und Bayern bis zu Venedig und dem Vatikanstaat (unter Papst Innozenz XI.) – in diesem Bündnis fehlte allerdings Frankreich: Ludwig XIV., der „Sonnenkönig", hatte keine Skrupel, wenn es darum ging, dem Habsburgerreich zu schaden, und unterstützte die osmanischen Kriegsanstrengungen.

Erst seit 1683 steht an der Turmspitze des Stephansdomes ein Kreuz. Und viele mögen sich hinsichtlich der nachfolgenden Geschichte Europas schon gefragt haben, was wäre gewesen, wenn …

Die gegenwärtigen Debatten über die Konfrontation zwischen Christentum und Islam sind so ziemlich das Gegenteil der Situation in der Ersten Republik. Damals ging es nicht um einen Wertekampf großer Kulturen oder Religionen, es ging rein um die innerösterreichische Machtverteilung. Und dabei bildete der politische Katholizismus Richtschnur und Streitpunkt im öffentlichen Leben, besonders polarisierte bald der Kurs von Ignaz Seipel. Schon 1919 forderten die Sozialdemokraten die Trennung der Kirche von Staat und Schule: „Der Unterricht soll von pfäffischer Unduldsamkeit und monarchischer Legende befreit werden", hieß es wörtlich in einem Wahlaufruf, dem die Bischöfe Deutschösterreichs geschlossen und offiziell in einem Hirtenbrief entgegentraten.[29]

Die Wahlauseinandersetzung von 1920, nach dem Scheitern der dritten Regierung Renner, hat die ideologische Kluft zwischen Sozialdemokraten und Christlichsozialen vertieft. Die einen forderten immer vehementer Enteignung und Verstaatlichung, die anderen verdammten das als Wegbereitung bolschewistischer Einmischungsversuche. Die einen forderten die Trennung von Kirche und Staat und die Einführung der standesamtlichen Eheschließung, die anderen forderten den Schurz des Staates für die christliche Familie und eine sittlich-religiöse Erziehung der Jugend. Parolen gegen die Juden waren beiderseits an der Tagesordnung. Die Sozialdemokraten gingen in Opposition, zwei Beamtenregierungen unter dem großdeutsch orientierten Polizeipräsidenten Johannes Schober konnten sich auch nicht halten. Als Seipel im Mai 1922 zum ersten Mal Kanzler wurde, in einer Koalition mit den Großdeutschen, war er selbst von Parteigegnern respektiert. „Der Moraltheologe Dr. Ignaz Seipel, Typ des strengen, asketischen Priesters, der nahezu seine ganzen Bezüge karitativ verwendete, war trotz seiner scharfen Frontstellung zum Austromarxismus die von Otto Bauer anerkannte Politikerpersönlichkeit der Christlichsozialen."[30]

Seipel, ein gebürtiger Wiener, war bei seinem Amtsantritt 46 Jahre alt. Sein Vater war ein Kutscher. Streng und autoritär war sein Weltbild. Habilitiert hatte er sich an der Universität Wien, seine erste Berufung als Professor für Moraltheologie führte ihn aber 1909 nach Salzburg, 1917 wurde er wieder nach Wien berufen. Von seiner wissenschaftlichen Tätigkeit ist wenig bekannt, hat er sich doch schon sehr früh politisch engagiert. Schon in der letzten, nur sehr kurz agierenden Regierung Lammasch war er von Kaiser Karl zum Minister für Arbeit und Soziales berufen worden. Von ihm stammt in der Amtsverzichtserklärung des Monarchen die Formulierung, wonach Kaiser Karl „auf jeden Anteil an den Staatsgeschäften" verzichtet. Deutlicher und unverrückbar wäre gewesen, dass Karl namens des gesamten Hauses Habsburg und unwiderruflich auf den Thron und jeden Regierungsanspruch verzichtet – aber genau so eine Erklärung gab es nie, was den Verdacht nährte, Seipel habe damals bewusst einen Widerruf Karls und eine Rückkehr zur Monarchie ermöglichen wollen.

In den 1920er-Jahren entwickelte sich Seipel zum Antipoden Karl Renners, obwohl oder gerade weil er dessen Regierungen nicht angehörte. Aber er war als Wiener Abgeordneter im Parlament. Insgesamt fünfmal sollte er einer Regierung vorstehen, zunächst in den Jahren 1922 bis 1924, dann 1926 bis 1929. Stabil waren Regierungen damals nie, oft wurden die Kabinette umgebildet. Seinen unbestritten größten Erfolg erzielte Seipel in seiner ersten Amtsperiode. Er konnte mit geschickten Verhandlungen in Genf die erste Völkerbundanleihe für Österreich erreichen. Die Genfer Protokolle enthielten auch eine Bestimmung, wonach die Regierung für zwei Jahre besondere Vollmachten zur Budgetsanierung bekam, ohne das Parlament befassen zu müssen. Die Sozialdemokraten schäumten ob dieser teilweisen erstmaligen Ausschaltung des Parlaments. Viel haben Historiker seither darüber diskutiert, inwiefern dieser Passus der Genfer Protokolle von Seipel selbst initiiert worden sei. Es gab dafür Indizien, er selbst hat das immer bestritten.[31] Das Misstrauen zwischen den Lagern wuchs. Und es war Karl Renner, der einen Kompromiss fand, mit dem die Sozialdemokraten dieser „Diktatur" nicht zustimmen und trotzdem die Völkerbundanleihe nicht zum Scheitern bringen mussten, nämlich mit der Übertragung der Sonderrechte an einen „außerordentlichen Kabinettsrat".

Seipel war der Konfrontationskurs und die Demütigung der Linken wohl recht. Er unterstützte den Aufbau der Verbände der Heimwehr. Der Erfolg der Völkerbundanleihe stärkte seine Partei bei der nächsten Wahl, aber in den von immer mehr Hass getragenen Auseinandersetzungen wurde Seipel am 1. Juni 1924 am Wiener Südbahnhof durch ein Pistolenattentat schwer verletzt. Er trat zurück, kehrte aber 1926 als Kanzler an die Macht zurück. Und er wurde zum erbitterten Gegner der Sozialdemokraten. Nach dem gewaltsamen Tod eines Schutzbündlers und eines Kindes in Schattendorf wurden die angeklagten rechtsgerichteten Frontkämpfer in Wien von einem Geschworenengericht freigesprochen. Ein langer Leitartikel von Chefredakteur Friedrich Austerlitz in der *Arbeiter-Zeitung* goss Öl ins Feuer, nannte das Urteil eine „Schurkerei".[32] Wütende Demonstranten steckten am 15. Juli 1927 den Justizpalast in Brand, die sozialdemokratische Führung schaute machtlos zu, Polizeipräsident Schober befahl Waffengebrauch. 85 Tote waren die Folge und Seipel verteidigte den blutigen Polizeieinsatz im Parlament, was ihm den Beinamen „Prälat ohne Milde" eintrug. „Die Freidenkerbewegung organisierte nun eine Kirchenaustrittswelle, die Seipel in seinem Gewissen härter traf, als der Gegner anzunehmen bereit war."[33]

Österreich machte einen Rechtsruck. Die Heimwehr wuchs und wurde zu einer selbständigen politischen Bewegung, die sich im „Korneuburger Eid" (8. Mai 1930) offen die Abschaffung des parteipolitischen Parlamentarismus zum Ziel setzte. Aber da war Seipel schon nicht mehr im Amt. Drei Jahre und sieben Regierungen später (manche Regierung hielt damals nur Wochen oder gar nur wenige Tage) war Engelbert Dollfuß an der Macht und Österreich war eine Diktatur. Auch Dollfuß hatte eine starke Nähe zur Kirche, er war als Gymnasiast im Knabenseminar der Erzdiözese Wien in Hollabrunn (damals Oberhollabrunn) gewesen, trat dann ins Wiener Priesterseminar ein und studierte zunächst Theologie. Seinen Wunsch, Priester zu werden, ließ er aber bald fallen, studierte Jus und widmete sich der Politik. Unter seiner Ägide wurde das (in der Geschichte bereits dritte) Konkordat mit dem Heiligen Stuhl vereinbart, das im Wesentlichen bis heute gilt und die Beziehungen zwischen Staat und katholischer Kirche regelt – in einem unaufgeregten Nebeneinander, bis die Islamdebatte begann und auch das Selbstverständnis der Christen erfasste.

Viel aufgeregter und spannungsgeladener war das innerösterreichische Verhältnis zwischen der Kirche und insbesondere der Sozialdemokratie. Seipel hatte den politischen Katholizismus begründet, das Misstrauen zwischen Rot und Schwarz sollte Jahrzehnte anhalten. Auch als die österreichische Bischofskonferenz am 30. November 1933 ein Verbot der politischen Tätigkeit katholischer Priester erließ, war das nicht mehr zu kitten. Erst Kardinal Franz König sollte in der Ära von Bundeskanzler Bruno Kreisky (1970–1983) eine Versöhnung mit der Arbeiterschaft gelingen, die natürlich auch im parteipolitischen Interesse der Sozialisten lag. König bezeichnete 1973 vor dem Bundesvorstand des Österreichischen Gewerkschaftsbundes das „Schlagwort von einer politisierenden Kirche als ein Missverständnis". Da jedes Handeln in der Öffentlichkeit letztlich Politik sei, sei er in diesem Sinne auch ein politischer, aber kein politisierender Bischof. „Ich bin kein Bischof der ÖVP und kein Bischof der SPÖ, kein Bischof der Unternehmer und auch keiner der Gewerkschafter, nicht ein Bischof der Bauern und auch nicht einer der Städter. Ich bin der Bischof aller Katholiken", sagte Kardinal König.[34]

Damals konnten sich viele in der ÖVP mit dieser neuen Äquidistanz der Kirche zu allen Parteien gar nicht anfreunden. Als der parteifreie praktizierende Katholik Rudolf Kirchschläger 1974 von der SPÖ zu ihrem Kandidaten für die Bundespräsidentschaft gemacht wurde, sah dieser sich mit starker Polemik und heftigen Angriffen aus katholischen Kreisen der ÖVP konfrontiert. Andererseits war auch das Politikverständnis der ÖVP nicht mehr immer synchron mit den Auffassungen der katholischen Kirche. Die katholische Soziallehre hat viele Grundsätze der ÖVP geprägt, bis hin zu jenem der Ökosozialen Marktwirtschaft. In Moralfragen gab es bis in die 1970er-Jahre durchgehende Übereinstimmung, etwa bei der Ablehnung der Fristenlösung. Aber inzwischen hat sich die ÖVP von der Kirche emanzipiert. Wohl auch deswegen, weil das Spektrum der Religionen in Österreich viel breiter als in der Ersten Republik geworden ist. Derzeit sind 16 Religionsgemeinschaften in Österreich gesetzlich anerkannt.[35] Entgegen der ablehnenden Haltung der katholischen Kirche stimmte die ÖVP 2015 mehrheitlich für das Fortpflanzungsmedizingesetz, vier ÖVP-Abgeordnete stimmten aus religiösen Gründen dagegen.[36]

Die Religion hat also im Lauf eines Jahrhunderts ihre Rolle als Zement für das Weltbild der Christlichsozialen verloren, sie dient auch der ÖVP nicht mehr zur Abgrenzung von Sozialdemokraten, Kommunisten und Liberalen. Reine Privatsache ist sie jedoch noch immer nicht. Jetzt ist sie Gegenstand einer europaweiten Kultur- und Wertedebatte.

Interview mit Christoph Kardinal Schönborn

Herr Kardinal, angesichts der europaweiten Debatte um Islam und Islamismus: Ist das christliche Abendland in Gefahr?
Ich weiß nicht, ob es je ein wirklich christliches Abendland gegeben hat. Es hat sicher hervorragende Christen in diesem Abendland gegeben. Europa ist natürlich ganz stark geprägt von christlichen Einflüssen und Traditionen. Man kann beginnen bei der Konstantinischen Wende (Anm.: sog. „Toleranzedikt" von 313 n. Chr.), oder mit der Theodosianischen Wende (Anm.: Edikt „Cunctos populos", 380 n. Chr.), als das Christentum Staatsreligion des römischen Reiches wurde. Wie weit diese Prägung immer eine rein christliche im Sinn des Evangeliums war, ist allerdings eine andere Frage.

Aber das Christentum hat die Kultur, das Lebensgefühl Europas doch immer dominiert?
Ja, aber da war immer auch eine gewisse Dialektik. Ich habe vor vielen Jahren einen Vortrag gehalten in Hamburg, in Amerika und anderen Orten, mit dem Titel „Das Christentum, Quelle oder Fremdkörper Europas". Europa ist zweifellos stark vom Christentum geprägt, aber es war auch zu vielem im Widerspruch. Es hat um das Christentum viele Konflikte gegeben, zwischen der Macht und dem Glauben. Also das Christentum ist nicht einfach kulturell integrierbar in diese Welt, es hat auch den Charakter eines Fremdkörpers, und es hat immer auch seine jenseitige Dimension, die ja im Laufe der Europäischen Geschichte so oft kritisiert worden ist, nicht erst von Marx, sondern schon viel früher, von Jean-Jaques Rousseau bis zurück in den Konflikten zwischen Kaiser und Papst.

Heute sehen viele Europäer nicht das Christentum, sondern den Islam als Fremdkörper und fühlen sich berufen, die christliche Wertordnung zu verteidigen. Muss das nicht die katholische Kirche sehr freuen, wenn sich da jetzt so viele in ihrem Sinne engagieren?
Ich mache auch hier einen Kontrapunkt. Nehmen wir Franz von Assisi. Zu einer Zeit, als in Europa die Städte entstehen und das Bürgertum, womit eine enorme wirtschaftliche Entwicklung verbunden ist, da tritt Franziskus in der Radikalität des Evangeliums für die freiwillige Armut ein, bis hin zu der vielleicht naiven, aber sicher bei ihm aus vollem Herzen geschehenen Reise zum Sultan, arm und ohne Waffen, und schlägt ihm vor, Christ zu werden. Diesen Stachel wird das Christentum immer einbringen müssen, heute in der Diskussion über Flüchtlinge, Migration und Islam. Ich weiß nicht, ob das

193

wehrhafte Christentum, das dazu aufruft, wir müssen gegen den Islam stark sein und kämpfen, ob das das Christliche im Sinne des Evangeliums ist. Ich kann jetzt auch nicht fein säuberlich auseinanderhalten, was es heißt, die christlichen Werte zu verteidigen, und was es heißt, im Sinne des Evangeliums dem Islam zu begegnen. Aber eines ist für mich sicher, hier ist eine Spannung und die ist nicht aufzulösen, indem man einfach in eine Konfrontation zum Islam tritt.

Dennoch steht Europa doch in einer gewissen Konfrontation, etwa beim Frauenbild, bei der Rechtskultur – oder nicht?
Ja, das ist eine enorme Herausforderung, die natürlich auch mit innereuropäischen Entwicklungen zu tun hat, weil Europa demografisch einfach schwächelt. Andererseits hat der große Wohlstand Europas im Vergleich zu den meisten Teilen der Welt eine ungeheure Sogwirkung. Zugleich bietet die europäische Rechtsordnung Schutz für Menschen, die diesen Schutz anderswo nicht finden. Das spricht ja für Europa, dass es diese Werte und diese menschliche Schutzbereitschaft hat, aber gleichzeitig bewirkt das natürlich auch enorme Herausforderungen. Die Sorge ist verständlich, wie das weitergehen soll, wenn Europa überflutet wird von Menschen, die hier Schutz und eine bessere Zukunft suchen. Werden dann die besseren Lebensbedingungen, die wir haben, abgesaugt und sogar zerstört? Kommt es zu so großen wirtschaftlichen und sozialen Spannungen, dass das wohlhabende Europa in die Krise gerät?

Das ist die eine Sorge. Die zweite Sorge ist vermutlich die, wie man dem politischen Islam, dem radikalen Islamismus begegnen kann. Welchen Rat haben Sie hier?
Das Christentum hat entscheidende Fermente in die Gesellschaft Europas gebracht. Ein Schlüsselwort ist das Wort Jesu: „Gebt dem Kaiser, was des Kaisers ist, und Gott, was Gottes ist." Das ist von ungeheurer historischer Tragweite, weil es, vermutlich zum ersten Mal in der Geschichte, eine Unterscheidung zwischen Staat und Religion, zwischen Politik und Religion ermöglicht …

… also eine Frühform des Laizismus?
Ein laizistisches Ferment, würde ich sagen, ein säkularisierendes Ferment. Dieses Wort Jesu ermöglicht eine klare Unterscheidung des Geistlichen vom Weltlichen. Das gibt es, soweit ich es weiß, in keiner anderen Religion. Die Deckungsgleichheit von Gesellschaft und Religion ist natürlich im Islam besonders stark ausgeprägt, aber auch in den anderen Religionen. Wir haben zurzeit in Indien einen radikalen Hinduismus, der darauf besteht, dass Indien nur noch rein hinduistisch sein soll. Wir haben in Sri Lanka einen radikalen Buddhismus,

der die ganze Insel rein buddhistisch
sehen möchte, weil Singhalese sein
und Buddhist sein für diese Ideologie
identisch ist. Da hat das Christentum, wenngleich nicht immer ganz
getreu der Weisung des Gründers,
dieses Ferment hereingebracht,
denn im Mittelalter gab es unendlich
schwierige Wendungen und Konflikte
zwischen Sacerdotium und Imperium,
zwischen Papst und Kaiser, zwischen
religiöser und weltlicher Autorität.
Aber diese Bipolarität ist der entscheidende Motor für die europäische
Gesellschaft, er ist die Grundlage
für die Säkularität des Staates, der
Politik, der Wirtschaft und weist der
Religion eine Position zu, die natürlich von der Religion nicht immer
leicht akzeptiert wird, nämlich den
geistlichen vom weltlichen Bereich zu
unterscheiden, nicht zu trennen, und
den geistlichen Bereich als befruch-
tend, inspirierend, und wertgebend
zu sehen, aber nicht als beherrschend.

**Erzbischof Kardinal Christoph Schönborn bei der Bi-
schofskonferenz in Mariazell, 2017.**

**Das heißt, jeder Zwang und jede
politische Instrumentalisierung
von Religion ist gleichermaßen
abzulehnen?**

Der Weg des Christentums zur Religionsfreiheit war ja ein langer, mühsam
erkämpft durch die Leiden der Reformations- und Nachreformationszeit, die ja
Europa zerrissen hat. Der Konflikt um die Hegemonie in Europa zwischen den
katholischen Staaten und den protestantisch gewordenen Ländern, was schließlich zum Dreißigjährigen Krieg geführt hat, hat gezeigt, dass dieser Konflikt
nicht auf der Ebene der Waffen und auch nicht mit staatlicher Gewalt gelöst
werden kann, sondern nur auf der Ebene der freien Überzeugung. Es war ein
langer Weg zur Toleranz und dann noch einmal zur echten Religionsfreiheit.
Dem Islam gegenüber müssen wir einfach daran erinnern, dass wir selber
in Europa einen langen, zum Teil sehr blutigen Weg gegangen sind, um zur

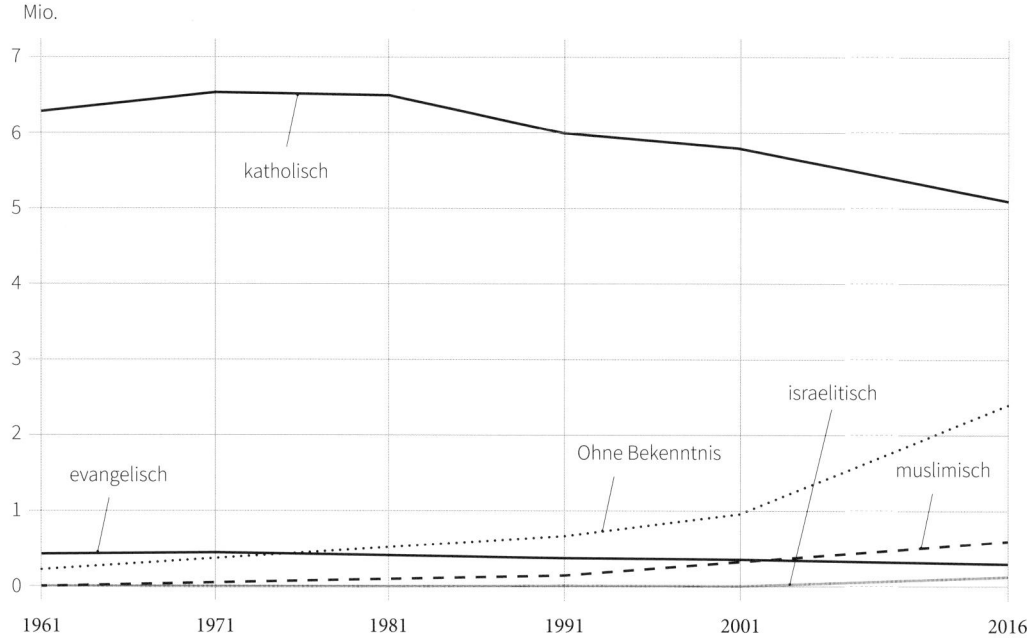

Mio.

1961   1971   1981   1991   2001   2016

Die Entwicklung der Religionsbekenntnisse in Österreich. Signifikant ist der deutliche Anstieg der Muslime und der Menschen ohne Glaubensbekenntnis.

echten Religionsfreiheit zu kommen. Das ist ja noch relativ jung bei uns. Und ich bin überzeugt, dass diese Sicht der Religionsfreiheit auch dem Evangelium entspricht, das eben nicht mit Zwang missioniert, das einem anderen seine Überzeugung nicht aufzwingen will, sondern durch das Vorbild, die Einladung und die freie Entscheidung. Dass der Islam hier einen ganz großen Nachholbedarf hat, das sage ich, ohne mit dem Finger auf den Islam zu zeigen, denn der Blick auf die europäische Geschichte zeigt uns, dass wir sehr lange gebraucht haben, das zu lernen.

Die Wechselbeziehung zwischen Staat und Kirche hat ja noch in der jüngeren österreichischen Geschichte eine besondere Ausprägung erfahren, nämlich in den 1930er-Jahren. Dann später, 1973, mit der berühmten Rede von Kardinal König beim ÖGB, wo er gesagt hat, jedes Handeln ist politisch, auch das eines Bischofs. Welches politische Bild soll denn die Kirche in Österreich heute von sich geben?
Sicher nicht ein parteipolitisches, sondern ein am Gemeinwohl orientiertes. Ich

glaube, die Kategorie des Gemeinwohls ist im Moment vielleicht die wichtigste Kategorie für die politische Orientierung, die wir brauchen. Denn die Partikularinteressen, die es immer geben wird und die legitim sind, parteiliche Interessen, wirtschaftliche Interessen, Standesinteressen etc., sollen immer als letzte Orientierung den Blick auf das Gemeinwohl haben. Ich sehe die politische Aufgabe der Kirche, der christlichen Religion, in ebendiesem gemeinwohlorientierten Blick auf alle Bereiche der Öffentlichkeit, sei es die Wirtschaft oder die Politik. Bei aller Legitimität der Einzelinteressen ist der Blick auf das gemeinsame Wohl wahrscheinlich der entscheidende politische Auftrag.

Die Wahrheit ist ja immer konkret und wenn es um einzelne ganz konkrete Punkte geht, dann wird es wohl oft schwierig?
Je konkreter, desto schwieriger.

Es gibt jetzt die Debatte um Kopftücher, andererseits um Kreuze in den Schulklassen und in den Amtsgebäuden usw. Das beeinflusst ja schon sehr den Alltag und nicht nur das abstrakte Gemeinwohl. Wie politisch muss da ein katholischer Bischof denken?
Natürlich gibt es, je mehr man ins Konkrete geht, auch komplexere Antworten. Das Prinzip ist relativ leicht zu formulieren. Dass religiöse Zeichen in der Öffentlichkeit ihren Platz haben, hängt mit der Religionsfreiheit zusammen. Wenn Religionsfreiheit bedeutet, dass Menschen ihre religiösen Überzeugungen nicht nur privat artikulieren dürfen, sondern sie auch gemeinsam leben dürfen, dann haben wir natürlich das Phänomen, dass Religion ein öffentlicher Faktor ist. Das zeigt sich in Gebäuden, in Riten, in Werteinstellungen, in Gebräuchen etc. Religionsfreiheit, so wie sie auch die Menschenrechtskonventionen garantieren, bedeutet natürlich, dass Religion auch etwas Öffentliches ist. Da unterscheidet sich die Position der Kirche, aber auch die anderer Religionen von der laizistischen Position, die die Religion in den Privatbereich zurückdrängen will, sozusagen in die Sakristei. Wie das jetzt konkret auszugestalten ist, das erfordert Argumente und Debatten.

Und ist aber dann auf alle Religionen anzuwenden?
Und ist auf alle Religionen anzuwenden. Natürlich gibt es hier Proportionen. Wenn 80 Prozent der Österreicher Bezüge zum Christentum haben, dann hat das Christentum sicher eine andere Bedeutung als der Buddhismus in Österreich. Man wird damit nicht den Buddhismus diskriminieren, wenn man sagt, dass die prägende religiöse Kultur in diesem Lande die christliche ist. Was nicht bedeutet, dass andere Religionen daran gehindert werden sollen, ihre Bräuche und Zeichen auch öffentlich zu leben.

Gehen wir ein wenig zurück in die Geschichte. Die katholische Kirche hat in der Monarchie und in der Ersten Republik als sehr bürgerlich gegolten. Die Arbeiterschaft war eher kirchenfern, war das damals ein Fehler der katholischen Kirche?

Das war sicher eine tragische Entwicklung. Es ist aber nicht einfach schwarz-weiß. Es hat sehr starke christliche Impulse auch in die Arbeiterschaft gegeben, wenngleich in anderen Ländern stärker als bei uns. Ich denke etwa an Polen, wo die Arbeiterschaft ganz stark mit der Kirche verbunden geblieben ist.

Man hat jedenfalls sehr lange bei uns die ÖVP als eher „kirchennah" etikettiert, die SPÖ dagegen als eher „kirchenfern". Vielleicht hat sich das erst in der jüngsten Zeit etwas verschliffen. Jedenfalls war den Bürgerlichen und Wohlhabenden eher das Bewahren wichtig, den Ärmeren, dem Proletariat, den Linken die Umverteilung. Die Kirche, politisch eher mit der ÖVP verbunden, war nicht auf der Seite derer, die die Umverteilung gefordert haben. Sollte die Kirche nicht eigentlich eher als links gelten, wie sie z. B. in Südamerika durchaus etikettiert ist?

Das stimmt natürlich so weder für Österreich ganz genau noch für Südamerika, denn in Südamerika gibt es auch innerhalb der Kirche große Polarisierungen.

Aber vom Schwergewicht her ist es doch schon so?

Vom Schwergewicht ist sicher die große Linie der Kirche in Lateinamerika für die Armen, wie Sie gesagt haben. Papst Franziskus steht hier ganz klar in der lateinamerikanischen Tradition, aber bei uns war das immer sehr viel differenzierter. Die christlichsoziale Bewegung war auch keine großbürgerliche Bewegung und es gab kirchliche Kreise, die das mit großer Sorge gesehen haben. Zum Beispiel mein Ururgroßonkel, der war Erzbischof von Prag und Ende des 19. Jahrhunderts Vorsitzender der Österreichischen Bischofskonferenz, hat in Rom heftig interveniert gegen die Christlichsozialen, zum Teil auch wegen ihrer antisemitischen Programmpunkte, aber vor allem natürlich aus Sorge um das revolutionäre Potential dieser Bewegung. Das Erstaunliche war dann aber, dass Papst Leo XIII. die christlichsoziale Bewegung gestützt hat und die österreichischen Bischöfe eher im Regen hat stehen lassen. Also auch hier ist das Bild durchaus auch differenzierter. Das Bild der politischen Gruppierung, die man jetzt als ÖVP kennt, hat ja in sich auch eine große Bandbreite ...

Vor allem in der Ersten Republik.

Genau, aber nicht nur. Natürlich ist der ÖAAB eher die Fortsetzung der christlichsozialen Tradition als etwa der Wirtschaftsbund der ÖVP. Aber diese Kräfte lassen sich nicht so eindeutig zuordnen. Und die Sozialdemokratie ist heute nicht mehr sozusagen mit dem Proletariat verbunden, weil es das Proletariat in dieser Form heute gar nicht mehr gibt. Gott sei Dank hat die soziale Entwicklung die Situation der Arbeiterschaft unvergleichlich verbessert.

Aber jedenfalls wurde die damalige Rede von Kardinal König sehr als endlich erfolgter Brückenschlag zur Arbeiterschaft empfunden. Diese Distanz hat es offensichtlich im Empfinden sehr wohl gegeben?

Die hat es schon gegeben. Ich erinnere mich an Erzählungen meiner Großelterngeneration, die die 1930er-Jahre sehr bewusst erlebt haben, über die abgrundtiefen Konflikte zwischen den Austromarxisten und der Heimwehr und den christlichen Formationen. Dadurch wurde viel zu lange übersehen, dass sich inzwischen eine schreckliche dritte Kraft entwickelt hat, und als die Sozialisten und die Christlichsozialen aufeinander zuzugehen versucht haben, war es zu spät.

Sicher hat die Erfahrung des gemeinsamen Leids in der Nazizeit die ganze Nachkriegsentwicklung ganz entscheidend geprägt. Die Sozialpartnerschaft ist aus dieser Erfahrung entstanden. Ich habe ja lange in Frankreich gelebt, in der Schweiz und in Italien, und überall war ich überrascht zu finden, dass es das nicht gibt, was ich von Österreich gewohnt war, die Sozialpartnerschaft, dass man miteinander am Tisch sitzt und so lange diskutiert, bis der Konflikt gelöst ist. Das ist eine der großartigsten Leistungen der Zweiten Republik.

Ich komme zurück auf den politischen Katholizismus in den 1930er-Jahren, der ja auch in dieser Polarisierung agiert hat. Wie groß war der Schaden, der aus diesem politischen Katholizismus für die katholische Kirche entstanden ist?

Der ist sicher nachhaltig und es hat lange Jahrzehnte nach dem Krieg gebraucht, damit hier wirklich die Brücken geschlagen und die Gräben zugeschüttet wurden. Das Anliegen des politischen Katholizismus war, ähnlich wie auch in anderen Ländern Europas in den 1930er-Jahren, das Christentum sozusagen eins zu eins in politische Kategorien umzusetzen. Damit wurde aus dem Wesen der Freiwilligkeit die Zwangsgestalt von staatlichen Gesetzen, bis hin zu diktatorialen Elementen. Das hat die katholische Kirche in der Zwischenkriegszeit in mehreren Ländern sehr dramatisch erlebt.

Ist es legitim, das politische Agieren des Katholizismus von damals mit dem politischen Agieren des Islam von heute zu vergleichen?

Ich würde das nicht vergleichen, weil die Voraussetzungen andere sind. Hinter dem Ständestaat standen ja doch sehr stark die päpstlichen Sozialenzykliken. Die Regierung Dollfuß hat versucht, sie direkt umzusetzen. Die Ausschaltung des Parlaments hat dann unweigerlich zu diktatorialen Formen geführt. Und das zeigt eine der Grundspannungen im Christentum gegenüber der Politik: Das Christentum sollte durch Überzeugung wachsen und nicht durch Zwang. Da hat das Christentum in seiner zweitausendjährigen Geschichte auch eine große Schuldtradition neben auch großen Leistungen.

Aber das ist eigentlich auch auf alle Religionen anzuwenden?
Ja und nein, ich wage das nicht mit anderen Religionen zu vergleichen, weil ich sie zu wenig kenne.

Ist das Verbot, das 1933 für den Klerus ausgesprochen wurde, sich politisch zu betätigen, noch notwendig und zeitgemäß? Oder hat sich das erübrigt?
Wir hatten einen Bundeskanzler, der Prälat war, wir hatten einen Minister, der Erzbischof geworden ist und Kardinal. Kardinal Innitzer war ja Sozialminister, das wäre heute undenkbar und ist ausdrücklich vom Kirchenrecht verboten. Ich halte das für unbedingt richtig und notwendig, was aber nicht bedeutet, dass die Geistlichen sich jeglicher politischer Äußerung enthalten sollen, aber wie vorher gesagt, in der Gemeinwohlorientierung mit Blick auf die Menschenrechte, die Menschenwürde, da sollen die Geistlichen durchaus auch ein klares Wort haben. Notfalls auch ein kritisches Wort. Aber sicher nicht in parteipolitischer Funktion.

Christoph Kardinal Schönborn ist Erzbischof von Wien und Vorsitzender der Österreichischen Bischofskonferenz. (Das Interview wurde am 11. März 2017 aufgenommen.)

1 Voltaire, geb. als François-Marie Arouet am 21. November 1697 in Paris, gest. 30. Mai 1778 in Paris.
2 Dorothy Gies McGuigan, Familie Habsburg. A. a. O., S. 582 f.
3 Hans Köchler, Das Verhältnis von Religion und Politik in Österreich und Europa. Forum Politische Bildung, Bd. 37, Innsbruck-Wien-Bozen 2013, S. 8
4 Grundgesetz für die Bundesrepublik Deutschland, Art 4
5 Grundgesetz für die Bundesrepublik Deutschland, Art 7
6 Sogen. „Kruzifix-Beschluss" des deutschen Bundesverfassungsgerichts vom 16. Mai 1995, BVerfGE 93, 1 – Kruzifix
7 Urteil vom 3. November 2009
8 Urteil des EuGH vom 18. März 2011; vgl. William L. Saunders, Does Neutrality Equal Secularism? The European Court of Human Rights Decides Lautsi v. Italy. Federalist Society for Law and Public Policy Studies. 19. Dezember 2011 (www.fed-soc.org); s. auch: European Court of Human Rights: Guide To Article 9 – Freedom of Thought, Consistence and Religion, 2015
9 Religionsunterrichtsgesetz, § 2b, Abs. 1, BGBl. Nr. 190/1949, Konsolidierte Fassung v. 10. 1. 2017
10 Religionsunterrichtsgesetz, § 2b, Abs. 3, BGBl. Nr. 324/1975, Konsolidierte Fassung v. 10. 1. 2017
11 Friedrich Orter, Aufwachen! – Europa und die neue Weltunordnung – Eine Streitschrift. Salzburg 2016, S. 78
12 Jürgen Roth, Schmutzige Demokratie. Ausgehöhlt – Ausgenutzt – Ausgelöscht? Salzburg 2016, S. 26
13 Jürgen Roth, a. a. O., S. 229
14 Schätzung des Österreichischen Integrationsfonds (ÖIF), April 2017
15 Islamwissenschafter Ednan Aslan, Kurier, 24. Jänner 2017, S. 16
16 Der Spiegel, Heft 2/2017, 6. Jänner 2017
17 Grußwortrede am Parteitag der Bayrischen CSU, München, 4. Nov. 2016
18 Christian Pilnacek, Sektionsschaf im Justizministerium, APA0565 2017-01-26/20:21
19 Vgl.: Constantin Schreiber, Inside Islam. Was in Deutschlands Moscheen gepredigt wird. Berlin 2017
20 Übersetzungen aus: http://de.noblequran.org/koran/sura-an-nisa/ bzw.: http://de.noblequran.org/koran/sura-al-baqara/
21 Sabatina James, Scharia in Deutschland. Wenn die Gesetze des Islam das Recht brechen. München 2015
22 Sabatina James, Nur die Wahrheit macht uns frei. Mein Leben zwischen Islam und Christentum. München 2017
23 Sabatina James, Scharia in Deutschland. A. a. O., S. 10
24 Friedrich Orter, a. a. O., S. 21
25 Kurier, 11. Jänner 2017; http://religion.orf.at/stories/2819298/
26 Vgl. Polly Toynbee, Gott und Politik. In: Die Zeit, 31. 5. 2007
27 ORF.at: Khol fordert Gottesbezug in der Verfassung, in: http://religionv1.orf.at/projekt02/news/0311/ne031110_khol_fr.htm
28 www.rekos.at/cms/index.php
29 Hugo Portisch, Österreich I, a. a. O., S. 94 ff.
30 Litschauer/Jambor; a. a. O., S. 324
31 Vgl.: Manfred Jochum, Die Erste Republik in Dokumenten und Bildern. Wien 1983, S. 50 f.
32 Gesamter Leitartikel im Wortlaut nachgedruckt in: Walter Kleindel, a. a. O., S. 330 f.
33 Litschauer/Jambor, a. a. O.., S. 328
34 Tonbandmitschnitt vom 27. Februar 1972, Österreichische Mediathek: www.oesterreich-am-wort.at/treffer/atom/01782985-09F-007F8-00000BEC-01772EE2/
35 Quelle: Bundeskanzleramt, www.bka.gv.at/kirchen-und-religionsgemeinschaften
36 Quelle: Bericht Zeit im Bild 1, ORF, 21. Jänner 2015

15

Über Männer, Frauen und andere Ungerechtigkeiten

Denn die Gleichheit und Gerechtigkeit wollen, sind immer die Schwächeren, während die Stärkeren sich über diese Dinge keinen Kummer machen.

Aristoteles, Politik

Eine gute Gesellschaft muss sich fragen, ob sie gerecht ist. Gerechtigkeit ist allerdings kein absoluter Wert, sie steht immer im Kontext zu jener Gesellschaft, in der sie sich zu bewähren hat. Die Wahrnehmung von Gerechtigkeit ist nicht zuletzt abhängig vom soziokulturellen Umfeld, von der Position in der Geschichte und vom Zeitgeist.

Eine Gesellschaft kann immer nur möglichst gerecht, möglichst korrekt sein. Eine gute Gesellschaft muss zumindest möglichst fair zu ihren Mitgliedern sein. Auch das sagt sich leicht. Die Nagelprobe in der Tagespolitik fällt durchwachsen aus.

Ist es gerecht, wenn man durch Sozialtransfers ohne Arbeitsleistung fast so viel an Mindestsicherung bekommen kann wie als Werktätiger? Man muss verstehen, dass jemand, dessen Arbeitsleistung ihm kaum mehr einbringt, dies nicht als gerecht empfindet. Ist es fair, wenn für Arbeitnehmer ein Mindestlohn festgelegt ist, für Selbständige, die nicht selten als Ein-Mann-Unternehmer tätig sind, aber nicht? Ungleich Behandelte in prekären Verhältnissen werden das nicht als fair erleben. Ist es gerecht, wenn aus dem Ausland kommende Beschäftigte für ihre daheim gebliebenen Kinder dieselbe staatliche Unterstützung bekommen, wie für Kinder hierzulande, obwohl die Unterhaltskosten im Herkunftsland ganz andere sind? Viele empfinden das als unfair, weil sie den Eindruck haben, dass damit Kinder im Ausland relativ mehr an Unterstützung bekommen als im Inland.

Es ist ein politisches Ziel, Menschen, auch wenn sie ohne Arbeit sind, aufzufangen. Es ist ausschließlich ein politisches Ziel, für „Lohnabhängige" Mindesteinkommen festzulegen und dies als Gegengewicht zur Selbständigkeit von Nicht-Angestellten zu sehen. Und es mag ein politisches Ziel sein, alle Kinder als „gleich viel wert" zu bezeichnen. Aber es wird hinterfragt.

Menschen, denen ihre Arbeit kaum das Nötigste einbringt, wollen für ihr Schuften aber deutlich mehr bekommen als Arbeitslose. Und wenn eine Gesellschaft den Eindruck bekommt, dass ausländische Arbeitskräfte vornehmlich wegen der hohen Sozialleistungen für ihre Familienmitglieder hier sind, dann wird das thematisiert. Sozialpolitik ist immer ein Verteilungskampf. Es ist das wohl größte Verdienst der Republik, dass es gelungen ist, diese Verteilungskämpfe in friedliche Bahnen zu lenken. Gewollt haben das zu Anbeginn auch schon die Gründungsväter der Ersten Republik, erfolgreich war auch dies erst im zweiten Anlauf.

In den republikanischen Anfangsjahren wurden viele Grundsteine gelegt. Die radikalen Klassenkämpfer wurden vom ersten Tag an im Zaum gehalten. Dank besonnener Sozialdemokraten verfiel das Proletariat nicht in den blinden Neid, die moskauhörigen Kommunisten waren nie mehrheitsfähig. Auch heute geben selbst eingefleischte Linke zu, dass man nur verteilen kann, was vorher erwirtschaftet wurde. Man kann eine Kuh nur melken, wenn man sie füttert, sagen die Bauern. Der Klassenkampf der radikalen Prägung, mit Enteignung der Besitzenden und Kollektivierung aller Produktionsmittel und landwirtschaftlicher Flächen stand in Österreich nie ernsthaft zur Debatte. Dennoch kam es zum Bürgerkrieg. Die ideologischen Flügel hatten sich in ihrer Gegnerschaft hochgeschaukelt und hochgerüstet. Der eskalierte Konflikt war einer um Macht und um Ausschaltung des jeweils anderen, aber genährt war er durch Not und soziale Probleme. Kompromisse waren da nicht mehr vorgesehen.

Bis heute gilt die Stadt Wien als Modellfall für den Versuch des sozialen Ausgleichs. Mit mehr als zwei Millionen Einwohnern war die Stadt größer als heute, aber fast ein Drittel der Menschen hatte keine eigene Wohnung oder feste Unterkunft und der vorhandene Bestand an Wohnungen war veraltet. Durch den während des Krieges eingeführten Mieterschutz war der Anreiz für private Investoren gering, also steuerte die Stadt mit dem Einsatz von Steuergeld dagegen. Die Gemeindebauten sollten die größte Wohnungsnot lindern, aber die Mietzinse, die Inflation und immer höher steigende Steuerlasten erhöhten den Druck immer wieder aufs Neue.[1] Mit dem Bau von Kindergärten, Schulen und öffentlichen Bädern gelang zumindest das Signal, dass die Stadt ihre Bewohner nicht ganz auf sich allein gestellt lassen wollte. Aber von einer sozialen Ausgewogenheit konnte man noch lange nicht sprechen.

Immerhin aber wurden die Grundsteine für viele Sozialgesetze gelegt, die heute noch existieren, wie Arbeitszeitregelungen oder Kollektivverträge. Zu Zeiten der ersten industriellen Revolution musste in den Fabriken nicht selten

12 Stunden gearbeitet werden, sechs oder gar sieben Tage die Woche. Ab 1885 wurde für die österreichischen Fabriken der Arbeitstag auf 11 Stunden begrenzt. Nach dem Krieg wurde der Achtstundentag eingeführt, Kinderarbeit wurde ebenso verboten wie Nachtarbeit für Frauen und Jugendliche. Federführend in der Sozialgesetzgebung der ersten Jahre war der aus Schlesien stammende Ferdinand Hanusch. Er hatte sich in seiner Heimat schon Ende des 19. Jahrhunderts in der Arbeiterbewegung engagiert und wurde später für die Sozialdemokraten Abgeordneter im Reichstag. Von 1918 bis 1920 war er Staatssekretär für soziale Verwaltung, auf seine Initiative wurde eine Arbeitslosenversicherung eingeführt, Sonn- und Feiertage wurden zu fixen Ruhetagen und erstmals bekamen Arbeiter gesetzlichen Anspruch auf bezahlten Urlaub. Durch ein Betriebsrätegesetz wurde die Mitbestimmung am Arbeitsplatz ermöglicht und durch die Gründung der Arbeiterkammer eine überbetriebliche Vertretung eingerichtet. 1921 wurden die auf Länderebene eingerichteten Arbeiterkammern den schon länger existierenden Handelskammern gesetzlich gleichgestellt, noch im gleichen Jahr fanden die ersten Arbeiterkammerwahlen statt, der „Metaller" Franz Domes wurde zum ersten AK-Präsidenten gewählt. Damit war die Basis für die Sozialpartnerschaft gelegt. Im Ständestaat war die Wahl der Präsidenten ausgesetzt, stattdessen bestellte der Staat „Verwaltungsräte". Erst 1947 wurde die Sozialpartnerschaft in ihrer heutigen Form errichtet durch die Gründung einer „ständigen gemeinsamen Wirtschaftskommission". Zahlreiche weitere Kommissionen für andere Themenbereiche wurden in den Jahren danach geschaffen: für Lohn- und Preisfragen, für Wirtschafts- und Sozialfragen, später auch für europäische Integration. Die Sozialpartnerschaft als solche ist kein fixes Gremium, sondern eine Vielzahl aus Ausschüssen und Unterausschüssen, die zumeist der schon 1957 errichteten „Paritätischen Kommission für Lohn- und Preisfragen" untergeordnet sind. Diese wurde 1992 neu organisiert und beschäftigt sich seither auch mit internationalen Analysen. Ermöglicht wurde diese Parität zwischen Arbeitgebern und Arbeitnehmern, nachdem 1945 entsprechende nationale Dachverbände geschaffen worden waren – die Bundeswirtschaftskammer und die Bundesarbeitskammer sowie den Gewerkschaftsbund und die Präsidentenkonferenz der Landwirtschaftskammer. Diese vier Institutionen tragen seither das, was oft auch als Nebenregierung bezeichnet wird. Der soziale Friede in der Zweiten Republik wurde durch eine zum Teil beträchtliche Trägheit des Systems erkauft (siehe Kap. 10, „Lagerdenken", S. 128). Dennoch wird Österreich nicht selten vom Ausland um dieses Podium des Ausgleichs beneidet. Eines hat aber selbst diese mächtige Institution bisher nicht geschafft: eine völlige Gleichstellung der Geschlechter in der Arbeitswelt.

Jahr für Jahr poppt die Debatte auf, um wie viel weniger Frauen für gleiche Arbeit verdienen als Männer und welche Ursachen das hat. Jahr für Jahr wird um die Deutungshoheit der statistischen Daten gestritten und Besserung gelobt. Die Statistik ist zwar eindeutig und dennoch verwirrend. So verdienten unselbständig beschäftigte Frauen im Jahr 2015 brutto um 38,4% weniger als Männer. Wenn man die bei Frauen wesentlich häufigeren Teilzeit- und Kurzzeitbeschäftigungen berücksichtigt und ganzjährig Vollzeitbeschäftigte vergleicht, beträgt die Differenz „nur" noch 17,3 Prozent.[2]

Obwohl sich dieser „Gender Pay Gap" in den letzten Jahren verringert hat, liegt Österreich damit immer noch über dem Durchschnittswert in der EU.[3] Das ist unerfreulich und unannehmbar, aber doch nur ein Teil der sozialen Wahrheit. Mit Statistik wird auch Politik gemacht. „Das Festhalten an der Opferrolle erleichtert es Frauenpolitikerinnen aller Couleurs, politische Interessen durchzusetzen. Die Anliegen mögen legitim sein, wie die Forderung nach Quotenregelungen in Führungsetagen oder nach Mindestlöhnen. Sie ändern aber nichts daran,

Die Wahl zur Konstituierenden Nationalversammlung für Deutschösterreich vom 16. Februar 1919: Erstmals dürfen auch Frauen ihre Stimme abgeben.

dass Frauenpolitikerinnen bewusst mit falschen Zahlen operieren. Die Gender-Pay-Gap-Folklore ist eine Waffe im aufgeheizten Geschlechterkampf geworden", feuerte das Nachrichtenmagazin *profil* 2012 die Debatte an.[4] Die Einkommensberichte aus den heimischen Großbetrieben und vertiefende Studien würden „keine wesentlichen Lohnunterschiede" ergeben. Wenn man Faktoren wie Qualifikation, Erfahrung, Betriebszugehörigkeit usw. mit berücksichtige, reduzierten sich die Differenzen abermals auf die Hälfte. Zudem seien es eben die Frauen gewesen, die vehement das Recht auf Teilzeit eingefordert hätten, was nun deren Einkommen und spätere Pensionen entsprechend reduziere. Und im Management seien Gehaltsunterschiede statistisch wegen zu geringen Anteils an Frauen gar nicht nachweisbar. Der letztlich wirklich nur auf Diskriminierung beruhende Lohnunterschied sei somit nur halb so hoch wie bisher angegeben.

SOZIALISMUS

FRAUENTAG
MÄRZ 1928
WIR DEMONSTRIEREN:
FÜR DEN FRIEDEN
FÜR JUGENDFÜRSORGE UND JUGENDERZIEHUNG
FÜR ALTERS- UND INVALIDENVERSICHERUNG
FÜR DIE GLEICHSTELLUNG DER FRAU IM FAMILIENRECHTE
FÜR DIE REFORM DES EHERECHTES
FÜR DIE INTERNATIONALE SOLIDARITÄT
GEGEN DEN § 144 IM NEUEN STRAFGESETZ
GEGEN DEN ABBAU DES MIETERSCHUTZES

Für die Gleichstellung der Frau im Familienrecht und eine Reform des Eherechtes: Plakat zum Frauentag 1928.

Alles halb so schlimm? Wohl doch nicht. Die Unterschiede sind nicht wegzuleugnen, wenngleich die Beschäftigung von Frauen in den letzten 30 Jahren um mehr als 40 Prozent zugenommen hat. Im Ausbildungsstand gibt es längst keine Differenz mehr. Die öffentliche Debatte mäandert zwischen den Begriffen Feminismus, Postfeminismus und Antifeminismus, Zeitschriften und Ratgeber sind voll mit Analysen über die veränderten Rollenbilder verunsicherter Männer. „Wenn die Frauenfraktionen gleiches Geld und mehr Macht beanspruchen, schießen die Männerbewegten mit dem späteren Pensionsantritt, dem Wehrdienst, dem erhöhten Herzinfarktrisiko und der geringeren Lebenserwartung zurück. [...] Die Geschlechterdebatte ist zu einem vom buchhalterischen Kleingeist getragenen Schlagabtausch verkommen."[5]

Die Gemüter sind erhitzt wie eh und je. Dies beweist, dass die formale Gleichberechtigung der Geschlechter doch noch nicht so tief in den Hinterköpfen verankert ist, wie man glauben mag. Da muss man gar nicht die jüngsten Diskussionen über Frauenbilder je nach kulturellem Hintergrund bemühen. Es ist selbst in Österreich erst hundert Jahre her, dass Frauen im Wahlrecht gleichberechtigt wurden. Im Krieg mussten durch die Abwesenheit der Männer viele Frauen ins Berufsleben einsteigen. Somit gab es dann auch keine Argumente mehr, ihnen das Wahlrecht streitig zu machen. Österreich gehörte 1918 zu den ersten Staaten in Europa, die die Gleichberechtigung im Wahlrecht einführten, zeitgleich mit Großbritannien, Polen und Russland. Deutschland folgte kurz darauf, die USA 1920. Spanien führte das Frauenwahlrecht 1933 ein, Frankreich 1945, Italien 1948, Griechenland 1952.[6] Und in der Schweiz, dem Musterland der direkten Demokratie, wurde den Frauen das Wahlrecht auf Bundesebene erst 1971 zuerkannt, Liechtenstein gar erst 1984, nachdem dies 1971 bei einem Referendum – natürlich nur von Männern – noch abgelehnt worden war.

Österreich lag da im internationalen Vergleich gar nicht so schlecht, wenngleich schon längst blamiert von Neuseeland oder Australien. Schon 1848 hatten Frauen in Wien gegen eine sie diskriminierende Lohnpolitik demonstriert und kurz darauf mit der Gründung des Demokratischen Frauenvereins den Beginn der Frauenbewegung in Österreich eingeleitet. 1897 wurden Frauen zum Studium an der Philosophischen Fakultät zugelassen, andere Studienrichtungen folgten. 1939 erlaubte ein neues Ehegesetz Scheidungen unabhängig von konfessionellen Auffassungen. Und erst ab 1975 (!) bedurften Frauen durch eine Familienrechtsreform der Regierung Kreisky nicht mehr der Zustimmung ihres Mannes, um selbst arbeiten zu gehen.

Politik war lange Zeit ausschließlich Männern vorbehalten. Historische Figuren wie Kaiserin Maria Theresia waren die absolute Ausnahme. Und wenn man heute von den „Gründervätern" der Republik spricht, dann ist das keineswegs falsch oder einseitig. Es waren tatsächlich nur Männer, sowohl 1918 als auch 1945. Auch als sich die Heimwehr 1930 auf die Neuordnung des Staates, die Abschaffung des Parlaments und die Selbstverwaltung der Stände einschwor, sollte die Staatsführung „aus den fähigsten und den bewährtesten Männern unserer Volksbewegung gebildet [werden]." Frauen waren nicht vorgesehen.

Als sichtbarstes Maß einer Gleichstellung der Geschlechter gilt heute der Frauenanteil in öffentlichen Spitzenfunktionen. Bei der ersten Nationalratswahl 1919 zogen gerade einmal acht weibliche Abgeordnete in den Nationalrat ein. Das waren rund 5 Prozent der Abgeordneten. Heute sind es 33 Prozent.[7] Die erste Frau in einer Regierung war 1966 Grete Rehor, in der ÖVP-Alleinregierung unter Josef Klaus, und schon 1932 wurde die aus Mähren stammende Schriftstellerin Olga Rudel-Zeynek als erste Frau Vorsitzende einer Kammer des Parlaments, nämlich des Bundesrates. Auch sie gehörte den Christlichsozialen an. Erstaunlicherweise waren die Konservativen in Österreich hier weniger konservativ als die Sozialdemokraten. Mit Johanna Dohnal als erster Frauenministerin (ab 1990) versuchte sich die SPÖ als Partei für die Frauen zu positionieren. „Die Linke glaubt, sie hätte die Frauenpolitik für sich gepachtet, aber das hat für die gesamte Zweite Republik nie gestimmt",[8] ätzte später die Frauen- und Umweltministerin Maria Rauch-Kallat, ÖVP. In der Tat haben die Bürgerlichen mit Marga Hubinek (ab 1986 Zweite Nationalratspräsidentin), Waltraud Klasnic (ab 1996 erste Landeshauptfrau) und Benita Ferrero-Waldner (ab 2000 erste Außenministerin) mehrere weibliche Breschen in die Männerdomäne Politik geschlagen. Ein selbstverständliches Gleichgewicht ist aber noch immer nicht in Sicht. So schaffte es die Oberösterreichische Landesregierung noch 2015 ohne Frau auszukommen. Und in den 2089 Gemeinden des Landes haben gerade einmal 157 eine Bürgermeisterin an der Spitze, das entspricht 7,5 Prozent. Die wenigsten in Salzburg (3,4 %), die relativ meisten in Niederösterreich (11 %).

Wenn Frauen an die Spitze eines großen Unternehmens berufen werden, ist das immer noch eine garantierte Schlagzeile und wenn eine Frau ein Fußballmatch im Fernsehen kommentiert, steht die Männerwelt überhaupt Kopf: Die sozialen Netzwerke überschlugen sich mit zweifelhaften Postings, als im ZDF mit Claudia Neumann zum ersten Mal eine weibliche Stimme ein Europameisterschaftsspiel kommentierte. Im ORF wurde das bislang noch nicht einmal versucht.

Richtig kämpferisch war die Frauenpolitik in der Zweiten Republik im Grunde nur in den 70er-Jahren, mit der Abschaffung der Strafbarkeit der Abtreibung („Mein Bauch gehört mir") und mit dem Ende des Patriarchats im Familienrecht (1975). Dabei knüpften die Feministinnen an die großen Vorkämpferinnen aus der Ersten Republik an. Damals ging es vor allem um das Erreichen von Grundrechten und gegen die Ausbeutung der Frauen in den Fabriken. Da waren zumeist sozialdemokratische Politikerinnen initiativ. Sie stützten sich auf die Pionierinnen für Frauenrechte, die es in der Ersten Republik in ihrer Partei gegeben hatte.

Als eine ihrer Ikonen gilt bis heute Käthe Leichter. Die gebürtige Wienerin hat 1925 das Frauenreferat der Wiener Arbeiterkammer übernommen und daraus das weltweit erste Zentrum für Frauenforschung gemacht.

Die als Marianne Katharina Pick geborene Großbürgertochter ist in einem freisinnigen Elternhaus mit großer Wohnung am Wiener Rudolfsplatz aufgewachsen. Man bewohnte dort ein ganzes Stockwerk, selbstverständlich mit Haushaltsgehilfen. Ihr Vater war ein erfolgreicher Anwalt, der Wohlstand stammte schon von den Großeltern, aus der böhmischen Textilindustrie, die Großmutter war Tochter eines reichen rumänischen Bankiers. Eine klassische Familie des jüdischen Großbürgertums, gebildet, liberal und assimiliert. Ihr Großvater dagegen war streng religiös, da wandte sich auch Käthe dem Judentum zu, nicht gerade zur Begeisterung der Eltern. Sie war wie ihre Schwester sehr sportlich und naturbegeistert, oft waren die beiden in den Bergen, und trugen gern Tracht, was im jüdischen Bürgertum durchaus üblich war.

Käthe studierte als eine der ersten Frauen Staatswissenschaften, politische Ökonomie, Geschichte und Statistik. Den Ausbruch des Großen Krieges feierte die 19-jährige Käthe noch begeistert, weil es ein Krieg gegen das zaristische Russland war, aber bald lernte sie beim Wandern mit vernachlässigten Kindern den Hunger kennen, sah abgearbeitete Mütter in der Kriegsindustrie und Wanzen in deren Wohnungen. Das machte sie zur entschiedenen Kriegsgegnerin. An der Universität waren Frauen damals noch die absolute Ausnahme, an der juridischen Fakultät waren sie noch gar nicht zugelassen. Da sie hier keine Chance auf ein Doktorat sah, ging Käthe 1917 nach Heidelberg. Dort wurde sie zur Sozialistin, begeisterte sich für die Russische Revolution, unterbrach ihr Studium und verteilte in Wien Flugblätter für „Die Linksradikalen". 1918 promovierte sie als

Solidaritätskundgebung für die Fristenlösung 2009 in Wien. In den 1970er-Jahren gingen die Wogen hoch.

eine der ersten Frauen mit einer Sondergenehmigung bei Max Weber.[9] Sie heiratete den Journalisten Otto Leichter, doch selbst als linke Revolutionärin behielt sie ihren großbürgerlichen Lebensstil bei – mit großer Wohnung in der Innenstadt, mit Kindermädchen, Köchin und Haushaltsgehilfinnen. Jene, für die sie sich engagierte, nahmen ihr das luxuriöse Leben mit Hausmusik dennoch nicht übel.

In einer Regierungskommission der jungen Republik arbeitet sie mit an den Reformen der Gruppe rund um Ferdinand Hanusch. In den Betrieben gab es starke Strömungen gegen die Frauenarbeit, denn die Frauen galten als Lohndrückerinnen, die den Männern die Arbeit wegnehmen. Käthe Leichter forderte trotzdem gleichen Lohn für Frauen, was damals noch glatte Sozialutopie war, ihr aber zu großer Popularität verhalf. Die erste Leiterin des Frauenreferats der Arbeiterkammer verfasste das *Handbuch der Frauenarbeit in Österreich*. Anhand Tausender Fragebögen erstellte sie die erste Datenbank über arbeitende Frauen. Ihre 1932 erstellte Studie *So leben wir* wurde die erste und für lange Zeit bedeutendste Dokumentation über den Alltag von 1300 Hausangestellten.

Sie drängte ihre Partei, noch kämpferischer und aggressiver gegen die Heim-
wehrverbände aufzutreten. Vor allem die Jugend solle die Partei zu einer Radikalisierung antreiben. Aber so radikal dachte selbst die sozialistische Jugend nicht.
Bruno Kreisky erinnerte sich 1980 an diese Zeit: „Ich war bei der sozialistischen
Arbeiterjugend, die in wohltemperierter Opposition zur Gesamtpartei gestanden ist. Aber wir haben uns nicht zu einer Opposition formiert. Käthe Leichter
hat sich in Opposition gestellt, wir nicht."[10] Als 1934 die Sozialdemokratie verboten wurde, flüchtete die Familie Leichter kurz nach Zürich, um dann in Wien
im Untergrund weiterzuarbeiten. 1938, nach dem „Anschluss", flüchtete Otto
mit den Söhnen nach Paris, während Käthe noch in Wien die Ausreise samt
Hausrat organisieren wollte. Die Möbel und Bücher kamen in Paris an, sie nicht.
Käthe Leichter wurde verhaftet, die Jüdin und prominente Sozialdemokratin war
zunächst in Wien im Gefängnis, wurde dann ins Frauen-KZ Ravensbrück über-
stellt und 1942 in der Euthanasieanstalt Bernburg an der Saale in der Gaskam-
mer ermordet.

Die revolutionäre Sozialistin glaubte an den Sozialismus und die Rechte der
Frauen. So wie die Journalistin Adelheid Popp (1869–1939), die Gewerkschafte-
rin Anna Boschek (1874–1957) oder die Parlamentarierin Gabriele Proft (1879–
1971) gehörte sie dem linken Flügel der Partei an. Auf bürgerlicher Seite waren
in der Ersten Republik ähnlich engagierte Leitfiguren seltener, zu nennen ist
hier die ursprünglich jüdische und später zum katholischen Glauben konvertierte Hildegard Burjan (1883–1933). Die gebürtige Deutsche war 13 Jahre älter als
Käthe Leichter, promovierte 1908 in Zürich und heiratete einen Ungarn. So kam
sie nach Wien, engagierte sich für Heimarbeiterinnen und die Gleichberechtigung der Frauen in der Arbeitswelt und gegen die Kinderarbeit.[11] Sie war die
erste christlich-soziale Abgeordnete im Parlament, gründete die Schwesterng-
meinschaft Caritas Socialis und die Bahnhofsmission, 2012 wurde sie im Wiener
Stephansdom seliggesprochen.

Die rechtlichen Grundlagen für eine soziale Gesellschaft, insbesondere in der
Arbeitswelt, wurden in der Ersten Republik geschaffen, die großen Erfolge der
Sozialpolitik wurden aber erst in der Zweiten Republik eingefahren. Nach dem
Ersten Weltkrieg wurden die ohnedies schon geringen Renten von der Inflation aufgefressen. Die Wirtschaft machte die von den Sozialdemokraten initiierten Sozialgesetze für die Krise verantwortlich. Und man schaffte man es nicht
einmal, die mehr als 300.000 als Körperbehinderte heimgekehrten Soldaten
aufzufangen. Viele waren psychisch geschädigt, die „Kriegszitterer" waren das
im Straßenbild sichtbar gewordene Trauma der Niederlage. Sie nach heutigen
Maßstäben psychotherapeutisch zu betreuen, war undenkbar. Aber man darf
da nicht zu ungerecht sein. Auch die ungleich reicheren USA gingen in den
1970er-Jahren mit ihren traumatisierten Vietnamveteranen nicht viel besser um.

Erst mit dem sichtbaren Aufschwung ab den 1960er-Jahren gab es die ökonomische Substanz zum Umverteilen. Das Gesundheitswesen wurde ausgebaut, die Pensionen galten als sicher, Schulbücher wurden gratis und die Schülerfreifahrt wurde eingeführt. Ein gefinkeltes System an Beihilfen und Förderungen aller Art sollte soziale Ungleichheiten minimieren. Der Sozialstaat wurde ausgebaut, als gäbe es kein morgen, aber spätestens mit der Rezession ab 2008 wurde klar, wie schwer es ist, wenn man einmal eingeführte Leistungen zurücknehmen muss. Die seit Jahren währende zähe Debatte um das Pensionsantrittsalter ist typisch für die Angst der Politik vor Einschnitten. Die Frage, was ist gerecht, hat keine absolute Antwort. In einem Staat ist sie von der Politik zu definieren. Und sie unterliegt dem Diktat des Machbaren. Die ältere Generation sieht es als gerecht an, das zu erwarten, was sie erarbeitet hat. Die Jüngeren sehen es als Ungerechtigkeit, dass sie diese Chance gar nicht mehr haben. Auch die Gerechtigkeit ist eine Tochter der Zeit.

1 vgl.: Hugo Portisch: Österreich I; S. 231 ff
2 Quelle: Statistik Austria, Lohnsteuerdaten – Sozialstatistische Auswertungen. Erstellt am 20. 01. 2017
3 Eurostat Datenbank, Geschlechtsspezifischer Lohnunterschied ohne Anpassungen, 2015: EU (28 Länder): 16,3%, Österreich: 21,7 %; http://ec.europa.eu/eurostat/tgm/table.do?tab=table&init=1&plugin=1&language=de&pcode=tsdsc340 (abger.: 15. 3. 2017)
4 Robert Treichler, Gernot Bauer: Löhne: Die Wahrheit über die Ungleichheit; profil 14/2012, 31. März 2012
5 Angelika Hager: In der Hitze des Geschlechts; profil 14/2012, 31. März 2012
6 Quelle: Zeittafel Frauenwahlrecht, http://www.univie.ac.at/hypertextcreator/europa/site/browse.php?arttyp=k&l1=2&l2=1337&l3=1390&l4=1769#
7 Quelle: Demokratiezentrum Wien, Entwicklung des Frauenanteils im Nationalrat; www.parlinkom.gv.at
8 Walter Hämmerle: Männerklub als Frauenförderer; in: Wiener Zeitung, 9. März 2017, S. 10
9 vgl.: Dokumentationsarchiv des österreichischen Widerstandes, Biografie Käthe Leichter; http://www.doew.at/erinnern/biographien/spurensuche/kaethe-leichter-1895-1942 (abger. 16. 3. 2017)
10 Bruno Kreisky, 1980, in.: Käthe Leichter – eine Frau wie diese; Dokumentation, ORF 2, 8. März 2016
11 religion.ORF.at, 11. Juni 2013: Hildegard Burjan: Ein Leben voll Entschlossenheit; http://religion.orf.at/stories/2587015/

Einmal Sozialparadies und zurück

Und was hat es sonst noch zu bieten, das Land? Sind die dort reich?
Aischylos, Die Perser

Dass Österreich heute als so friedlich und stabil gilt, hat seinen Grund in einer weitgehend intakten sozialen Balance. Nur ein Land, das im Innenverhältnis keine allzu großen sozialen Differenzen aufweist, kann diese Ruhe ausstrahlen. Innere Sicherheit ist davon abhängig, dass ein möglichst großer Anteil der Bevölkerung teilhat an der Erfolgsgeschichte der Gesellschaft. Wenn Einkommensunterschiede nachvollziehbar sind und in ihren Dimensionen nicht entmutigen, sondern motivieren und Leistungsanreize bieten, wenn also der soziale Aufstieg möglich ist, dann kann davon ein positiver Impuls ausgehen. Wenn sich große Teile einer Gesellschaft hingegen ausgegrenzt fühlen, wenn sie keine Chance sehen, ihren Status zu verbessern, wenn sie auch für die nächste Generation keine Erleichterung sehen, dann spaltet sich die Gesellschaft. Frustration schlägt um in Neid, Hass und Gewalt. Davon hatte die Zwischenkriegszeit genug.

Innere Sicherheit und Lebenszufriedenheit hängen unmittelbar mit dem sozialen Frieden zusammen. Kluge Sozialpolitik versucht, die gesellschaftlichen Spannungen möglichst gering zu halten, so steuernd einzugreifen, dass ja kein Nährboden für Radikalisierungen entstehen kann.

Da hat die Zweite Republik starke Fundamente gelegt. Aber Gesellschaft ist immer in Bewegung, und was über die Jahrzehnte gefestigt schien, ist plötzlich wieder fragil. Denn auch ein noch so ausgeklügeltes Sozialsystem lebt nur von dem, was die Wirtschaftsleistung zum Verteilen bereitstellt. In der Nachkriegszeit war das von Jahr zu Jahr mehr. Permanentes Wachstum über Jahrzehnte erzeugte die Illusion einer Grenzenlosigkeit.

Schon 1972 stellte der Club of Rome die Grenzen des Wachstums dar und führte anhand verschiedener Szenarien eindrucksvoll vor Augen, dass die Ressourcen der Erde nicht unbegrenzt sind und die Philosophie des Immer-Mehr eine Sackgasse darstellt.[1] Geglaubt haben es damals nur wenige. Man hielt es für die Schreckensvision einer sehr fernen Zukunft, der man zum gegebenen Zeitpunkt schon etwas entgegenhalten würde. Der Ölpreisschock von 1973, als die arabischen Rohölproduzenten im Zuge des Jom-Kippur-Krieges plötzlich die Fördermenge verknappten, um damit die Unterstützung des Westens für Israel zu schwächen, bewies die Abhängigkeit von der internationalen Vernetzung. Aber letztlich war das sogar ein Motivationsschub für die Wirtschaft. Für kurze Zeit mussten

Streiks prägen den Arbeitskampf in den 1920er-Jahren. In der Zweiten Republik wurde nur mehr selten gestreikt.

sich Autofahrer zwar einschränken, man musste sein Vehikel an zumindest einem Tag in der Woche stehen lassen, ein Pickerl an der Windschutzscheibe verpflichtete zu einem autofreien Tag. Weitere Verknappungskrisen um das „schwarze Gold" folgten zu Ende der 1970er-Jahre. Alternativen wurden gesucht und gefunden, neue Lieferanten und Innovationen waren ein weiterer Treiber für das Gefühl, es gehe ja doch alles weiter, mit noch mehr Wachstum, in eine noch bessere Zukunft, mit noch mehr Wohlstand.

In den 1990er-Jahren verflachte diese Entwicklung. Die Erkenntnis blitzte auf, dass Wachstum doch nicht das einzige Momentum einer Gesellschaft sein könne. Das längst überbordende Staatsbudget mit einem Jahr für Jahr wachsenden Schuldenberg schrie nach einem Sparkurs, der ab der Jahrtausendwende zu einem Dauerbegleiter der Politik wurde. Dennoch ist erst seit der großen Finanzkrise von 2008 der Mehrheit klar, dass schon ein Halten des Erreichten ein hohes Ziel ist. Dessen ungeachtet träumen Politiker und Wirtschaftsfunktionäre schon wieder von einer neuen allgemeinen Wachstumsphase, weil diese natürlich das Lenken eines Staatsgefüges ungemein erleichtert. Und weil sie unteren Schichten einen sozialen Aufstieg ermöglicht. In weniger dynamischen Zeiten gelten die Grenzen zwischen den sozialen Schichten als eher undurchlässig.

In den ersten Jahrzehnten nach 1945 wurden, gestützt auf den bald sichtbaren Erfolg des Wiederaufbaus, zahlreiche sozialstaatliche Standards gesetzt. Ein engmaschiges Netz von Sozialversicherung und Sozialhilfe wurde gesponnen, mit Familienbeihilfe, Kinderzuschüssen usw. wurde ein dichtes System an Stützungen eingeführt. Der Arbeitsmarkt wurde nicht dem freien Spiel der Kräfte überlassen, sondern gesteuert, und mit immer feineren Reglementierungen wurden die Arbeitsbedingungen verbessert: Kündigungsschutz, Geschlechtergleichbehandlung, ein Benachteiligungsverbot von Teilzeitbeschäftigten und vieles mehr hat hier seine Wurzeln, wenngleich die Grundsätze der Fürsorge schon aus dem ausgehenden 19. Jahrhundert stammen. Arbeitszeit- und Urlaubsregelungen gab es schon in der Ersten Republik, zunächst vor allem unter dem Aspekt des Schutzes vor unverschämter Ausbeutung. Nach 1945 standen diese zunehmend unter dem Anspruch, den neuen Wohlstand zu verteilen und für alle spürbar zu machen.

Die Nachkriegsjahrzehnte waren das goldene Zeitalter des Sozialstaates, bis in die 1970er-Jahre waren die Sozialleistungen auf Expansionskurs. Urlaube wurden verlängert, Wochen- und Jahresarbeitszeiten verkürzt. 1955 wurde das Allgemeine Sozialversicherungsgesetz beschlossen, das eine Vereinheitlichung der Rechtsansprüche von Arbeitern und Angestellten einleitete.

1960 betrugen die Sozialausgaben des Staates 17,2 Prozent im Jahr, 1980 bereits 26,7 Prozent. Das war verkraftbar, denn das Wirtschaftswachstum lag noch in den 70er-Jahren bei knapp 4 Prozent, in den 60ern sogar bei fast 5 Prozent. Und in diesen zwei Jahrzehnten gab es auch eine de facto Vollbeschäftigung, also eine Arbeitslosenrate von unter 3 Prozent. Das Wirtschaftsforschungsinstitut WIFO errechnete für die Jahre 1955 bis 1977 einen Anstieg der Sozialausgaben um durchschnittlich fast 12 Prozent, während das Bruttoinlandsprodukt in dieser Zeit um etwa 9,5 % gestiegen war. Mit anderen Worten: in diesen 22 Jahren waren die Sozialausgaben um das Elffache gestiegen und um ein Viertel rascher gewachsen als die gesamte Wirtschaft.[2]

Das konnte so nicht bleiben. Seit den 80er-Jahren wird gebremst. Die Zahl der Erwerbslosen ist wesentlich höher als in den Boomjahren, 1982 waren es 105.000, derzeit sind es (inklusive der Personen in Schulungen) 476.000.[3]

Die klassischen Beschäftigungsmodelle sind zudem auf dem Rückzug. Statt klassischer Vollzeitanstellung gibt es immer mehr Teilzeitverträge. 2016 arbeiteten schon mehr als 1,2 Millionen Personen in Teilzeit, bei den Männern rund 11 Prozent, aber sogar 48 Prozent der Frauen, die damit auch entsprechend weniger verdienen.[4] Wobei allerdings in den ersten Jahrzehnten nach dem Krieg insgesamt viel weniger Frauen beschäftigt waren als heute. Allein in den letzten 20 Jahren ist die Zahl der erwerbstätigen Frauen um ein Viertel gestiegen. Dazu kamen Leiharbeit, Kurzzeitverträge und geringfügige Beschäftigungsverhältnisse. Heute machen den Sozialpolitikern diverse Formen von Scheinselbständigkeit immer mehr Sorgen. Die sozialrechtliche Absicherung der Bevölkerung wurde zunehmend komplexer und unübersichtlicher. Verschärft wird das durch die soziodemografischen Veränderungen. Die Menschen werden immer älter, gehen aber kaum später in Pension. Das erzeugt die derzeit stärkste Belastung für das Sozialsystem. 2004 kamen auf einen über 65-jährigen noch mehr als vier Personen zwischen 15 und 65. 2030 dürfte das Verhältnis nur noch bei 1: 2,3 liegen.

Vordenker des Liberalismus: der Ökonom und Sozialphilosoph Friedrich August von Hayek (1899–1992).

Seit Jahren stehen daher schon die Debatten um pensionsrechtliche Änderungen im Zentrum sozialpolitischer Überlegungen. Die Durchrechnungszeiträume für die Berechnung der Pensionsansprüche wurden verlängert, Abschläge für früher in Pension Gehende und Zuschläge für länger Arbeitende sollen einen Anreiz für einen späteren Pensionsantritt bilden. Gemäß der differenzierten föderalen Struktur Österreichs gibt es aber bis heute große Unterschiede in den Ansprüchen, je nachdem ob man nun in der Privatwirtschaft oder im öffentlichen Sektor beschäftigt ist, und da auch wieder ob der Bund oder vielleicht die großzügigere Stadt Wien der Arbeitgeber ist. Als gerecht werden derartige Unterschiede nicht mehr empfunden.

Auch in anderen Bereichen wird gespart. Beim Arbeitslosengeld wurden die Ansprüche verschärft, man debattiert um Mindestsicherung und darüber, wer darauf ab wann Anspruch haben soll. Für die Sanierung des staatlichen Budgets sind Einschnitte bei Sozialleistungen kein Tabu mehr. Der Staat schnallt den Gürtel enger und muss dabei doch vorsichtig vorgehen, um die soziale Balance nicht zu gefährden. Die Gesellschaft war noch nie so wohlhabend wie derzeit und dennoch nimmt die Zahl der Armutsgefährdeten zu. Für die einen ist das Zeichen einer unsolidarischen Gesellschaft, andere verweisen darauf, dass auch Armut relativ ist.

Beim Weltwirtschaftsforum in Davos 2017 hat die internationale Entwicklungsorganisation Oxfam[5] mit Sitz in Oxford einen aktuellen Vergleich von Einkommensunterschieden vorgelegt, wonach die Kluft zwischen Arm und Reich in

Flugzeug stürzte in Bodensee
Alfred Dallinger tot
Tragödie bei Landung im Nebel — Suche nach 11 Opfern

NEUE AZ
WIENER
TAGBLATT
☎79 02
8,-
Freitag, 24. Februar 1989

Sozialminister Alfred Dallinger ist tot. Mitten im Landeanflug stürzte Donnerstag eine Maschine der „Rheintal-flug" in den Bodensee und wurde in Trümmer gerissen. Keiner der elf Insassen — unter ihnen Dallinger und der Zentralsekretär der GPA, Richard Wenka — hat überlebt. Wegen starken Nebels in Hohenems wollte die Pilotin in der Schweiz landen. (Bericht und Nachrufe Seiten 2 bis 5.)

Brigitte Seewald steuerte die „Commander" der „Rheintal-flug", in der sich auch Sozialminister Dallinger befand

OE-FCS

Sozialminister Alfred Dallinger, früher Befürworter einer Steuer auf maschinelle Wertschöpfung, verunglückte 1989.

vielen Ländern wesentlich größer ist als in Österreich. Demnach verdient hierzulande das oberste Fünftel 4,2-mal mehr als das unterste. In Deutschland ist das Verhältnis 4,4:1, in Italien 5,8:1 und in den USA schon bei 8,7:1.

Armut in der Zwischenkriegszeit und unmittelbar nach dem Zweiten Weltkrieg war definitiv wesentlich existenzieller als heute. Da waren wirklicher Hunger, schwere Unterernährung und Obdachlosigkeit allgegenwärtig. Heute ist arm, wer zwar eine Wohnung hat, diese aber nicht angemessen heizen kann. Arm sein heißt auch, bei der Ernährung und der Gesundheit wesentlich sparen zu müssen. Das kann zu sozialer Ausgrenzung führen, bei Kindern und Jugendlichen mit hohem Gefährdungspotential für ein Abrutschen aus dem gesicherten Herkunftsmilieu. Das ist Sprengstoff für eine Gesellschaft. Rund 5 Prozent der Österreicher (431.000 Personen) können sich wesentliche Güter des täglichen Lebens nicht leisten. An die 14 Prozent der Bevölkerung (rund eine Million Menschen) gelten als im weitesten Sinn als armutsgefährdet.[6] Fast 300.000 gelten als arm, obwohl sie erwerbstätig sind.[7] *Working poor* ist ein Begriff aus Amerika, der auch hierzulande bereits zum Repertoire der Sozialpolitik gehört. Selbst Erwerbsarbeit ist also kein vollständiger Schutz vor Armut.

Dem muss ein Staat entgegenwirken, will man nicht das Risiko offener Konflikte eingehen. Selbst Länder mitten in Europa haben diesbezüglich schon ihre Erfahrungen gemacht. In Frankreich schlug 2005 die Frustration arbeitsloser Jugendlicher in vielen Städten in blanke Aggression gegen alles und jedes um, mit brennenden Autos und demolierten Straßenzügen. 2017 entzündeten sich neuerlich Unruhen, diesmal nach einem Polizeieinsatz gegen einen Schwarzen. Rassismus und Islamfeindlichkeit prallen aufeinander, aber Grundlage ist nicht zuletzt eine hohe Jugendarbeitslosigkeit in den „Banlieues", den Vorstädten. Umgekehrt darf ein dichtes Sozialsystem nicht zur sozialen Hängematte werden, weil es das Gerechtigkeitsempfinden der Leistungsträger irritiert. Doch darüber, was einerseits solidarisch erforderlich ist und andererseits zu Leistung anspornt, lässt sich trefflich streiten. Es ist ein ideologischer Diskurs, der längst nicht mehr dem alten Links-Rechts-Schema folgt. Es ist ein Diskurs um das, was man Mittelstand nennt. Das Verdienst der Sozialpolitik Österreichs in einem Jahrhundert ist es, das dieser Mittelstand sehr breit geworden ist, dass er alte Schichtungen durchbrochen hat. Längst verstehen sich nicht mehr nur die Bürgerlichen und gut abgesicherten Beamten als der Mittelstand, wie das noch zu Ende der Monarchie galt. Bald übernahmen auch Gewerbetreibende, Angestellte und Bauern diese Einordnung für sich, auch Arbeiter sind längst „in der Mitte der Gesellschaft" verankert.

Was diese Mitte genau ist, ist schwer zu definieren. Sie ist wohl dort, wo man mindestens so viel zu verlieren hat, als man gewinnen kann. Wo die Absicherung der erreichten sozialen Position schon mindestens so wichtig ist wie die Aussicht auf einen (weiteren) gesellschaftlichen Aufstieg. Das ist in alle Schichten vorgedrungen. Nun hat der Mittelstand Angst um seine Position. Die Abwehrhaltung gegenüber echten oder vermeintlichen Gefahren führt zu einem Einigeln. Es ist bezeichnend, dass gerade auch Zuwanderer, die sich in Österreich etablieren konnten, vehement gegen den Zuzug anderer Ausländer auftreten. Sie haben einfach Angst, dass ihre mühsam erkämpfte Rolle „von unten" angeknabbert wird.

Mittlerweile muss viel Kraft aufgewendet werden, um das Erreichte zu verteidigen. Nach den Kriegen galt es aufzubauen. Jetzt gilt es, zu erhalten. In den 50er-Jahren hatte sich breitester Optimismus entwickelt. Wie um die Jahrhundertwende, wo man an die Zukunft glaubte, an den ständigen Fortschritt, an das Machbare. Das Wirtschaftswunder der Zweiten Republik hat ähnliche Visionen befördert. Man träumte von dem, was im damals noch „fernen Jahr 2000" alles möglich sein würde, von Maschinen, die den Menschen jede lästige Arbeit abnehmen würden und von grenzenloser Kommunikation. Heute telefonieren wir problemlos mit dem Handy nach Australien, Roboter mähen uns den Rasen und wuseln als Staubsauger durch die Wohnung. Sie liefen den betagten Senioren im Heim den Kaffee und fabrizieren fast selbständig Autos in den Fabriken.

Und zugleich steigen die Ängste, die Roboter nehmen uns nicht nur die lästige Arbeit weg, sondern die Erwerbsgrundlage. Wer soll dann jene Steuern zahlen, mit denen die Gesellschaft auch die Schwächeren mitnimmt, damit sie nicht eines Tages mit Gewalt einfordern, was sie anders nicht erreichen konnten?

1983 präsentierte Sozialminister Alfred Dallinger seine Idee einer Steuer auf automatisiert erbrachte Leistungen. Eine Welle der Empörung aus der Wirtschaft schwappte einer solchen „Maschinensteuer" entgegen, würde sie doch Rationalisierungen in den Workflows weiter verteuern. Als „Wertschöpfungsabgabe" ist die Idee von sozialdemokratischer Seite noch immer im Gespräch. Sie ist einer der vielen, teils verzweifelten Versuche der Politik, die Wirtschaft „reiten" zu wollen. In der Praxis reitet die Wirtschaft die Politik. Während die Linken auf Steuern und Arbeitszeitverkürzungen setzten, warf die ÖVP unter ihrem sonst eher glücklosen Obmann Josef Riegler 1987 das Konzept der „ökosoziale Marktwirtschaft" auf den Markt der Ideen. Es wurde international gelobt und viel zitiert, aber der Thatcherismus hatte bereits Europa zu überfluten begonnen, gestärkt von Ronald Reagans Politik in den USA. Die neoliberale Marktwirtschaft, das freie Spiel der Kräfte, forderte einen möglichst schlanken Staat. „Mehr privat, weniger Staat" war auch hierzulande die Parole, mit der man mehr Wohlstand für alle erhoffte.

Aber die 80er-Jahre waren die Entzauberung des Mythos einer Harmonie von Wirtschaftskraft und sozialen Verbesserungen. Schlagartig stieg die jährliche Arbeitslosenquote um 30 Prozent und sogar mehr. Der Kapitalismus steigerte sich in ein Diktat der Konzerne, und sah sich dann mit dem Zusammenbruch des Kommunismus im Osten Europas endgültig als Triumphator der ideologischen Konzepte. Die Lenkungsmöglichkeiten der Staaten schrumpften im globalen Wettbewerb zu Versuchen, die Auswüchse wenigstens zu dämpfen. Noch ist offen, welche Folgen die Politik von Donald Trump für Europa bringt, der unter Anfeuerung seiner Anhänger Sozialleistungen in den USA zurückfährt und dafür die Militärausgaben steigert.

Mit dem Zauberwort „Umverteilung" wird zumindest in Österreich gegen ein Auseinanderdriften der Gesellschaft angekämpft. Um die Beschäftigungsquote hoch zu halten und auch möglichst viele Frauen daran teilhaben zu lassen, sind die Familienleistungen pro Kind alles in allem in den letzten 15 Jahren real sogar um 23 Prozent gestiegen.[8] "Im Durchschnitt stammen 35 Prozent der Einkommen österreichischer Privathaushalte aus sozialstaatlichen Transferleistungen (inklusive Pensionen). In armutsgefährdeten Haushalten sind mehr als die Hälfte der Einkommen (56 %) soziale Transferleistungen."[9] Der Sozialstaat versucht also, das Verarmungsrisiko zu reduzieren und damit eine gesellschaftliche Stabilität zu gewährleisten. Wenn die Mittel zu diesem Umverteilungsausmaß aber nicht mehr ausreichen sollten oder die soziale Akzeptanz für diese Transfers nicht mehr gegeben ist, wird es gefährlich.

Dennoch sind Ökonomen nicht immer überzeugt vom segensreichen Wirken der Sozialtransfers. Schon zu einer Zeit, als es noch lange nicht diesen Wohlstand zu verteilen und zu verteidigen gab wie heute, nämlich 1944, veröffentlichte der aus Wien stammende Nationalökonom Friedrich August von Hayek sein Buch *Der Weg zur Knechtschaft*[10] und seine Überlegungen für Individualismus und gegen den Sozialstaat. Der vehemente Verfechter einer liberalen Marktwirtschaft wird bis heute gern genannt, wenn es darum geht, dass staatliche

Sozialleistungen leicht zu Abhängigkeiten führen. Hayek hat seine Theorien allerdings primär als Kritik an der totalitären Planwirtschaft des Hitler-Regines formuliert, und am Gegenmodell seiner Wahlheimat England, wo „jetzt alle mehr oder weniger Sozialisten sind".[11] Beide Wege würden zum Kollektivismus, zu Planwirtschaft und Einengung führen. Seit damals wogt der Streit hin und her, ob mehr das Individuum oder mehr die Gesellschaft für eine soziale Ausgewogenheit verantwortlich ist und wie sehr der einzelne seinen Beitrag zur Leistungsgesellschaft leisten muss. Und ob jetzt für ein funktionierendes Wirtschaftssystem mehr oder weniger Sozialleistungen gut sind. Unbestritten ist: „Das Geld eröffnet in unserer heutigen Gesellschaft den Armen eine erstaunliche Fülle von Möglichkeiten, die größer ist als die, über welche vor wenigen Generationen die Reichen verfügten."[12]

Dabei ist absehbar, dass ein permanentes Wachstum nicht mehr die unversiegbare Quelle sozialen Fortschritts bilden wird, daher wird ein neues gesellschaftliches Selbstverständnis entstehen müssen. Zufriedenheit mit dem Status quo könnte dabei im Zentrum stehen. Aber der Mensch gibt sich mit Zufriedenheit nicht zufrieden. Er sieht sich immer im Wettlauf mit dem anderen, misst sich am Nachbarn, trachtet danach, ihn zu überholen. Unzufriedenheit ist der Motor der Welt. Das galt immer schon für Staaten und ihren Machtanspruch und das gilt auch für den Einzelnen, der (noch) nicht das erreicht hat, was andere haben. Und es gibt immer welche, die mehr haben.

Wenn die Chance auf ein Mithalten schwindet, wird aus Motivation Frust, wird aus Hoffnung Wut. Ein kleines Land wie Österreich muss mithalten. Das ist der Stoff, den die Sozialpolitik der Zukunft zu bearbeiten hat. In den Zeiten des Aufbaus war das alles noch vergleichsweise einfach.

---

1 Limits to Growth, Studie über die Zukunft der Weltwirtschaft, präsentiert 1972 in St. Gallen. Deutsche Veröffentlichung: Denis Meadows u. a.: Die Grenzen des Wachstums; Deutsche Verlags-Anstalt, Stuttgart 1972, 14. Aufl.1987

2 Quelle: Emmerich Tálos, Rückzug des Sozialstaates, Vortragsmanuskript, Dornbirn 2010; S. 4 f

3 Quelle: AMS Statistik Februar 2017

4 Quelle: Statistik Austria, Erwerbstätige und unselbständig Erwerbstätige nach Vollzeit/Teilzeit und Geschlecht seit 1994, 22. 3.2017

5 Oxford Committee for Famine Relief, gegr. 1942, https://www.oxfam.org

6 Quelle: Armutskonferenz: Armut in Österreich; Daten aus EU-Silc 2015 (veröffentlicht im April 2016)

7 Quelle: Statistik Austria, „Working poor" nach Eurostat-Definition 2008 bis 2015 (erstellt am 14.4.2016)

8 Quelle: Wifo, April 2017; Der Standard: Familienleistungen in 15 Jahren massiv gestiegen; 13. April 2017, S. 8

9 Emmerich Tálos, a.a.O., S. 23

10 Friedrich August von Hayek: Der Weg zur Knechtschaft; 4. Auflage, Mohr Siebeck, Tübingen 2004 (Erstveröffentlichung 1944 in englischer Sprache)

11 Friedrich August von Hayek, a.a.O., S. 8

12 Friedrich August von Hayek, a.a.O., S. 80

17

Drehbühne des Weltgeschehens

„Wer nach Österreich kommt, findet eine offene Tür
und kann von Österreich weitergehen.“
Bruno Kreisky[1]

Am 3. Juni 1961 hatte es Österreich geschafft. Ein halbes Jahrhundert lang war man Spielball der Mächtigen gewesen, musste nachvollziehen, was diese gerade noch erlaubten, musste bitten und betteln, um Völkerbundanleihen oder Care-Pakete, im günstigsten Fall verhandeln und taktieren. Jetzt war man endlich wieder ganz oben auf der internationalen Bühne angekommen. Zwar nicht als Akteur, das noch lange nicht, schon gar nicht als Regisseur, das wurde man nie mehr. Aber als Inspizient durfte man für Hotelzimmer, Bankett und Verhandlungsräume sorgen: Österreich war die Bühne für das spektakulärste Treffen der Nachkriegszeit.

Der Kalte Krieg war zur Eiszeit geworden, als sich der junge, charismatische US-Präsident John F. Kennedy mit Nikita S. Chruschtschow, dem gewieften-Ministerpräsidenten der UdSSR, an einen Tisch setzte. In Wien. Dort, wo schon halbe Legionen an Agenten ihre Informationen getauscht haben und wo angeblich noch heute die Spione aus- und eingehen. Unter den Augen der Welt versuchten die beiden Staatsmänner die Ost-West-Spannungen abzubauen. Zwei Tage wurde im neutralen Kleinstaat über den Rüstungswettlauf der Supermächte diskutiert, nach außen hin freundlich, aber ergebnislos. Es kam zu keinem Abkommen über Rüstungskontrolle oder einem Stopp der gefährlichen Atomtests. Aber Österreich konnte glänzen, in einer Rolle, die man auch als Kleiner spielen kann: als Gastgeber. Man wird bescheiden. Jahrhundertelang war man neben Frankreich der bestimmende Player in Europa und damit der damaligen Welt gewesen, dann war auch Deutschland auf Augenhöhe gekommen, Russland, Großbritannien und Italien wurden von der großen Doppelmonarchie scharf beobachtet, vermochten dem Reich seine Position aber nicht streitig zu machen. Nach den Demütigungen zweier Kriege musste man sich erst wieder finden.

Das kranke Kind Europas, nach dem Ersten Weltkrieg noch mit unklaren Grenzen, mit Nachbarschafts- und inneren Konflikten völlig ausgelastet, mauserte sich zum stabilen Partner auf vielen diplomatischen Ebenen. Als Treffpunkt der Weltpolitik konnte man glänzen und im Scheinwerferlicht stehen. Die US-Präsidenten Richard Nixon und Gerald Ford waren in den 1970er-Jahren in Österreich, und 1979 waren die Supermächte in Sachen Abrüstung endlich etwas erfolgreicher. Da traf US-Präsident Jimmy Carter in Wien mit dem sowjetischen Staats- und Parteichef Leonid Breschnew zur Unterzeichnung des zweiten Abkommens zur Begrenzung strategischer Rüstungen (SALT-II) zusammen.

Neben der Bundeshauptstadt war vor allem Salzburg immer wieder Schauplatz von Besuchen hoher Gäste. Von Hillary Clinton bis Richard von Weizsäcker, von Margaret Thatcher bis Romano Prodi, vom norwegischen König Harald und Königin Sonja bis zum deutschen Kanzler Helmut Kohl gaben sich dort Staatsoberhäupter und Spitzenpolitiker ein Stelldichein und mischten sich unter die Promis aus Kunst und Kultur, von Luciano Pavarotti bis Romy Schneider.[2] Damals war es spektakulär, wenn Caroline von Monaco oder Königin von Sophia von Spanien abstiegen, heutzutage kommen Persönlichkeiten wie Angela Merkel so gut wie privat und fast ohne Aufsehen in die Festspielstadt. Österreich ist gelassen geworden im Umgang mit den Größen der Welt. Als im April 2017 der britische Thronfolger Prinz Charles mit seiner Frau Camilla in Wien zu Gast waren, reichte das trotz zahlreicher Schaulustiger an den Besuchsorten gerade für ein paar Notizen in den Chronikseiten.

Kein Vergleich jedenfalls zu der Aufregung, die 1975 die Medien hyperventilieren ließ, als US-Präsident Gerald Ford 1975 in Salzburg die Gangway hinunterstolperte, bevor er im Schloss Klessheim den ägyptischen Präsidenten Anwar el-Sadat traf. Oder wenn der persische Alleinherrscher, der „König der Könige", Schah Reza Pahlevi wiederholt in Österreich Station machte. Schon Bundespräsident Adolf Schärf hatte offenkundige Sympathien für den Herrscher am Pfauenthron. Das monarchienostalgische Österreich fand Gefallen an dem luxusverwöhnten Kaiserpaar, auch die USA hielten damals noch eng zum Land an Euphrat und Tigris. Aber das war ja noch vor der islamischen Revolution. Der Schah ließ sich in Österreich auch medizinisch versorgen.

Salzburg war sowieso immer für eine Charmeoffensive Österreichs gut. Die 1920 unter Federführung von Hugo von Hofmannsthal und Max Reinhardt ins Leben gerufenen Festspiele wurden zum renommiertesten Aushängeschild der Kulturszene, basierend auf dem Mythos Mozart, aber mit einem permanenten

Anspruch auf absolute Weltspitze. „[…] mit einem Mal wurden die Salzburger Festspiele eine Weltattraktion, gleichsam die neuzeitlichen Olympischen Spiele der Kunst, bei denen alle Nationen wetteiferten, ihre besten Leistungen zur Schau zu stellen."[3]

Bisweilen wurde am Rande dieser Olympischen Spiele auch Politik gemacht. Etwa 1945 mit den amerikanisch-sowjetischen Gesprächen über die Zulassung von Parteien in Österreich. Bis heute lädt der Bundespräsident zur Eröffnung und zu der einen oder anderen Premiere auch gerne ausländische Staatsgäste ein, wobei man ungezwungen neben der großen Kunst auch die große Politik beraten kann.

Jedenfalls verstand es Österreich, sich als Kulturnation einen hoch geachteten Platz in der Welt zu verschaffen. Wien als Musikstadt sowieso, mit dem Neujahrskonzert alljährlich weltweit präsent, und dem Beispiel Salzburgs folgend versuchten sich bald viele Städte mit Festspielen, von Bregenz bis Mörbisch, von Erl bis Reichenau wird allen Interessen entsprochen, nicht zuletzt zur Freude der Touristiker. Philharmoniker, Symphoniker, Sängerknaben & Co. versuchen mit zahlreichen Auftritten in aller Welt diesen Ruf gegen die Konkurrenz zu verteidigen. Seien es Opernhäuser wie die Scala oder die Met, seien es Orchester wie das Leipziger Gewandhausorchester oder das London Symphony Orchestra – Österreichs Institutionen müssen sich da keinesfalls hinten anreihen.

In anderen Genres war die Kontinuität nicht so einfach. Als Filmstadt hatte Wien in den 1920-er Jahren einen Weltruf. 1922 wurde am Laaerberg von der Sascha-Film eine der aufwändigsten Produktionen der Filmgeschichte umgesetzt, der Monumentalstummfilm *Sodom und Gomorrha*, mit mehreren Tausend Darstellern und Komparsen, die Regie führte Michael Curtiz, geboren in Budapest als Mihály Kertész. Mehr als hundert Spielfilme pro Jahr wurden damals in Österreich hergestellt. Ein Volumen, von dem Produzenten heute nur träumen können. Bald aber wurden Berlin und Paris bedeutendere Filmproduktionsstädte, später dann München und die Cinecittà in Rom. Und natürlich Hollywood.

Naturfilme wie *Berge in Flammen* mit Luis Trenker (1931) oder *Maskerade* mit Paula Wessely und Hans Moser (1934) waren international erfolgreich, aber die vielen Natur- und Heimatfilme der Kriegs- und Nachkriegszeit erfüllten überwiegend die schlichte Funktion einer kurzen Ablenkung vom tristen Alltag. Oder sie waren der Propaganda der Nazis gewogen. Die Protagonisten kamen über die Grenzen des deutschen Sprachraumes kaum hinaus. Erst ab den 1950er-Jahren konnte Österreich wieder mit wirklichen Weltstars aufwarten, mit Maria Schell, Romy Schneider, O.W. Fischer oder Oskar Werner. Große Regisseure österreichischer Herkunft feierten Erfolge freilich in Hollywood, nicht in Wien. Billy Wilder etwa, 1906 noch in der österreich-ungarischen Monarchie in Galizien geboren, war ebenso vor den Nazis nach Amerika geflohen wie der in Wien aufgewachsene Fred Zinnemann und Otto Preminger. Viele Österreichische Filmschaffende und Künstler waren in den USA erfolgreich, in ihrer (alten) Heimat hat man davon bisweilen nicht einmal Notiz genommen.[4] In der jüngeren Geschichte ist das wieder anders. Die Oscars® für Christoph Waltz, Michael Haneke oder Stefan Ruzowitzky wurden mit einer nationalen Vereinnahmung gefeiert, als wäre das ganze Land und nicht ein Künstler ausgezeichnet worden. Für das Etikett der Kulturnation waren das jedenfalls weitere glitzernde Sterne.

Eine Umarmung sorgt für Aufsehen: Bundeskanzler Bruno Kreisky mit Palästinenserführer Jassir Arafat 1979 in Wien.

Als Sportnation und Organisator von Großveranstaltungen hat sich Österreich zweimal erfolgreich vor der Welt präsentieren können. 1964 und 1976 war Innsbruck Austragungsort der Olympischen Winterspiele. Für 1964 hatte sich auch Wien für die Austragung von Sommerspielen beworben, freilich ebenso erfolglos wie spätere Winterspiel-Bewerbungen von Graz und Klagenfurt. In der jüngeren Vergangenheit wirkten die Kosten und Organisationsaufwendungen für derartige Großereignisse bei der Bevölkerung zunehmend abschreckend. Bewerbungen für die Winterspiele in Salzburg 2010 und 2014 waren bei Volksbefragungen heftig umstritten und scheiterten dann ohnedies an offenbar mächtigeren Konkurrenten.

Der Stimmungswandel gegenüber Olympia im Land ist symptomatisch für Österreichs Selbsteinschätzung im Verhältnis zum Ausland. Bis in die 1970er- und frühen 1980er-Jahre wetteiferte man um Anerkennung als selbständiger, leistungsfähiger und souveräner Staat. Man freute sich über jeden Staatsbesuch und jede erreichte Mitgliedschaft bei einer internationalen Organisation. Selbstbewusst hatte schon Leopold Figl bald nach dem Zweiten Weltkrieg angekündigt: „Ohne Österreich wird Europa nicht sein". Langsam wandelte sich das in Gleichgültigkeit und kippte bisweilen zu einem „Wozu brauch' ma das?". So gesehen war es eine beachtliche staatspolitische Leistung, dass Österreich am 1. Jänner 1995 der Europäischen Union eintreten konnte. Heftige Diskussionen über wirtschaftliche Vor- und Nachteile sowie insbesondere über die Funktion der Neutralität bei und nach diesem Beitritt bestimmten über Jahre die Innenpolitik. Die Parteien hatten dabei vorher nicht immer eine gleiche Meinung vertreten, aber in den Verhandlungen nach dem offiziellen Beitrittsansuchen zogen Rot und Schwarz in für heutige Verhältnisse erstaunlicher Eintracht an einem Strang. Entsprechend groß war dann auch die Freude über eine glatte Zwei-Drittel-Zustimmung bei der Volksabstimmung im Juni 1994. Da feierte ÖVP-Chef Vizekanzler Erhard Busek, ein überzeugter Europäer, mit solcher Begeisterung im Zelt der SPÖ neben dem Burgtheater mit, dass er sogar hemmungslos die „Internationale" mitsang. Und zuvor hatte schon Außenminister Alois Mock (ÖVP) nach dem Verhandlungsmarathon von Brüssel sein Gegenüber in der Regierung, die Staatssekretärin Brigitte Ederer (SPÖ) bei einer Pressekonferenz geküsst. Auf das berühmte „EU-Busserl" wurde die spätere Siemens-Managerin danach noch Tausende Male angesprochen. Es war das Symbol einer Koalitionsharmonie, die das Land seither nie mehr erleben sollte.

Mehr als 20 Jahre nach dem EU-Beitritt ist Österreichs Linie in Brüssel nicht mehr immer so einhellig. Die Bevölkerung steht überwiegend weiterhin positiv zur EU, wenngleich oft kritisch zu einzelnen Maßnahmen. Alle Umfragen ergaben Pro-EU-Mehrheiten, nach dem Austrittsbeschluss Großbritanniens sogar wieder steigend. Die europapolitische Linie innerhalb der SPÖ-ÖVP-Koalition ist nicht immer eindeutig. Wenn es um Österreichs Anteil bei der Aufteilung der Flüchtlinge in Europa geht oder beim Ansinnen, Familienbeihilfe für nicht hier lebende Kinder von EU-Ausländern zu kürzen (was laut Brüssel dem EU-Gleichbehandlungsgrundsatz widerspricht) schlägt die Innenpolitik ihre Volten. Um der EU-kritischen FPÖ möglichst viel Wind aus den Segeln zu nehmen, agieren die Regierungsparteien als „FPÖ light", wie manche Politologen und Kommentatoren das nennen.[5] In der Tat wirkt Österreichs Europapolitik bisweilen orientierungslos. Die jahrelang gelebte Synchronität mit der Politik Deutschlands ist instabil geworden, und während die Banken und auch Industriebetriebe den Fall des Eisernen Vorhangs dazu genützt haben, in den europäischen Ostländern starke Pflöcke einzuschlagen, hat die Politik es nicht geschafft, nach der EU-Osterweiterung 2004 dort eine politische Führungsrolle zu übernehmen.

Da waren die Ziele in der Aufbauphase nach dem Krieg noch klarer. Österreich verstand es, sich als Ort der Begegnung zwischen Ost und West zu inszenieren, als Drehbühne der internationalen Politik. Wien wurde Standort wichtiger Organisationen. Neben New York, Genf und Nairobi ist Wien eines der vier Hauptquartiere der Vereinten Nationen. Im Vienna International Centre sind auch zahlreiche UNO-Organisationen untergebracht, wie die Internationale Atomenergie-Organisation (IAEO), die Organisation für industrielle Entwicklung (UNIDO), Büros für Drogen und Verbrechensbekämpfung (UNODC), für Weltraumfragen (UNOOSA), und einige mehr.

Aber zunächst war Österreichs Aufnahme in die UNO gar keine ausgemachte Sache. Während der Staatsvertragsverhandlungen war Österreich zum Spielball im Kalten Krieg geworden. Schon Karl Renner erhoffte sich von der 1945 neu gegründete Weltorganisation eine Garantie für Österreichs Unabhängigkeit. Im Juni 1947 stellte die Bundesregierung formell den Antrag auf UNO-Mitgliedschaft, der aber am 21. August 1947 im Weltsicherheitsrat am sowjetischen Veto scheiterte. Die Großmächte belauerten einander misstrauisch. Die Sowjetunion blockierte unter anderem auch die Aufnahme von Irland, Italien und Portugal, der Westen stemmte sich gegen Albanien und Bulgarien. Also ging gar nichts, es herrschte von 1950 bis 1955 ein totaler Aufnahmestopp. In diversen UNO-Organisation war Österreich schon vertreten, auch ein Beobachter war in New York zugelassen, aber die Vollmitgliedschaft wurde erst im Dezember 1955 Wirklichkeit, ein halbes Jahr nach dem Staatsvertrag. Gemeinsam mit 15 anderen Staaten öffneten sich da die Tore für die Vollversammlung. Dies obwohl sich Österreich schon seit 1920 am Vorläufer der UNO, dem Völkerbund, aktiv beteiligt hatte. Dieser war für Österreich vor allem wirtschaftlich wichtig gewesen, zwei Völkerbund-Anleihen halfen 1922 und 1932 bei der Bewältigung der ärgsten Finanzprobleme. Als Instrument der Friedenssicherung war der Völkerbund hingegen gescheitert. Sowohl der Abessinien-Krieg Italiens (1935/36) als auch die Invasion Japans in die Mandschurei (1931) konnten nicht verhindert werden, und auch bei der Annexion Österreichs durch Hitlerdeutschland im März 1938 schaute der Völkerbund tatenlos zu. Lediglich Mexiko und die Sowjetunion protestierten.

Die UNO sollte durch das ihr zuerkannte Gewaltmonopol (ausgenommen Selbstverteidigung lt. Artikel 51 der UN-Charta) mehr politischen Spielraum haben, aber auch dieser ist, wie man heute weiß, nicht ausreichend, um Kriege zu verhindern oder zu verkürzen. Die fünf ständigen Mitglieder des Sicherheitsrates, die Siegermächte nach dem Zweiten Weltkrieg, haben ein Vetorecht gegenüber UNO-Beschlüssen. Und so kommt es häufig vor, dass sich die USA, Russland, China, Frankreich oder das Vereinigte Königreich die Chance nicht nehmen lassen, damit ihre eigenen Interessen durchzusetzen. Die Nahostpolitik und zahlreiche Debatten über Konflikte vom Balkan bis zum südchinesischen Meer sind geprägt von Vetos und einem Ringen um gerade noch für alle akzeptable, dadurch aber meist wirkungslose Resolutionen.

In den Nachkriegsjahren war die Euphorie um die UNO als funktionierende Weltpolizei noch groß. Immerhin konnte eine Eskalation des Kalten Krieges verhindert werden. Österreich engagiert sich seit den Anfangsjahren insbesondere bei Friedensmissionen. Als „Blauhelme" waren Österreichs Soldaten bei Peacekeeping-Missionen schon ab 1960 im Kongo im Einsatz, 1972 in Zypern, von 1974 bis 2013 überwachten sie auf den Golanhöhen die Einhaltung des Waffenstillstandes zwischen Syrien und Israel, weitere Einsätze folgten unter anderem im Kosovo, in Bosnien-Herzegowina und in Afrika.

Kurt Waldheim, als UNO-Generalsekretär hoch geschätzt, als Bundespräsident später umstritten.

1967 beschloss die ÖVP-SPÖ-Regierung einstimmig die Errichtung von Amtsgebäuden für die beiden in Wien bereits ansässigen Organisationen IAEA und UNIDO und eines Konferenzzentrums. 12 Jahre später wurde der Bürokomplex nach Plänen von Johann Staber fertig und konnte der UNO übergeben werden. Von dem Konferenzzentrum wollte die ÖVP dann aber nichts mehr wissen. Nicht wegen internationaler Vorbehalte, sondern aus innenpolitischem Kalkül mobilisierte sie gegen den „unnötigen Konferenzpalast", in Wahrheit gegen Bundeskanzler Bruno Kreisky. Fast 1,4 Millionen Bürger unterschrieben ein Volksbegehren dagegen, das war die größte Beteiligung an einem Volksbegehren überhaupt, aber Kreisky boxte den Bau durch, der dann erst unter seinem Nach-Nachfolger Franz Vranitzky 1987 eröffnet wurde.

Neben Kreiskys Rolle als Modernisierer der österreichischen Gesellschaft war seine zweite Vision die einer Öffnung Österreichs zur Welt. Das internationale Geschehen, die Außenpolitik, war ihm wesentlich wichtiger als seinen Vorgängern.

Wenn er Wien zur Bühne des internationalen Geschehens machte, sorgte das bisweilen für heftige Irritationen. Etwa als er von PLO-Chef Jassir Arafat im Sommer 1979 in Wien umarmt wurde. Kreisky wollte mit seinem engen Freund Willy Brandt und der Sozialistischen Internationale Arafat zum Abschwören vom Terror gegen Israel bewegen. Israel und seine Verbündeten konnten nicht nachvollziehen, dass ausgerechnet ein Mitteleuropäer jüdischer Herkunft als Eisbrecher für Arafat in der westlichen Welt fungierte. Kreisky war „… der Auffassung, daß es die Aufgabe des demokratischen Europa sei, die arabische Welt aus der Feudalität hin zu einem gewissen demokratischen Verständnis zu begleiten."[6] Und er sah in der „… Politik Israels die eigentliche Bedrohung" für die Sicherheit im Nahen Osten und glaubte schon damals an einen autonomen Palästinenserstaat im neuen Israel.[7]

Diese Position schätzten viele Länder des Westens gar nicht. In Österreich wurde Kreiskys Engagement für weit weg liegende Konfliktherde lange nicht verstanden. Letztlich hat er als erster Politiker voll ausgeschöpft, was die Rolle eines Kleinstaates hergab: die eines Vermittlers. Dies symbolisieren zahlreiche internationale Spitzenpositionen, die in der Zweiten Republik von Österreichern ausgeübt wurden. Drei Mal stellte Österreich den Generalsekretär des Europarates: Lujo Tončić-Sorinj (1969–1974), Franz Karasek (1979–1984) und Walter Schwimmer (1999–2004), mit dem damals noch unbestrittenen und hoch gefeierten Kurt Waldheim sogar den UNO-Generalsekretär (1972–1981). Dessen Schwiegersohn Othmar Karas wurde 2012 Vizepräsident des Europäischen Parlaments. In Krisenherden werden österreichische Diplomaten geschätzt und respektiert, auch und gerade am für die österreichische Geschichte so bedeutsamen Balkan. Wolfgang Petritsch war Hoher Repräsentant für Bosnien und Herzegowina (1999–2002), derzeit bekleidet diese Vertretungsfunktion der UNO mit Valentin Inzko wieder ein Österreicher (seit 2009). Beide waren auch EU-Sonderbeauftragte, ebenso wie Erhard Busek (für Südosteuropa, 2002–2008). Wien ist nicht nur UNO-Stadt, seit 1965 ist die Stadt Sitz der Organisation erdölexportierender Länder (OPEC) und der Organisation für Sicherheit und Zusammenarbeit in Europa (OSZE).

1954 hatte Figl noch die Frage gestellt „Was ist Österreich?" und dafür weit in die tausendjährige Geschichte Österreich ausgeholt. In einer Antwort aber war er kurz und prägnant: „Österreich ist das Herzstück Europas".[8] Politisch als erster erfasst hat das Kreisky, in dessen Hinwendung zur Außenpolitik damals oft nur sein Profilierungsinteresse gesehen wurde. „Bruno Kreisky hat die offizielle Neutralität seines Landes dazu benutzt, sich einen Einfluß in der Weltpolitik zu verschaffen, der zu den tatsächlichen Machtverhältnissen in keiner Beziehung stand, und zwar vor allem dadurch, dass er sich darum bemühte, miteinander in Konkurrenz stehenden Ländern ihre jeweiligen Motive zu erläutern", erklärte US-Außenminister Henry Kissinger.[9] Jedenfalls hat Kreiskys Politik Österreich mediale Präsenz verliehen und ein internationales Gewicht, das es vorher nicht hatte. In der mentalen Bewältigung der eigenen Geschichte war dies eine Labsal.

Kreisky war Außenminister, als er 1960 UNO-Generalsekretär Dag Hammarskjöld die Entsendung von 121 österreichischen Soldaten in den Kongo anbot. Als „Gegenleistung" dafür, so schilderte Hugo Portisch später in seinen Erinnerungen, half Hammarskjöld Österreich, das Thema Autonomie für Südtirol vor die UNO zu bringen. Jahrelang hatte sich Österreich vergeblich bemüht, bei Italien für Südtirol eine umfassende Autonomieregelung zu erreichen. Viele in Südtirol hofften noch immer, dass die „Selbstbestimmung" zu einer Rückführung des Landes an Österreich führen könnte. Genau das aber wollte Italien verhindern und verschleppte den Autonomieprozess. Das wiederum provozierte

Aktivisten, mit Gewalt gegen die italienische Staatsmacht vorzugehen. In der Nacht vom 11. auf den 12. Juni 1961 sprengten sie 47 Strommasten. Es gab keine Toten, aber Meran, Bozen und viele Industriegebiete Italiens lagen im Finstern. Die Attentäter waren aus Nordtirol mit Sprengstoff versorgt worden, unterstützt von später sehr prominenten Persönlichkeiten wie Fritz Molden und Gerd Bacher. Erfolg für die Autonomiebestrebungen brachte das keinen, das gelang erst auf UNO-Ebene. „Kreiskys Initiative, das Problem Südtirol vor die UNO zu bringen, erwies sich letztlich als großer Erfolg. Nach vielen Verhandlungen und Überwindung großer Hindernisse ist es Österreich gelungen, für Südtirol eine Autonomie auszuhandeln, die weltweit als mustergültig gilt. […] alle Aufschriften in Südtirol sind zweisprachig. Viel wichtiger, die Südtiroler haben Kompetenzen in sämtlichen Sektoren der Wirtschaft, der Polizei, der Justiz, der Bildung, im Wohnbau und im Sozialbereich."[10] 1969 wurde dieses „Südtirol-Paket" verabschiedet, aber erst 1992 gaben Österreich und Italien vor der UNO eine Streitbeilegungserklärung ab. Dass sich die Nachbarn erst drei Jahre vor Österreichs EU-Beitritt offiziell versöhnten zeigt doch, wie tief die Wunde des Verlusts von Südtirol nach dem Ersten Weltkrieg saß. Mit der Öffnung der Grenze war auch viel von der mentalen Distanz, nach so vielen Jahren Streit, weggefallen.

Mit einem anderen Nachbarn gelang eine derartige Aussöhnung nicht. Bis heute sind die sogenannten Beneš-Dekrete gültig, auf deren Basis nach 1945 die deutschsprachige und ungarische Minderheit aus Tschechien vertrieben wurde.

Die Zielrichtung der fast 150 Verordnungen, die Staatspräsident Edvard Beneš aus dem Londoner Exil erließ bzw. vorbereitete, war eine ethnische Vereinheitlichung Nachkriegstschechiens. Aus Rache gegenüber den deutschen Besatzern wurde allen deutsch Sprechenden eine Kollektivschuld für das Unrecht der Nazis zugewiesen. Beneš war ein Verfechter des slawischen Nationalismus. Fast drei Millionen Personen, Sudetendeutsche, zumeist aus den tschechoslowakischen Grenzgebieten im Süden, Westen und Norden, aber auch Ungarn und Juden, wurden enteignet. Wer einmal eine tschechoslowakische Staatsbürgerschaft besessen und diese zugunsten einer deutschen aufgegeben hatte, wurde zum „Verräter" erklärt. Und wer sich je seit 1929 bei einer Volkszählung zur deutschen oder magyarischen Nationalität bekannt hatte, wurde zur „staatlich unzuverlässigen Person" und zu staatlicher Arbeitspflicht verpflichtet. Deutsche Einrichtungen und Hochschulen wurden aufgelöst. Das führte, obwohl die Dekrete keinen expliziten Landesverweis enthielten, im Sommer 1945 zu einer massenhaften Fluchtbewegung. Das Ziel der Vertreibung war erreicht. Die „Staatsfeinde" durften in Reaktion auf die Vertreibung von Tschechen durch die Nazis 1938 gerade noch 40 Kilogramm bewegliches Eigentum behalten.

Ein Bild geht um die Welt: Österreichs und Ungarns Außenminister, Alois Mock und Gyula Horn, durchschneiden am 27. Juni 1989 den Eisernen Vorhang.

Ein Jahr später wurden die Dekrete von tschechoslowakischen Parlament als „gerechte Vergeltung für Taten der Okkupanten oder ihrer Helfershelfer" legalisiert und damit alle späteren Entschädigungsansprüche abgeblockt.

Die Vertreibung war völkerrechtswidrig, dennoch wurden die Dekrete nie aufgehoben. Jahrzehntelang bemühten sich die Vertriebenenorganisationen in Deutschland und Österreich, dass der Akt zumindest als Unrecht bezeichnet und die Vertriebenen vom Makel der Kollektivschuld befreit werden sollten. Während der Zeit des Kommunismus war dafür keine Chance und danach wollte vor allem Deutschland durch nichts eine Annäherung der Tschechoslowakei bzw. Tschechiens an den Westen gefährden. Somit war das höchste der Gefühle, dass beide Seiten in einer Erklärung 1997 die jeweiligen Vertreibungen „bedauerten", Deutschland jene von 1938 und Tschechien jene von 1945. In dem vom deutschen Bundeskanzler Helmut Kohl, dem tschechischen Premierminister Václav Klaus und den jeweiligen Außenministern unterzeichneten Dokument heißt es: „Beide Seiten stimmen darin überein, daß das begangene Unrecht der Vergangenheit angehört und werden daher ihre Beziehungen auf die Zukunft ausrichten."[11] Damit wurde der Weg zu einer Mitgliedschaft Tschechiens in der EU (seit 2004) und in der NATO (seit 1999) geebnet.

Auch Österreich verzichtete auf ein Veto bei der Aufnahme des nördlichen Nachbarn in die Europäische Union, wenngleich kurz davor die Wogen noch einmal sehr hoch gegangen waren. Ministerpräsident Milos Zeman warnte Österreich im Zuge der Debatte um die tschechischen Atomkraftwerke nicht nur vor einem Veto, er goss sogar kräftig Öl ins Feuer, indem er Österreich in einem Interview mit dem Nachrichtenmagazin *profil* 2002 als ersten Verbündeten Hitler-Deutschlands bezeichnete: „Außerdem darf man nicht vergessen, dass die Sudetendeutschen die fünfte Kolonne Hitlers waren, um die Tschechoslowakei als einzige Insel der Demokratie in Mitteleuropa zu zerstören. [...] Aber vergessen Sie auch nicht, dass diese Sudetendeutschen vor dem Überfall Hitlers tschechoslowakische Staatsbürger waren. Nach dem tschechischen Recht haben viele von ihnen Landesverrat begangen, ein Verbrechen, das nach dem damaligen Recht durch die Todesstrafe geahndet wurde. Auch in Friedenszeiten. Wenn sie also vertrieben oder transferiert worden sind, war das milder als die Todesstrafe."[12]

Zeman war in dem Interview bewusst, dass er mit der Pauschalbeleidigung der Sudetendeutschen als „fünfte Kolonne Hitlers" und der Relativierung ihrer Vertreibung im Vergleich zur (kollektiven?) Todesstrafe eine Provokation sondergleichen aussprach. Deutschlands Bundeskanzler Gerhard Schröder sagte seinen geplanten Tschechien-Besuch ab und Österreichs Kanzler Wolfgang Schüssel forderte von Prag, die Beneš-Dekrete zumindest als „totes Unrecht" zu bezeichnen. Als sogar der ungarische Premierminister Viktor Orbán im EU-Parlament die Tschechen aufforderte, die Beneš-Dekrete wegen ihrer Inkompatibilität mit dem EU-Recht aufzuheben, forderte im Gegenzug Tschechiens Parlamentspräsident Václav Klaus in Prag, im Zuge der EU-Beitrittsverhandlungen über eine Exklusivitätsklausel nachzudenken, um „die Unantastbarkeit der Rechts- und Eigentumsverhältnisse in Tschechien abzusichern". Denn, so Klaus, es gäbe in Deutschland und Österreich Interesse „an einer Revision der Eigentumsrechte und letztendlich der territorialen Ordnung, die nach dem Zweiten Weltkrieg geschaffen wurde."[13]

Mit einem Wort: Der EU-Beitritt Tschechiens stand auf des Messers Schneide. Da Prag nicht einmal mit einer Unrechtserklärung nachgeben wollte und sich sogar Präsident Václav Havel zu den Dekreten bekannte,[14] Europa aber den Einigungsprozess nicht gefährden wollte, einigte sich Tschechien schließlich mit EU-Beitrittskommissar Günter Verheugen darüber, die Eigentumsfragen rund um die Beneš-Dekrete aus den EU-Verhandlungen auszuklammern.

Es gab Gutachten und Gegengutachten, in Österreich waren die Dekrete bei der vorgezogenen Nationalratswahl im November 2002 noch einmal ein großes Thema, danach aber, und spätestens mit dem EU-Beitritt der Tschechischen Republik 2004, versandete die Aufregung. Auch Österreich verhielt sich ruhig. Je mehr Zeit vergeht, desto weniger muss Tschechien noch je Entschädigungsforderungen fürchten, zumal selbst das *acquis communautaire* der Europäischen Kommission nicht mehr die Dekrete selbst, sondern nur das so genannten Straffreiheitsgesetzes vom 8. Mai 1946 als reparaturbedürftig ansah.

Außenminister Sebastian Kurz besucht im Jänner 2016 die österreichischen UNO-Soldaten im Libanon.

Die beiden Länder schaffen trotzdem ein gutes nachbarschaftliches Verhältnis. Die Zeit heilt alle Wunden, heißt es, und Österreich tat letztlich gut daran, sich in das Thema nicht allzu sehr zu verbeißen. Die Reputation des Landes hing davon längst nicht mehr ab.

Man wird dieses Thema wohl erst endgültig in reiner historischer Nüchternheit behandeln können, wenn keinerlei nationale Emotion oder persönliche Betroffenheit mehr vorhanden ist. Für die ins europäischen Rechtsverständnis geschlagene Wunde gilt letztlich, was für den gesamten Kontinent nach zwei Weltkriegen gilt: "Es führt kein Weg vorbei an der Erkenntnis, dass ganz Europa 1945 die Menschenrechte missachtete, die erst in der Europäischen Menschenrechtskonvention vom 4. November 1950 festgeschrieben wurden. Man muss daran erinnern, dass Europa darniederlag", formulierte es der französische Historiker Jacques Rupnik.[15]

Dieses Europa hat gelernt, dass es manchmal klüger ist, Konflikte nicht bis zum Ende auszufechten und ruhen zu lassen.

Interview mit Heinz Fischer

—

Vieles in der Geschichte der Republik bedurfte eines zweiten Anlaufs. Vieles, was in der Ersten Republik nicht gelungen ist, gelang erst nach 1945. Ist Österreich nun in sich „angekommen"?

Ja, nach mehr als sieben Jahrzehnten einer erfolgreichen und stabilen Entwicklung der Zweiten Republik ist Österreich bei sich selbst angekommen. Österreich hat seine Identität gefunden und zwar in politischer Hinsicht als friedliche und demokratische Antithese zur Ersten Republik. In der Ersten Republik war Österreich von Anfang an tief gespalten und zwar nicht nur in „Linke" und „Rechte" sondern auch in Republikaner und Monarchisten, in Anschlussgegner und Anschlussbefürworter, in Klerikale und Antiklerikale etc. Dazu kamen die tiefverwurzelte Angst vor der Lebensunfähigkeit des brutal amputierten Reststaates an der Donau und der wachsende Druck autoritärer oder totalitärer Systeme in den Nachbarländern Deutschland, Italien und Ungarn. In allen diesen Punkten war die Situation 1945 besser, und zwar sowohl real als auch psychologisch und gefühlsmäßig.

Was war letztlich ausschlaggebend für die Identitätsfindung Österreichs?

Dass Österreich aus der Geschichte gelernt hat und den völkerrechtlichen Bausteinen für einen Staat, nämlich Staatsgebiet, Staatsvolk und Staatsgewalt, ein Österreichbewusstsein eingehaucht hat, das war für die Identitätsfindung Österreichs von entscheidender Bedeutung.

Gab es ein Schlüsselereignis dafür?

Es gibt nicht nur ein Schlüsselereignis in der Zweiten Republik, sondern eine ganze Reihe davon. Am wichtigsten war wahrscheinlich die Tatsache, dass der Austrofaschismus gescheitert ist und dass der Nationalsozialismus noch viel dramatischer und folgenschwerer gescheitert ist. Das Kriegserlebnis und die NS-Diktatur haben Österreich auf den Weg der Demokratie und der Zusammenarbeit geführt. Aber auch die erfolgreiche demokratische Wahl in Österreich vom November 1945, wenige Monate nach Kriegsende war ein Schlüsselereignis. Und nicht zuletzt hat sich das „Wirtschaftswunder" in den ersten Jahrzehnten der Zweiten Republik aus einer ganzen Reihe von Schlüsselereignissen zusammengesetzt.

Was hat ursprünglich die Neufindung Österreichs als kleine Republik nach den Jahrhunderten als machtvolle Monarchie so schwergemacht?

Das, was nach der Niederlage im Ersten Weltkrieg von der Österreichisch-

Ungarischen Monarchie des Jahres
1914 mit rund 50 Millionen Einwohnern und nach der Grenzziehung
im Vertrag von Saint-Germain als
Republik Österreich übrig blieb, mit
zirka sieben Millionen Einwohnern,
war sowohl einwohnermäßig als auch
flächenmäßig etwa ein Siebentel der
Vorkriegsmonarchie.

Man muss sich nur vorstellen, was
es für Frankreich mit derzeit etwa
67 Millionen Einwohnern bedeuten
würde auf etwa neun Millionen redu-
ziert zu werden, oder wenn andere
Staaten sowohl einwohnermäßig als
auch flächenmäßig in dieser Weise
amputiert würden.

**Es gibt in Österreich seit 1919 ein
Gesetz, das sich ausschließlich auf
eine einzige Familie bezieht: das
Habsburgergesetz, mit dem die
Familie Habsburg zu einem großen Teil enteignet und des Landes
verwiesen wurde. Damals wollte
man damit die noch junge Republik vor einem Zurückkippen in
eine Monarchie schützen. Braucht
die Republik heute noch so einen**

Heinz Fischer, Politikwissenschaftler, langjähriger
Parlamentarier der SPÖ, Wissenschaftsminister und
Bundespräsident (2004–2016).

**Schutz vor der Monarchie oder ist die Republik nicht durch ihre Verfas-
sung ohnedies als solche gesichert?**
Österreich braucht heute keinen besonderen Schutz gegen einen Rückfall in
eine Monarchie und daher hat der Nationalrat – nicht zuletzt aufgrund öffentlicher Äußerungen von mir – im Jahr 2011 beschlossen, dass ab sofort auch
Mitglieder des Hauses Habsburg-Lothringen für das Amt des Bundespräsidenten kandidieren können.

**Papst Paul VI. nannte Österreich eine Insel der Seligen. Das war es nie,
und Papst Benedikt XVI. hat das auch 2007 relativiert. Trotzdem hatte
und hat man in Österreich oft das Gefühl, man würde sich hier selbst**

genügen und die Idylle zelebrieren. Ist Österreich Europa und der Welt gegenüber ausreichend offen?

Papst Paul VI. wollte Österreich mit der Bezeichnung als Insel der Seligen offenbar ein Kompliment in Bezug auf unsere Rolle als friedliches Land und als Land mit hoher politischer, wirtschaftlicher und sozialer Stabilität machen und viele haben sich darüber gefreut. Das steht aber meines Erachtens in keinem Gegensatz zu der Tatsache, dass Österreich durchaus ein weltoffenes Land ist. In der Export- und Handelsstatistik, in der Fremdenverkehrsstatistik, in der Rolle von Wien und Österreich als europäische Drehscheibe zwischen Ost und West, sowie Nord und Süd aber auch aus dem Kulturaustausch und der Reiselust der Österreicherinnen und Österreicher kann man ein beträchtliches Ausmaß an erfolgreicher Weltoffenheit ablesen.

In Märchen heißt es am Schluss sehr oft: „Von da an lebten sie glücklich bis an ihr Ende". Aber Glück ist nicht konservierbar, weder im Privaten noch in der Politik. Was sind die größten Gefahren für das Glück Österreichs?

Glück lässt sich nicht nur nicht konservieren, sondern meines Erachtens auch nicht messen, daher ist auch kaum verifizierbar, ob die Österreicher oder die Ungarn oder die Engländer vor zehn Jahren glücklicher oder weniger glücklich waren als heute. Aber Österreich ist sicher ein Land mit hoher Lebensqualität und das hängt mit sozialer Sicherheit, mit guter medizinischer Versorgung, mit einem hohen Pro-Kopf-Einkommen, mit steigender Lebenserwartung, Umweltqualität und vielen anderen Faktoren zusammen. Alles, was die soeben genannten Errungenschaften, einschließlich der politischen Stabilität, gefährden oder gar zerstören kann, würde sich auch auf die Befindlichkeit der Österreicherinnen und Österreicher negativ auswirken.

Karl-Markus Gauß schreibt in einem Essay , dass es in Österreich nie ein „Pathos der Republik" gegeben habe. Braucht ein Land für sein Selbstverständnis und nationales Selbstbewusstsein ein gewisses Maß an Pathos sich selbst gegenüber? Oder ist Pathos gefährlich?

Bruno Kreisky hat sich oft mit der Frage beschäftigt, wie viel Pathos und wie viel Nationalismus es in einem Land wie Österreich geben darf oder geben soll. Und ich teile seine Meinung, wenn er vom Nationalismus aber auch von allzu viel Pathos entschieden abgeraten und sich zu einem stillen Patriotismus bekannt hat. Man darf und soll das eigene Land, die Heimat, lieben, aber man soll sich nicht gegenüber Nachbarn oder anderen Nationen und anderen Kulturen erhaben und überlegen fühlen. „Deutschland, Deutschland über alles" hat schrecklich in die Irre geführt. Und das gilt nicht nur für Deutschland.

234

Im selben Essay beklagt Gauß zudem, es habe auch keine „verzweifelten Abgesänge auf den Faschismus" gegeben. Man sei im österreichischen Weg ohne Inszenierungen eines Bruchs und eines Neubeginns in die Demokratie geglitten. Gauß bezieht das auf die Zeit nach 1945. Hat sich Österreich auch ohne solche „Abgesänge" ausreichend von Faschismus und jedwedem sonstigen Extremismus distanziert?

Der Nationalrat. Heinz Fischer: „Varianten für eine künftige Regierungsbildung sind zahlreicher geworden."

Ich bin alles in allem der Meinung, dass sich das Österreich der Zweiten Republik in wachsendem Maß deutlich und ausreichend vom Faschismus und jedwedem sonstigen Extremismus distanziert hat und ich verweise diesbezüglich nicht nur auf zahlreiche politische Dokumente und Erklärungen, sondern auch auf die Errichtung des österreichischen Nationalfonds für Opfer des Nationalsozialismus, auf Zwangsarbeiterentschädigungen, aber auch auf zahlreiche Stellungnahmen aus dem Bereich der Kunst und Kultur, aus der Zivilgesellschaft, aus den Sozialwissenschaften etc.

Oft werden in Österreich heute der teure Föderalismus und seine sehr komplexe Struktur beklagt. Warum ist nie eine Vereinfachung gelungen?

Wenn ich davon absehe, dass man auch in dieser Frage mit Schematisierungen und Schwarz-Weiß-Malerei vorsichtig sein soll, ist doch festzuhalten, dass „die Zentralisten" den Föderalismus als teuer und kompliziert betrachten und „die Föderalisten" den Zentralismus als bürgerferne und mitbestimmungsfeindlich. Zwischen diesen beiden Positionen sind nur Kompromisse möglich und einen solchen Kompromiss finden wir im Text der Österreichischen Bundesverfassung. Und zu der Frage, ob es in manchen Bereichen zu viel Föderalismus gibt, was ich persönlich meine, oder ob es eigentlich zu wenig Föderalismus gibt, was viele Landeshauptleute meinen, sind Kompromisse offenbar nur in kleinen Schritten zu finden.

Eine Verfassungsreform nach dem 2003 einberufenen Konvent wurde ja nicht umgesetzt?

Der Österreich-Konvent hat zwar viele interessante Vorschläge erarbeitet, aber den gordischen Knoten im Verhältnis zwischen Bund und Ländern konnte auch er nicht auflösen.

Über Jahrzehnte war in der Zweiten Republik die Zusammenarbeit von SPÖ und ÖVP eine tragende Säule. Anfangs aus Überzeugung, später aus Staatsräson, gelegentlich als Mangel an (Koalitions-)Alternativen. Haben sich die früheren Großparteien zu sehr als staatstragend und den Staat dominierend gebärdet und dadurch abgenützt?

Die Bildung einer großen Koalition und das Bekenntnis zur Zusammenarbeit, wie es in den Jahren und Jahrzehnten nach 1945 durch viele Jahre hindurch praktiziert wurde, hatten gute und überzeugende Gründe, die vor allem auch in der tragischen Geschichte der Ersten Republik gelegen sind. Wenn die jüngste Koalition im Mai 2017 gescheitert ist und daher die Wahrscheinlichkeit, dass es nach den Nationalratswahlen vom Oktober 2017 neuerlich eine Koalition zwischen SPÖ und ÖVP geben wird, sehr gering geworden ist, dann ist das nicht darauf zurückzuführen, dass sich die beiden Koalitionsparteien abgenützt haben, weil sie sich als zu staatstragend und zu staatsdominierend gebärdet haben, sondern weil sich die Strukturen unseres Landes in den letzten Jahren stark verändert haben. Die beiden großen Parteien sind von zusammen über 90 % der Stimmen auf nur knapp über 50 % der Stimmen geschrumpft. Parteiloyalität und Parteibindungen sind geringer geworden und das Wählerverhalten volatiler und aus all diesen Gründen sind die Varianten für eine Regierungsbildung bunter und zahlreicher geworden. Gleichzeitig ist auch die Notwendigkeit für eine Koalition geringer geworden. Das alles wird Auswirkungen auf die politischen Strukturen in den nächsten Jahren haben.

Wenn die Suche nach Regierungsmehrheiten in Zukunft vielleicht offener ist, als es in vielen Jahrzehnten der Republik oft war, ist das ein Risiko oder eine Chance für die Republik?

Es ist weder primär ein Risiko noch ist es vor allem etwas Positives, sondern aufgrund der soeben geschilderten Entwicklung stecken darin sowohl Chancen als auch Risiken. Es ist die Kunst der Politik, aus einem konkreten Wahlresultat die richtigen Konsequenzen zu ziehen.

Was ist aus Ihrer Sicht der größte und wichtigste Grund für Feiern zum 100. Jahrestag der Ausrufung der Republik? Hat ein „runder Geburtstag" der Republik eine besondere Bedeutung?

Man feiert runde Geburtstage von Menschen, man feiert runde Geburtstage von Institutionen oder Firmen und man hat daher erst recht starke Gründe, den 100. Geburtstag eines Landes zu feiern und zum Anlass für einen Blick zurück in die Geschichte und für einen Ausblick in die Zukunft zu nehmen. Und den 100. Geburtstag der Republik in feierlicher Form wahrzunehmen, heißt auf keinen Fall nur unkritisch die vergangenen 100 Jahre zu bejubeln, sondern es heißt, sich mit der Geschichte der Republik Österreich kritisch, aber konstruktiv auseinanderzusetzen und auch einen Blick in die Zukunft zu versuchen.

Dr. Heinz Fischer war von 2004 bis 2016 Bundespräsident der Republik Österreich und ist Koordinator der Bundesregierung für das Jubiläums- und Gedenkjahr 2018. (Das Interview wurde im Mai 2017 geführt.)

1 zit. n.: Margret Wenzel-Jelinek: Kreisky – und kein Nachfolger; a.a.O., S. 5
2 vgl.: Hubert Nowak: Lesereise Salzburg; a.a.O., S 27 ff
3 Stefan Zweig: Die Welt von Gestern; 1944; zit. n.: http://www.salzburgerfestspiele.at/geschichte
4 Christian Reichhold: Die Öscars, Österreich beim wichtigsten Filmpreis der Welt; Amalthea, Wien 2015
5 Anton Pelinka, Ö1-Mittagsjournal 6. April 2017; Barbara Coudenhove-Kalergi, Der Standard, 6. April 2017, S. 31
6 Bruno Kreisky: Im Strom der Politik. Der Memoiren zweiter Teil; Kremayr & Scheriau, Wien 1988, S. 309
7 ebd., S.305
8 Leopold Figl: Was ist Österreich? in: Österreichische Monatshefte (Österreichische Volkspartei), Nr. 3, Dezember 1945
9 zit. n.: Bruno Kreisky: Zwischen den Zeiten, Erinnerungen aus zwei Jahrzehnten; Siedler, Berlin 1986
10 Hugo Portisch: Aufregend war es immer; Ecowin, Wals bei Salzburg 2015; S. 297
11 Deutsch-Tschechische Erklärung über die gegenseitigen Beziehungen und deren künftige Entwicklung, 21. Jänner 1997, Art. IV; Quelle: Deutscher Bundestag, http://www.bundestag.de/parlament/geschichte
12 Milos Zeman: „Die fünfte Kolonne Hitlers“, profil Nr. 4/2002
13 Václav Klaus, Interview in „Mladá Fronta Dnes“, 23. Februar 2002
14 Václav Havel, Interview in der Süddeutsche Zeitung,19. April 2002
15 Jacques Rupnik: Das andere Mitteleuropa. Die neuen Populismen und die Politik mit der Vergangenheit; in: Transit. Europäische Revue, Heft. 23/2002, S. 123

18

Hoffnungen und Ängste

Wo der Zweifel den dunklen Nachthimmel sieht,
sieht die Zuversicht unendlich viele Sterne.

Alexander Van der Bellen[1]

Die Gegenwart wird fast immer als krisenhaft empfunden. Krise ist Ansporn zu Veränderung und Entwicklung. Ob eine Krise wirklich eine ist oder nur ein Problem des Alltags, zeigt sich erst in der historischen Rückschau, bisweilen erst nach Jahrzehnten.

Heute weiß man, dass die Zwischenkriegszeit eine einzige Krise war. Identitätssuche, Radikalisierung, Wirtschaftsschwäche. Vom neuen Weltkrieg ganz zu schweigen. Millionen Tote, ideologischer Wahnsinn, zerbombte Städte, ausgeblutete Länder.

Erst mit dem Staatsvertrag hat es Österreich geschafft, sich eine neue Rolle in Europa zu geben. Erst nach 1945 hat sich Österreich als Kleinstaat akzeptiert. Erst im zweiten Anlauf hat Österreich sein Selbstverständnis gefunden. Mehr als siebzig Jahre sind die längste Friedensperiode, die Europa je erlebt hat. Eingebettet in Sicherheit und Wohlstand. Und allerorts wird von Krisen geredet. Die EU ist in der Krise, seit dem angekündigten „Brexit" ist nichts mehr wie es war. Die Weltwirtschaft sowieso, die überfetten Jahre sind vorerst vorbei. Erholung? Einmal abwarten. Ökonomen sehen Realkapitalismus und Finanzkapitalismus im Taumeln, längst haben nicht mehr die Regierungen die wirtschaftspolitische Macht, sondern die Notenbanken.[2] Und allerorten ist die Demokratie in der Krise. Es scheint, als würden radikale Töne wieder salonfähig. Der Nationalismus ist wieder da. Die Rechte der Opposition werden beschnitten, Medien eingeschränkt, Journalisten werden verfolgt. Einschüchterung geht gegen freie Meinungsäußerung. Lautstarke Wortführer ziehen die Staatsmacht an sich und wettern gegen

„die anderen". Gegen Ausländer, gegen Minderheiten, gegen alle, die das anders sehen. Opposition gilt als Feindschaft. Irgendwo in der Welt? Nein, in Europa.

Die nationalen und regionalen Egoismen nehmen zu. Die Zeit des Gemeinsamen scheint wieder vorbei. Die Zeit, wo man die wirtschaftliche Prosperität zur sozialen Absicherung nutzte, wo man aufbauen und verteilen konnte.

Nicht überall ist dabei gleich die Demokratie in Gefahr oder gar ausgehebelt, wie in der Türkei. Der Riese am Bosporus hatte jahrelang die Karotte eines EU-Beitritts vor Augen, eine wahre Chance hatte er nie, irgendwie wollte er sie auch nie. Aber das Land gehört zur NATO und erhebt sich zur Führungsmacht im Mittleren Osten. Nicht ungefährlich mit einem autokratischen Präsidialsystem.

Am anderen Ende Europas verabschiedet sich Großbritannien aus der Gemeinschaft, will aber vermeiden, dass das auch Nachteile bringen kann. Dazwischen liegen 27 Mitgliedsstaaten der Europäischen Union, die sich sorgen muss, von diesen Egoismen zerrissen zu werden.

Wie wenig Europa eine Solidargemeinschaft ist, zeigte sich seit dem Flüchtlingsansturm 2015 aus dem Süden und Südosten. Taub stellen, rette sich wer kann, war die Devise. Alle wissen, dass der Migrationsdruck auf Europa, vor allem aus Afrika, noch gewaltig zunehmen wird. Von einer gemeinsamen Bewältigung ist man meilenweit entfernt.

Österreich, eines der hauptbetroffenen Länder, ist mittendrin und mehr oder weniger ratlos, wie man die Großen rundum zu der Gemeinsamkeit motivieren kann, von der alle reden. Das gemeinsame Projekt Europa, entwickelt, um zwei Weltkriege vergessen zu machen und einen dritten gar nicht mehr erst entstehen zu lassen, ist keines: Es zeigt in Wahrheit nur dann Gemeinsamkeit, wenn sich die nationalen Interessen zufällig decken. Das Interesse an der wirtschaftlichen Prosperität hat viele Jahre lang alle anderen Interessen überlagert, auch die divergierenden. Jetzt staunt man, was dahinter alles versteckt war und überlebt hat.

Die Politik hat das Positive verlernt, den positiven Zugang zu einer von innen heraus getriebenen Weiterentwicklung der Gesellschaft. Stattdessen wird sie von Ängsten getrieben. Es geht darum, von großen Entwicklungen nicht überholt zu werden. Politik ist vom Agieren zum Reagieren verkommen. Das Gestalten-Wollen wurde vom Verhindern-Müssen abgelöst.

Dabei sind es zwei große Ängste, gegen die in Österreich und ganz Europa angekämpft wird und deren Folgewirkungen es zu verhindern gilt: die Angst vor großen Migrationsströmen und die Angst vor einer ökonomischen Globalisierung mit immer weniger Möglichkeiten einer wirtschaftlichen Selbständigkeit und Unabhängigkeit. Diese zwei Ängste zeigen in vielen Ländern Europas erstaunlich deutlich Tendenzen, die Gemeinsamkeit gleich gar nicht mehr zu beschwören, sondern sie offen infrage zu stellen. Nationalismen und bisweilen sogar Regionalismen paaren sich mit Populismus und simplifizierenden

Ansätzen. Als wären die Lösungen so einfach. „Ein Gespenst geht um in Europa", könnte man wieder den berühmten ersten Satz des *Kommunistischen Manifests* von Karl Marx zitieren, der damit vor mehr als 150 Jahren allerdings den Kapitalismus gemeint hat.

In Ungarn steuert der Rechtspopulist Viktor Orbán seit seinem Machtantritt 2010 konsequent in Richtung eines autoritären Systems, das auf ihn allein zugeschnitten ist. Ausländische Großkonzerne werden zur Kasse gebeten, missliebige Universitäten geschlossen. Ein neues Wahlrecht sicherte Orbáns Partei FIDESZ 2014 mit nur 43 Prozent der Stimmen eine Zweidrittelmehrheit. „Orbán und seine Partei FIDESZ kontrollieren neben Ministerien und Parlament auch den Staatspräsidenten, den Rechnungshof, die Finanzmarktaufsicht, die Exekutive, weite Teile der Justiz, wie etwa den Obersten Gerichtshof, die Medienbehörde, die öffentlich-rechtlichen Medien, Kulturinstitutionen und die Nationalbank."[3]

In Polen agiert der Chef der Regierungspartei „Recht und Gerechtigkeit", Jarosław Kaczyński, im Sinn eines alten katholischen Patriotismus. Einschränkung des Verfassungsgerichtshofs, strenge Abtreibungsregelungen, neue Mediengesetze. „Die endlose Liste von Reformen [nähern] Polen Schritt für Schritt dem Autoritarismus."[4] Paramilitärische Verbände werden aufgebaut, bis zu 50.000 Zivilisten sollen bewaffnet und ausgebildet werden und sollen neben der Armee für die territoriale Verteidigung zur Verfügung stehen.[5] Polen hat Angst vor Russland, aber 60 Kilometer westlich, in Berlin, beruhigt das niemanden.

Deutschland hat freilich auch so seine Sorgen mit autoritären Tönen und verfolgt das aufgrund der geschichtlichen Vorbelastung mit besonderer Sensibilität. Besonders in den Bundesländern der ehemaligen DDR sind die Schamgrenzen zu nationalistischen Tendenzen deutlich niedriger. Solange Dresden und Leipzig die Hotspots der fremdenfeindlichen PEGIDA-Bewegung waren (PEGIDA = „Patriotische Europäer gegen die Islamisierung des Abendlandes"), konnte man noch versuchen, dies mit regionalen Befindlichkeiten zu erklären. Aber inzwischen formte sich abseits dieser Demonstrantenbewegung eine nationalkonservative Partei, die „Alternative für Deutschland" (AfD) mit Anhängern in ganz Deutschland. Sie sitzt schon in fünf Landtagen, in Sachsen-Anhalt holte sie 24,3 Prozent der Stimmen. Laut Umfragen wollen rund 10 Prozent der Deutschen diese Partei auch im Bundestag sehen.[6]

Es waren auch schon mehr. Die ersten Erfolge dieser Partei gingen Hand in Hand mit der Griechenland-Krise, als diese bewältigt war oder zumindest aus den Schlagzeilen verschwand, versank auch die AfD von der politischen Bildfläche. Parteigründer Bernd Lucke wurde von der Dresdnerin Frauke Petry abgelöst, und als der Flüchtlingsansturm nach Angela Merkels „Wir schaffen das" noch anschwoll, schlug die Stunde der Rechtspopulisten erneut. In Sprache und Methodik wurde auf Eskalation gesetzt, sogar Schusswaffengebrauch gegen Flüchtlinge wurde ein Thema. Bei einem der wöchentlichen Aufmärsche in Erfurt schrie ein Einpeitscher ins Publikum: „Wir werden von Idioten regiert" und forderte, Angela Merkel mit Zwangsjacke aus dem Kanzleramt abzuführen. Bei den Aufmärschen, sei es von der PEGIDA oder von der AfD, wird ein Fahnenmeer mit deutschen Flaggen erzeugt, der Slogan „Mut zu Deutschland" ist per se nicht verwerflich. Gerade deshalb tut sich die traditionelle, bewusst vorsichtige und moderate Politik in Deutschland so schwer im Umgang

Hoffnungsvoller Schritt in die EU: Bundeskanzler Franz Vranitzky und Außenminister Alois Mock bei der Unterzeichnung des Beitrittsvertrages.

mit der Partei. Längst spekulieren Politologen und Parteistrategen, wie lange es die Großparteien CDU/CSU und SPD wohl schaffen werden, ohne Koalition mit der AfD auszukommen.

In vielen Ländern schon sind die Rechtspopulisten zu einem fixen Bestandteil der politischen Szene geworden. In Frankreich hat vor dem Wahlsieg von Emmanuel Macron der Front National unter Marine Le Pen die Sozialisten genauso vor sich hergetrieben wie die Konservativen oder die Liberalen. In den Niederlanden hat Geert Wilders, „der blonde Rassist mit indonesischen Wurzeln",[7] bei der Wahl im Frühjahr 2017 zwar dazugewonnen, aber doch weit weniger als erwartet. In der Schweiz stützt sich die Schweizerische Volkspartei (SVP) auf rund ein Viertel der Wählerschaft. Ihr Vordenker und Financier, der Multimilliardär Christoph Blocher, diktiert häufig die politische Tagesordnung – gegen „Masseneinwanderung", gegen „Sozialschmarotzer" und gegen die EU. In Italien bekommt die 1989 gegründete Lega Nord, das Urgestein der europäischen Rechtspopulisten, seit Jahren zunehmend Konkurrenz von der ebenso europakritischen Fünf-Sterne-Partei von Beppe Grillo. In Helsinki sind „Die Finnen" (ehemals „Wahre Finnen") unter Timo Soini seit 2015 zweitstärkste Partei im Parlament. Mit ihrer Einbindung in eine Koalition mit der liberalen Zentrumspartei und der konservativen Nationalen Sammlungspartei verlieren sie laut Umfragen aber stark an Zuspruch.

Wohin man schaut, die Muster der Populisten scheinen überall gleich: nationalistisch, entsprechend skeptisch bis feindlich zu Ausländern, islamophob, und ablehnend, zumindest aber sehr distanziert zur Europäischen Union. Lange dachte man, dass Länder, die unter der kommunistischen Knute des Warschauer Pakten zu leiden hatten, besonders anfällig für rechtsnationalistische Tendenzen seien. Das stimmt nicht mehr. Und nicht überall ist der Populismus auch rechtslastig. In Spanien versucht die linksalternative Partei Podemos die Unzufriedenen und Verängstigten aufzufangen, in Griechenland führt der frühere Kommunist Alexis Tsipras mit seinem linken Syriza-Wahlbündnis eine Koalition mit den rechten „Unabhängigen Griechen".

Da ist zu hinterfragen, ob es wirklich nur die Ideologie, die Weltanschauung nach klassischer alter Lehre ist, die die Menschen diesen Parteien zutreibt, oder ob es doch tiefer liegende, vielleicht sogar simplere Motive dafür gibt.

Da hilft ein Blick auf die USA. Die halbe Welt war erschrocken bis entsetzt, als Donald Trump entgegen fast allen Prognosen das Präsidentenamt erklomm. Trump der Unberechenbare, der Ungehobelte. Trump, der Unerfahrene, der Undiplomatische. Der deutsche *Spiegel* titelte „Das Ende der Welt (wie wir sie kennen)".[8] Gleich nach seinem Amtsantritt stolperte er von einem Problem ins andere. Sein Kabinett, einen Millionärsclub, konnte er nur mit Mühe durchbringen. Sein großspurig angekündigter Ausstieg vom Gesundheitsprogramm seines Vorgängers, Obamacare wollte nicht und nicht gelingen, die Aufkündigung des Pariser Klimaabkommens provozierte weltweit heftige Kritik. Via Twitter regiert ein Immobilienhai die mächtigste Supermacht. Politisch unkorrekt bis zur Frauenfeindlichkeit. Aber dennoch gewählt. Zwar nicht mit der Mehrheit der Stimmen, da fehlten sogar drei Millionen, aber mit der Mehrheit der Wahlmänner. Das amerikanische Wahlsystem ermöglicht das. „Auch viele Amerikaner müssen sich eingestehen, dass sie ihr Land nur unzureichend verstanden haben. Dass sie, die Eliten an der Ostküste, zu wenig wissen von der Wut der weißen Männer im Mittleren Westen."[9] Die Analysen glichen sich. Eine Wahl aus Zorn und Rache am Establishment sei das gewesen. „America first" war die simple Botschaft. Die kennt man doch schon aus Europa. Enttäuschte Arbeiter im „rust belt" wollen wieder an die Fließbänder ihrer Autofabriken und Kohle aus den stillgelegten Minen holen. Die Globalisierung ist schuld, folgerichtig legte Trump gleich einmal das auch in Europa nicht unumstrittene Handelsabkommen TTIP auf Eis.

Statt auf Basis eindeutiger Fakten wird mit Emotionen regiert. Die Abstimmung Großbritanniens über den Ausstieg aus der EU war ebenfalls mehr bauch- als kopfgetrieben. „Postfaktisch" wurde das internationale Wort des Jahres. Von der „Revolution der Wütenden" schrieb *profil* über die Briten und die Amerikaner.[10] Ungeniert ließ Donald Trump seine offensichtlichen Lügen (über die Zahl der Anwesenden bei seiner Inauguration) als „alternative facts" rechtfertigen.

Genauso wie Trump leugnet auch die AfD den Klimawandel, der Einfluss von Kohlendioxid-Emissionen sei bloß Propaganda. Trump wettert gegen die

Einwanderer aus Mexiko, in Europa ist es der Migrantenstrom aus Nordafrika bis Afghanistan, der den Menschen Angst macht.

Das ist das Wort, das vieles erklärt: Angst. Vor dem Verlust dessen, was man hat. Angst vor dem Ungewissen, vor dem nicht mehr Steuerbaren. Angst, dass es schlechter wird statt besser.

Die Welt ist stärker miteinander verbunden als vor 100 Jahren. Ein Krieg in Syrien betrifft auch Österreich. Ein Börsenkrach in den USA von 2008 ebenso. Niemand ist eine Insel. Das kleine Österreich schon gar nicht.

Die meisten Ängste fokussieren sich auf die Globalisierung, sie gilt als Haupttriebfeder für den europäischen Rechtspopulismus. Eine Studie der deutsche Bertelsmann-Stiftung weist Österreich dabei als Spitzenreiter aus: „Während in Österreich und Frankreich eine Mehrheit der Bürger die Globalisierung als Bedrohung sieht (55 bzw. 54 Prozent) ist dieser Anteil in Italien, den Niederlanden, Spanien und dem Vereinigten Königreich am niedrigsten (39, 40, 39 bzw. 36 Prozent)."[11] Eine Korrelation zwischen Globalisierungsangst und Zuspruch für Rechtspopulisten zeigt sich in allen Ländern. In Österreich sind „69 Prozent der FPÖ-Anhänger der Meinung, die Globalisierung stelle eine Bedrohung dar", aber auch bei ÖVP- und SPÖ-Anhängern liegt dieser Wert deutlich über 50 Prozent.[12]

Dabei belegen Studien immer wieder, dass gerade kleine Länder von der weltweiten Offenheit profitieren, Österreich ganz besonders.[13] Aber was helfen Fakten gegen das Gefühl? Was taugen Zahlen gegen Emotionen?

Eine Stimmung im Volk ist nie rational, aber die Politik sollte es sein. Als Folge von Unsicherheit orientiert sich die Gestaltung der Zukunft nur noch an der Vermeidung von Fehlern, um nur ja nichts zu verlieren: Reputation, Wirtschaftspositionen, Macht. Politik ist zur Risikominimierung geworden. Die großen Visionen gibt es nicht mehr. Obwohl Bedarf genug wäre. Erhalt der Natur und Umwelt, Bildung, Abbau der Geschlechterdifferenzen.

Kompetenzwirrwarr und Versagensängste lähmen die Politik. An Investitions- und Bauprojekten sieht man es am deutlichsten. Hannes Androsch hält Österreich für reformresistent und beklagt viele Fälle: „Beispiel 380-kV-Ringleitung in Salzburg. Diese wird durch diverse Einsprüche seit Jahren nicht fertiggestellt, sodass überschüssiger Strom aus Windkraft im Burgenland nicht verwendet werden kann. Ähnliche Beispiele: die dritte Piste am Flughafen Schwechat, der Lobau-Tunnel oder die Arlbergschnellstraße, die nach fast 40 Jahren immer noch nicht fertig ist. Wir haben ein Freudenau-Kraftwerk gebaut, aber keine Straße darüber. Es fehlt in Wien eine oder zwei zusätzliche Donaubrücken, daher gibt es jeden Tag eine Staukatastrophe auf der Südosttangente. Wir siedeln immer mehr Leute über der Donau an, schaffen aber keine zusätzlichen Verkehrsverbindungen."[14]

Die Wahrnehmung ist: Nichts geht mehr. Dabei muss man nicht immer die Geschichte bemühen. Man stelle sich vor, der Kaiser hätte für sein Ringstraßenprojekt zig Umweltverträglichkeitsprüfungen durch die Instanzen boxen müssen. Ob Ritter von Ghega die Semmeringbahn bauen hätte können, „wenn er es damals schon mit den Umweltschützern zu tun gehabt hätte?"[15] Natürlich ist das nicht vergleichbar. Oder doch?

Die Politik spürt ihre Ohnmacht, die durch immer labilere Mehrheitsverhältnisse verstärkt wird. Ziellinie ist immer nur die nächste Wahl. Mehrfach wurde schon der Umstieg vom Verhältnis- auf ein Mehrheitswahlrecht vorgeschlagen, mit einer Stärkung der stärksten Partei und der Regierung. Aber in Zeiten, wo Minderheiten immer mehr Rechte einfordern, oft auch zurecht, wäre das gegen den Zeitgeist. Es wird daher wohl nicht kommen. Radikale Machtverschiebungen wie in England oder den USA liegen den Österreichern ohnedies nicht.

Zugleich drückt die hohe Steuerbelastung, die Bürokratie ist gewaltig, der Föderalismus lässt sich nicht aufweichen. Je mehr (Eigen-) Verantwortung gescheut wird, desto mehr erschallt der Ruf nach Reglementierung. Eine Flut von Gesetzen und Verordnungen ist die Folge. Dringend nötige grundlegende Reformen verkommen dagegen zu einem Stillstand mit „Pseudoreförmchen".[16] Ein Land reglementiert sich zu Tode. Eine EU, die Traktorsitze normiert aber keine Antwort auf die Migrationsprobleme weiß, macht es vor. Andererseits gehen etwa die willkürliche Zersiedelung des Landes und die Zerstörung von Lebensraum munter weiter. Bei den Bürgern steigen Frustration und Resignation. Und beim Staat die Schulden. „Von 1972 bis 2016 ist es in keinem einzigen Jahr gelungen, den Staatsschuldenberg in absoluten Zahlen auch nur ein kleines Stück abzubauen. [...] Es gibt jedenfalls nicht wenige Ökonomen, die meinen, mit der Kombination aus kaum noch bezahlbaren Staatsschulden und uneinlösbaren staatlichen Versprechen habe sich international die größte Blase der Wirtschaftsgeschichte aufgebaut."[17]

Wohin geht nun dieses Österreich, das sich endlich seinen Platz in Europa erkämpft hat, aber erkennen muss, dass die Einigkeit im Nachkriegseuropa Risse bekommen hat? Wie kann es seine Linie finden und halten, wenn die Unsicherheit in der weltweiten Politik ansteigt? Wie kann man sich in Ruhe entwickeln, wenn das Gebrüll rundum nur lauter wird?

Ist es schon rechtspopulistische Politik, wenn etwa Bundeskanzler Christian Kern einen rigoroseren Kurs gegen Flüchtlinge steuert, um nicht der FPÖ allein das Feld zu überlassen, oder muss nicht jeder Politiker einer „Volkspartei" das Volk bei seinen Sorgen abholen? „Roter Fluchtweg nach rechts", konstatierte *Der Standard* ein Dilemma der linken Sozialdemokratie gegenüber rechten Ängsten. Laut Politologe Thomas Hofer hat Kern „links geblinkt und ist rechts abgebogen".[18] Kern und Außenminister Kurz (ÖVP) seien aber wenigstens noch „das bessere Personal" als FPÖ-Obmann Strache.

Die Debatte, ob eine Partei ihre traditionelle ideologische Linie beibehalten müsse, verlässlich wie auf Schienen, oder ob sie in der Demokratie nicht die Wünsche der Bevölkerung aufgreifen müsse, das wird die Schlüsselfrage der Politik, nicht nur in Österreich. Die Kunst liegt in den Nuancen. Wie viel darf man schwenken, ohne sich untreu zu werden, wie viel soll man lenken?

Die Grünen werden als moralisierend und gouvernantenhaft wahrgenommen, wenn sie Haltungen predigen, denen viele nichts (mehr) abgewinnen können. Die Freiheitlichen greifen noch mehr ins Extreme, etwa wenn sie in aller Ernsthaftigkeit vor einem Bürgerkrieg warnen, auf den Österreich zusteure.[19]

Die Luft von Augenmaß und Vernunft scheint dünn zu werden. Für die Mehrheit der Österreicherinnen und Österreicher ist die Demokratie immer noch die beste Regierungsform, aber die Bedenken sind in den letzten zehn Jahren signifikant gewachsen. Nur noch ein Drittel ist der Meinung, dass die Demokratie gut funktioniert, mehr als die Hälfte der Bevölkerung glaubt bereits, keinen Einfluss darauf zu haben, „was die Regierung tut", der Wunsch nach „law and order" und einem starken Mann ist gestiegen.[20] Anlass für Sorgenfalten? Jedenfalls greift eine gewisse Orientierungslosigkeit um sich.

Der Politologe Frédéric Sawicki konstatierte für Frankreich, was für viele Länder gilt: „Viele Wähler sind heute irritiert und wissen nicht mehr, welche Unterschiede zwischen der Politik der Rechten und der Linken noch existieren."[21] Frankreich durchlebte dementsprechend auch ein Orientierungschaos im Wahlkampf 2017, aus dem der unabhängige Pro-Europäer Emmanuel Macron als Sieger hervorging, wobei – analog zu Österreich – die klassischen Lager, die Sozialisten und die Konservativen, schwere Niederlagen erlitten und die radikalen Populisten erst niedergerungen werden mussten.

Das Aufbegehren hat das Lager gewechselt. Früher sind die Revolutionen von den Linken ausgegangen, heute stehen die eher für das kalmierende Bewahren, das „Konservative" im Wortsinn. Rechts dagegen begehrt auf. Gegen das („linkslinke") Establishment und die (ebenfalls „linkslinke") „Lügenpresse", die alles zudeckt, um nur ja Veränderungen zu verhindern. Die bürgerliche Mitte muss kämpfen, dazwischen nicht aufgerieben zu werden.

Der Blick in die europäische Runde zeigt, dass das Potential für nationalistische und populistische Ansätze fast überall bei rund einem Drittel der Bevölkerung liegt. Das ist nicht die Mehrheit. Aber ausreichend, um sich darüber Gedanken zu machen.

In Österreich erreichte die FPÖ schon bei der Nationalratswahl 1999 knapp 27 Prozent, Umfragen sahen sie auch danach immer wieder weit vorne. Bei der Stichwahl um das Amt des Bundespräsidenten hatten sich im Dezember 2016

Alexander van der Bellen wurde Bundespräsident in einem stark polarisierenden Wahlkampf. Rede beim Treffen der Staatsoberhäupter von Österreich, Slowenien und Kroatien in Salzburg, 18. Juli 2017.

mehr als 46 Prozent der Stimmbürger den freiheitlichen Kandidaten Norbert Hofer in der Hofburg gewünscht. Beim ersten (später annullierten) Anlauf der Stichwahl im Juni waren es sogar 49,7 Prozent gewesen. Da hielt man bei den *Salzburger Nachrichten* „die alte Parteienlandschaft" für „zertrümmert". Viele Kommentatoren sahen die Spaltung des Landes „Blau gegen den Rest", in der *Presse* wurde die Zweite Republik überhaupt schon für beendet erklärt.[22]

Die Spaltung des Landes trat nicht ein, aber es wurde viel über einen gröberen Umbau der Gesellschaft diskutiert. Ein solcher wurde schon von Jörg Haider propagiert – unter dem Schlagwort von der „Dritten Republik". 1993 erschien sein Plädoyer für ein Präsidialsystem bei gleichzeitigem Rückbau der repräsentativen Demokratie.[23] Die traditionellen Parteien seien „zu einem geistigen Antiquitätenladen geworden, der nichts mehr anzubieten hat"[24], kritisierte er. In der Dritten Republik sollte ein starker Präsident zugleich Chef einer (verkleinerten) Regierung sein, die Sozialpartnerschaft sollte in diesem Staatskonzept keinen Platz mehr haben, dafür sollten Elemente der direkten Demokratie verstärkt werden. Haider spielte damit gekonnt auf dem Klavier der Emotionen. Nach seinem Unfalltod wurde es ruhiger um dieses zentralistische Konzept, bis das Thema eines mächtigen Präsidenten im Bundespräsidentschaftswahlkampf 2016 wiederauftauchte. Niemand propagierte eine schlagartige Änderung der Verfassung im Sinne Haiders, aber man erwartete oder befürchtete (je nach Position) eine Entwicklung dahin, falls der FPÖ-Kandidat gewinnen würde. Es wurde viel über ein mögliches Ende der Zweiten Republik diskutiert, obwohl Niederösterreichs Landeshauptmann Erwin Pröll warnte: „Wer vom Ende der Zweiten Republik redet, verharmlost den furchtbaren Übergang von der Ersten zur Zweiten Republik. Und überdramatisiert, was wir heute erleben."[25]

Immerhin hat es zu einer starken Beschäftigung damit geführt, was diese (Zweite) Republik eigentlich ausmacht. Die Verfassung allein ist es sicherlich nicht, denn die wurde ja aus der Ersten Republik übernommen. Viel eher ist es die Realverfassung. Die hat definitiv auch ihre Schwächen. Viele Regeln, nach denen das Land funktioniert, sind nicht einmal genau festgeschrieben. Aber sie beruht auf einem informellen Grundkonsens über das Agieren der politischen Lager. Das Land „funktioniert" zu einem erklecklichen Anteil danach, was „üblich" ist.

SPÖ und ÖVP respektieren, dass das jeweils andere Lager gewisse (personelle) Vorrechte hat. „Mauschelei" nennen das zwar die einen, doch andererseits sind die Usancen der Politik allen bekannt und somit auch wieder ein stabiler Raster, an dem man sich orientieren kann. Die Sozialpartnerschaft ist bei aller Kritikwürdigkeit ein ebensolcher Raster. Arbeiterkammer und Wirtschaftskammer tun einander nicht wirklich weh, die Sozialversicherungen sind eine Spielwiese der sozialpartnerschaftlichen Selbstverwaltung. Und sollte man sich in diesem Land doch einmal zu einer effizienzsteigernden Reduktion derselben durchringen – man kann Wetten darauf abschließen, dass der Einfluss der Parteien über die Sozialpartner irgendwie erhalten bleibt.

Eine Bundesregierung muss es auch mit sich selbst ausmachen, wie stark sie die Sozialpartner mitregieren lässt ob sie die übermächtige Dominanz von Landeshauptleuten akzeptiert. Starke Bundeskanzler wie Bruno Kreisky, Franz Vranitzky oder Wolfgang Schüssel haben den Ländern deutlich weniger Freiraum gelassen, als sie sich danach erobert haben.

Es mag Staaten geben, die in einem derart unbestimmten Regelwerk abseits der geschriebenen Verfassung (die sehr wohl auch eingehalten wird) auf keinen grünen Zweig kämen. Aber Österreich „funktioniert" im Großen und Ganzen. Es ist typisch österreichisch, nicht alles nach dem Buchstaben eines Gesetzes handhaben zu müssen, Freiheitsgrade zu haben, die aber nicht überdehnt werden. Informell, sogar schlampig kann man es nennen, aber es funktioniert. Bisher jedenfalls. Freilich mehren sich die Zweifel, ob das „Wir werd'n kann Richter brauchen" für die Zukunft reicht. Beispiele, wo eine straffere Politik teure Reibungsverluste minimieren könnten, wurden in diesem Buch schon erwähnt.

Österreichs politische Realität ist ein Wechselspiel zwischen zentralistischem Bund und föderaler Länderstruktur. Ein Zwitter, wenn man so will, entstanden aus der Geschichte der Länder und dem Schicksal, zusammenrücken und zusammenhalten zu müssen. Das wird auch das Gerede von einer Dritten Republik nicht aufheben. Das Land stützt sich auf ein gewisses Grundvertrauen in die Stabilität seiner verfassungsmäßigen Einrichtungen. Mangelnde Bildung kann zur Achillesferse des Demokratieverständnisses werden. Das über Jahrzehnte versteinerte Parteiensystem wird sich verändern (müssen), alle Anzeichen deuten darauf hin, dass dies auch passiert. Aber die Ausrufung einer Dritten Republik ohne wirkliche Not ist nicht zu erwarten. Die Kräfte der Republik haben sich nicht einmal zu einer Straffung der Verfassung im bestehenden Rahmen – nach dem Österreich-Konvent und auf Basis des Entwurfs von Franz Fiedler – durchringen können. Umso weniger ist ein Abgehen von der Realverfassung zugunsten einer festgeschriebenen zentralistischen Präsidialstruktur mit einem Super-Kanzler in Personalunion von Kanzler und Bundespräsident zu erwarten. Abgesehen davon, dass das eine Verfassungsänderung samt Zweidrittelmehrheit bei einer anschließenden Volksabstimmung erfordern würde, was derzeit nicht ansatzweise in Sicht ist.

Man kann einwenden, dass der Ruf nach einem starken Mann schon einmal in Österreich sehr laut war. Das stimmt. Aber man kann auch ins Treffen führen, dass dieses Land selbst einen Kaiser nur zum Teil absolutistisch regieren ließ. Im Alltag ging das Volk seine eigenen Wege. Nicht zuletzt daran ist die Monarchie auch gescheitert.

Die Geschichte wiederholt sich nicht, aber ihre Muster wiederholen sich. Die Geschichte wiederholt sich nicht in dem Sinne, dass man sie neu schreiben könnte, dass man die Chance bekäme, Fehler beim nächsten Mal auszumerzen oder zu vermeiden. Aber sie wiederholt sich, weil die menschlichen Verhaltensmuster gleichbleiben. Angst und Machtstreben sind die beiden Pole. In einem Jahrhundert haben die Österreicher gelernt, sich zwischen diesen Polen zu bewegen. Und nicht einen überhand nehmen zu lassen.

Wie lange hält das? Pessimistische Historiker verweisen darauf, dass letztlich, seit der Steinzeit, nur Katastrophen und Kriege die ungleiche Verteilung von Wohlstand in einer Gesellschaft nivellieren konnten, um zumindest für eine Generation wieder gemeinsame Ziele für alle zu schaffen.[26] Bezeichnend ist, dass sich vor solchen Elementarereignissen diese niemand richtig vorzustellen vermochte. Das war auch vor etwas mehr als 100 Jahren so. Damals war Europa das Pulverfass. Vor 80 Jahren ein zweites Mal. Heute ist es der südpazifische Raum. Dort prallen die Machtinteressen der Großmächte aufeinander. China breitet sich aus, Japan, seit Jahrhunderten ein Rivale und bisweilen erbitterter Feind Chinas, hat die USA als Verbündeten im Rücken und hält energisch dagegen. Nordkorea zündelt mit seinem Atomwaffenprogramm. Und Russland will wieder zurück auf die Bühne der ganz Mächtigen. Das ist der Stoff, aus dem schon große Brände entstanden sind.

Europa kann sich nicht zurücklehnen und zuschauen, wie das Match dort ausgeht. Zu sehr hat jeder Konflikt durch die globale Vernetzung auch Einfluss auf die „Alte Welt". Andererseits ist es gut, dass Europa sehr mit sich selbst beschäftigt ist und nicht überall Fäden ziehend mitspielen will. Ganz sicher ist Österreich jedenfalls weit davon entfernt, noch einmal Ausgangspunkt eines Weltenbrandes zu werden. Das ist Geschichte, die letztlich, wenn auch mit Mühe und Schmerzen, einen positiven Verlauf genommen hat. Es wurde ein österreichisches Jahrhundert. So schlecht stehen die Zeichen nicht, dass nicht ein weiteres folgen könnte. Aber leicht wird es nicht.

1 Antrittsrede als Bundespräsident im Parlament, 26. Jänner 2017
2 vgl.: Stephan Schulmeister: Mitten in der großen Krise. Ein „New Deal" für Europa; 4. Aufl., Picus Verlag, Wien 2012, S. 40 ff
3 Ernst Gelegs, ORF, orf.at, 17. Dezember 2016; http://orf.at/stories/2370166/2370113/
4 Julia Aniśko, treffpunkteuropa.de, 25. Jänner 2017; http://www.euractiv.de/section/eu-innenpolitik/opinion/jahresrueckblick-polen-demokratie-wo-bist-du/
5 Stefan Willeke: Frau Szulecka übt den Krieg; in: Die Zeit Nr. 52/2016; (http://www.zeit.de/2016/52/polen-rechtspopulismus-regierung-krieg-vorbereitung)
6 Umfrage INSA, 10. April 2017
7 Hans-Jürgen Schlamp: Der Populismus ist noch nicht besiegt; in: Der Spiegel, Nr. 11/2017, 16. März 2017
8 Der Spiegel, Nr. 46/12. November 2016
9 ebd., S. 16
10 profil, Nr. 46 / 14. November 2016, S. 14
11 Catherine de Vries, Isabell Hoffmann: Globalisierungsangst oder Wertekonflikt? Wer in Europa populistische Parteien wählt und warum; Bertelsmann-Stiftung 2016/3, S. 13
12 ebd., S. 25
13 Michael Böhmer u.a.: Globalisierungsreport 2016 – Wer profitiert am stärksten von der Globalisierung?; Bertelsmann-Stiftung, 2016
14 Hannes Androsch, Josef Moser: Einspruch. Der Zustand der Republik und wie sie noch zu retten ist, Wien 2016, S. 129
15 Hugo Portisch: Österreich an der Schwelle zum 21. Jahrhundert; a.a.O., S. 53
16 vg.: Josef Urschitz: Stillstand. Wie der Reformstau unseren Wohlstand gefährdet; Molden Verlag, Wien 2017
17 Josef Urschitz: Staatsbankrott; in: Rainer Nowak, a.a.O., S 102 ff
18 Michael Völker, Nina Weißensteiner: Roter Fluchtweg nach rechts; Der Standard, 30. März 2017, S. 2
19 Heinz-Christian Strache, „Rede zur Lage der Nation", 24. Oktober 2016, im Palais Epstein, Wien
20 Umfrage Meinungsforschungsinstitut SORA und Zukunftsfonds der Republik Österreich, April 2017: http://www.sora.at/fileadmin/downloads/projekte/2017_SORA-Praesentation_Demokratiebewusstsein.pdf
21 Wiener Zeitung, 11. April 2017
22 BP-Wahl – Pressestimmen: Ohrfeige für SPÖ und ÖVP; APA0625 2016-04-24/22:46
23 Jörg Haider: Die Freiheit, die ich meine. Das Ende des Proporzstaates, Plädoyer für die Dritte Republik; Berlin 1993
24 ebd., S. 56
25 Erwin Pröll, in.: Kurier, 15. Mai 2016, S. 9
26 Walter Scheidel: Great Leveler: Violence and the History of Inequality from the Stone Age to the Twenty-First Century; Princeton University Press, 2017

Literaturhinweise

Andics, Hellmut: Der Staat, den keiner wollte. Österreich 1918–1938. Wien 1962

Androsch,Hannes, Moser, Josef: Einspruch. Der Zustand der Republik und wie sie noch zu retten ist. Wien 2016

Back-Vega, Peter: Die Maurerey und die Musik; Katalog zur gleichnamigen Ausstellung im Freimaurermuseum Schloss Rosenau. 2015

Benedikt, Heinrich: Geschichte der Republik Österreich. Wien 1954

Blom, Philipp: Der taumelnde Kontinent. Europa 1900–1914. München 2009

Blom, Philipp: Die zerrissenen Jahre 1918–1938. München 2014

Clark, Christopher: Festrede Eröffnung der Salzburger Festspiele 2014. Salzburg 2014

Clark Christopher: Die Schlafwandler. Wie Europa in den Ersten Weltkrieg zog. München 2013

Dachs, Herbert, u.a. (Hg.): Handbuch des politischen Systems Österreichs. Erste Republik 1918–1933. Wien 1995

Dachs, Herbert; Dippelreiter, Michael; Schausberger, Franz (Hg.): Radikale Phrase, Wahlbündnisse und Kontinuitäten, Wahlkämpfe in Österreichs Bundesländern 1919 bis 1932; in: Schriftenreihe des Forschungsinstitutes f. politisch-historische Studien der Dr.-Wilfried-Haslauer-Bibliothek, Band 57. Wien 2017

Dreier, Werner; Pichler, Meinrad: Vergebliches Werben, Mißlungene Vorarlberger Anschlußversuche an die Schweiz und an Schwaben (1918–1920); Bregenz 1989

Douglas, Walburga; Baier, Stephan (Hg): Otto von Habsburg Ein souveräner Europäer. Wien 1997

Ehr, Tamara (Hg.): Hans Kelsen – Eine politikwissenschaftliche Einführung. Wien, 2009

Eigner, Peter; Helige, Andrea (Hg.): Österreichische Wirtschafts- und Sozialgeschichte im 19. und 20. Jahrhundert. Wien1999

Eisenmenger, Anna: Blockade – The Diary of an Austrian Middle-Class Woman 1914–1924. 2013

Ferguson, Adam: When Money Dies: The Nightmare of the Weimar Collapse. London 1975

Gehler, Michael; Sickinger, Hubert: Politische Affären und Skandale in Österreich. Von Mayerling bis Waldheim. Thaur/Wien/München 1996

Goldiger, Walter; Binder, Dieter: Geschichte der Republik Österreich 1918–1938. München 1992

Hamann, Brigitte: Hitlers Wien. Lehrjahre eines Diktators. München 1996

Hayek, Friedrich August von: Der Weg zur Knechtschaft; 4. Auflage, Mohr Siebeck, Tübingen 2004

Hoffmann Thomas: Die Nationalratswahlen der Ersten Republik, Eine statistische Studie; Dissertation, Universität Wien, 2013

Haider, Jörg: Die Freiheit, die ich meine. Das Ende des Proporzstaates, Plädoyer für die Dritte Republik. Berlin 1993

Höbelt, Lothar: Kornblume und Kaiseradler. Die deutschfreiheitlichen Parteien Altösterreichs 1882–1918; München 1993

Illies, Florian: 1913, Der Sommer des Jahrhunderts. Frankfurt am Main 2012

James, Sabatina: Scharia in Deutschland. Wenn die Gesetze des Islam das Recht brechen. München 2015

James Sabatina: Nur die Wahrheit macht uns frei. Mein Leben zwischen Islam und Christentum. München 2017

Jelinek, Gerhard: Schöne Tage 1914. Wien 2013

Jochum, Manfred: Die Erste Republik in Dokumenten und Bildern. Wien 1983

Jochum, Manfred: Die Zweite Republik in Dokumenten und Bildern. Wien 1982

Karner, Stefan (Hg.): Österreich – 90 Jahre Republik. Beitragsband der Ausstellung im Parlament. Innsbruck/Wien u.a. 2008

Kasamas, Alfred: Österreich Chronik. Wien 1948

Kisch, Egon Erwin: Der Rasende Reporter. Nachdruck: Köln o.J.

Kleindel, Walter: Österreich, Daten zur Geschichte und Kultur. Wien/Heidelberg 1978
Knoll, Reinhold: Zur Tradition der christlich-sozialen Partei. Ihre Früh- und Entwicklungsgeschichte bis zu den Reichsratswahlen 1907. Wien u. a. 1973

Köchler, Hans: Das Verhältnis von Religion und Politik in Österreich und Europa; Forum Politische Bildung, Bd. 37. Innsbruck-Wien-Bozen 2013

Kraszna, Hermann: Johann Breitwieser. Ein Lebensbild; 2 Bände. Wien 1925

Kreisky, Bruno: Zwischen den Zeiten, Erinnerungen aus zwei Jahrzehnten. Berlin 1986

Kreisky, Bruno: Im Strom der Politik. Der Memoiren zweiter Teil. Wien 1988

Kriechbaumer Robert (Hg.): Liebe auf den zweiten Blick, Landes- und Österreichbewußtsein nach 1945. Wien/Köln/Weimar 1998

Litschauer, Gottfried Franz; Jambor, Walter: Österreichische Geschichte. 1970

Malta, Alfred; Haselsteiner, Horst (Hg.): Der Weg zum „Anschluß" 1938 – Daten und Fakten. Wien 1988

Malinowski, Stephan: Vom König zum Führer. Deutscher Adel und Nationalsozialismus. Frankfurt am Main 2004

Mattl, Siegfried; Schwarz, Werner Michael (Hg.): Felix Salten, Schriftsteller-Journalist-Exilant. Wien 2006

McGuigan, Dorothy Gies: Familie Habsburg 1273–1918. München/Wien 1988

Meadows, Denis u. a.: Die Grenzen des Wachstums. Stuttgart 1972, 14. Aufl.1987

Molden, Fritz: Die Österreicher oder die Macht der Geschichte. München, Wien, 1986

Moser, Moritz: Die Verfassungen der österreichischen Länder und ihre Autonomie im Vergleich; Diplomarbeit, Universität Wien, 2010

Münkler, Gerfried: Der Große Krieg. Die Welt 1914 bis 1918. Berlin 2013

Natter, Tobias G. (Hg.): Kanton Übrig. Als Vorarlberg zur Schweiz gehören wollte; Vorarlberger Landesmuseum, Bregenz 2008

Nipperdey, Thomas: Deutsche Geschichte 1866–1918; Bd. 2: Machtstaat vor der Demokratie; 2. Auflage, München 1993

Nowak, Hubert (Hg): Ausgesprochen österreichisch – Gedanken über Österreich. St. Pölten/Salzburg 2005

Nowak, Hubert (Hg): Ausgesprochen österreichisch – Gedanken über Europa. St. Pölten/Salzburg 2006

Nowak, Hubert: Lesereise Salzburg. Die kleine Stadt als Weltbühne. Wien 2016

Nowak, Rainer; Mayer, Norbert (Hg): Zur Schräglage der Nation. Wien 2017

Öhlinger, Theo: Zur Entstehung, Begründung und zu Entwicklungsmöglichkeiten des österreichischen Föderalismus; in: Universität Salzburg (Hg.): Aus Österreichs Rechtsleben in Geschichte und Gegenwart. Berlin 1981

Opitz, Reinhard: Faschismus und Neofaschismus. Bonn 1996

Orter Friedrich: Aufwachen! – Europa und die neue Weltunordnung – Eine Streitschrift. Salzburg 2016

Portisch, Hugo: Österreich I, Die unterschätzte Republik. Wien 1989

Portisch, Hugo: Österreich II, Der lange Weg zur Freiheit. Wien 1986

Portisch, Hugo: Österreich an der Schwelle zum 21. Jahrhundert; Wiener Vorlesungen, Band 77. Wien, 2000

Portisch, Hugo: Aufregend war es immer. Wals bei Salzburg 2015

Bretterebner, Hans: Der Fall Lucona. Korneuburg 1987

Puhle, Hans-Jürgen: Staaten, Nationen und Regionen in Europa; Wiener Vorlesungen. Wien 1995

Rauchensteiner, Manfried; Litscher, Manfred (Hg.): Das Heeresgeschichtliche Museum in Wien; Graz, Wien 2000

Rauchensteiner, Manfried: Der Erste Weltkrieg und das Ende der Habsburgermonarchie 1914 – 1918. Wien 2013

Rauscher, Hans (Hg.): Das Buch Österreich. Wien 2005

Reichhold, Christian: Die Oscars, Österreich beim wichtigsten Filmpreis der Welt. Wien 2015

Roth, Jürgen: Schmutzige Demokratie. Ausgehöhlt – Ausgenutzt – Ausgelöscht? Wals bei Salzburg 2016

Sachslehner, Johannes: Auf Schienen durch das alte Österreich. Wien 2001

Schausberger, Franz: Ins Parlament, um es zu zerstören. Das parlamentarische Agi(ti)eren der Nationalsozialisten in den Landtagen von Wien, Niederösterreich, Salzburg und Vorarlberg nach den Landtagswahlen 1932. Wien 1995

Schefbeck, Günther (Hg.): Österreich 1934, Vorgeschichte – Ereignisse – Wirkungen. Wien 2004

Scheidel, Walter: Great Leveler: Violence and the History of Inequality from the Stone Age to the Twenty-First Century; Princeton University Press 2017

Scheidl, Hans Werner: Die Monarchen der Zweiten Republik. Landeshauptleute im Porträt. Wien 2002

Schmitz, Georg: Karl Renners Briefe aus Saint-Germain und ihre rechtspolitischen Folgen. Wien 1991

Schorske, Carl E.: Wien. Geist und Gesellschaft im Fin de Siècle. Wien 2017

Schreiber, Constantin: Inside Islam. Was in Deutschlands Moscheen gepredigt wird. Berlin 2017

Schulmeister, Stephan: Mitten in der großen Krise. Ein „New Deal" für Europa. Wien 2012

Seipel, Ignaz: Der Kampf um die Österreichische Verfassung. Wien 1930

Sichrovsky, Heinz: Mozart, Mowgli, Sherlock Holmes – Die königliche Kunst in Musik und Dichtung der Freimaurer. Wien 2013

Steiner, Herbert (Hg.): Käthe Leichter. Leben, Werk und Sterben einer österreichischen Sozialdemokratin. Wien 1997

Treue, Wolfgang: Deutsche Parteiprogramme seit 1861. Göttingen 1968

Urschitz, Josef: Stillstand. Wie der Reformstau unseren Wohlstand gefährdet. Wien 2017

Vocelka, Michael u. Karl: Franz Joseph I.: Kaiser von Österreich und König von Ungarn 1830–1916. Eine Biografie. München 2016

Walter, Robert; Ogris, Werner; Olechowski, Thomas (Hg.): Hans Kelsen: Leben – Werk – Wirksamkeit; Schriftenreihe des Hans Kelsen-Instituts, Nr. 32, Wien 2009

Weber, Max: Wirtschaft und Gesellschaft. Köln 1964

Wenzel-Jelinek, Margret: Kreisky – und kein Nachfolger. Wien 2017

Personenregister

Bildnachweis

STYRIA
BUCHVERLAGE

ISBN 978-3-222-15010-4

Wien – Graz – Klagenfurt
© 2017 by Molden Verlag in der Verlagsgruppe Styria & Co KG
Wien – Graz – Klagenfurt

Bücher aus der Verlagsgruppe Styria gibt es
in jeder Buchhandlung und im Online-Shop
www.styriabooks.at

Umschlaggestaltung: Emanuel Mauthe
Layout und Produktion: Emanuel Mauthe
Lektorat: Johannes Sachslehner
Druck und Bindung: Christian Theiss
St. Stefan im Lavanttal

7 6 5 4 3 2
Printed in the EU